English-Hebrew
Hebrew-English

Word to Word® Bilingual Dictionary

Compiled by:
C. Sesma, M.A.

Translated by:
Juliana Starkman

BilingualDictionaries.com
WordtoWord.com

Hebrew Word to Word® Bilingual Dictionary
1st Edition © Copyright 2011

All rights reserved. No part of this book may be reproduced or transmitted in any form or by any means.

Published in the USA by:

Bilingual Dictionaries, Inc.
PO Box 1154
Murrieta, CA 92564
T: (951) 296-2445 • F: (951) 296-9911
E: support@bilingualdictionaries.com

BilingualDictionaries.com
WordtoWord.com

ISBN13: 978-0-933146-58-7

Print 110728

Table of Contents

Publisher	4
Word to Word®	5
List of Irregular Verbs	6-8
English - Hebrew	9-182
Hebrew - English	183-308
Information	309-312

Publisher

Bilingual Dictionaries, Inc. was established in 1994. We are committed to providing schools, libraries and educators with a great selection of bilingual materials for students. Along with bilingual dictionaries we also publish ESL workbooks and children's bilingual picture dictionaries.

The first Word to Word® bilingual dictionary was published in 2008. The Word to Word® series now has over 40 editions with languages from around the world. For more information regarding any of our publications please visit us online.

BilingualDictionaries.com
WordtoWord.com

Word to Word®

Our series provides ELL students from different native language backgrounds a standardized selection of bilingual dictionaries. The Word to Word® series is designed to create an approved resource that adheres to the guidelines set by school districts and states.

Sesma's Hebrew Word to Word® Bilingual Dictionary was created specifically with students in mind to be used for reference and testing. This dictionary contains approximately 18,500 entries targeting common words used in the English language.

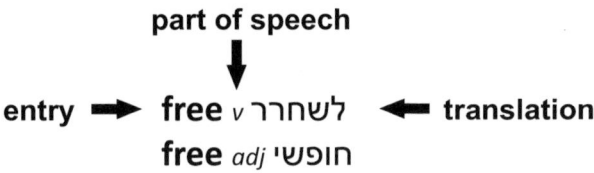

entry: Our selection of English vocabulary includes common words found in everyday conversation at home and school.

part of speech: The part of speech is necessary to ensure the translation is appropriate. Entries can be spelled the same but have different translations and meanings depending on the part of speech.

translation: Our translation is "Word to Word" meaning no foul language and no definitions or explanations. Purely the most simple common accurate translation.

List of Irregular Verbs

present - past - past participle

arise - arose - arisen
awake - awoke - awoken, awaked
be - was - been
bear - bore - borne
beat - beat - beaten
become - became - become
begin - began - begun
behold - beheld - beheld
bend - bent - bent
beseech - besought - besought
bet - bet - betted
bid - bade (bid) - bidden (bid)
bind - bound - bound
bite - bit - bitten
bleed - bled - bled
blow - blew - blown
break - broke - broken
breed - bred - bred
bring - brought - brought
build - built - built
burn - burnt - burnt *
burst - burst - burst
buy - bought - bought
cast - cast - cast
catch - caught - caught
choose - chose - chosen
cling - clung - clung
come - came - come
cost - cost - cost
creep - crept - crept
cut - cut - cut

deal - dealt - dealt
dig - dug - dug
do - did - done
draw - drew - drawn
dream - dreamt - dreamed
drink - drank - drunk
drive - drove - driven
dwell - dwelt - dwelt
eat - ate - eaten
fall - fell - fallen
feed - fed - fed
feel - felt - felt
fight - fought - fought
find - found - found
flee - fled - fled
fling - flung - flung
fly - flew - flown
forebear - forbore - forborne
forbid - forbade - forbidden
forecast - forecast - forecast
forget - forgot - forgotten
forgive - forgave - forgiven
forego - forewent - foregone
foresee - foresaw - foreseen
foretell - foretold - foretold
forget - forgot - forgotten
forsake - forsook - forsaken
freeze - froze - frozen
get - got - gotten
give - gave - given
go - went - gone
grind - ground - ground
grow - grew - grown

List of Irregular Verbs

hang - hung * - hung *
have - had - had
hear - heard - heard
hide - hid - hidden
hit - hit - hit
hold - held - held
hurt - hurt - hurt
hit - hit - hit
hold - held - held
keep - kept - kept
kneel - knelt * - knelt *
know - knew - known
lay - laid - laid
lead - led - led
lean - leant * - leant *
leap - lept * - lept *
learn - learnt * - learnt *
leave - left - left
lend - lent - lent
let - let - let
lie - lay - lain
light - lit * - lit *
lose - lost - lost
make - made - made
mean - meant - meant
meet - met - met
mistake - mistook - mistaken
must - had to - had to
pay - paid - paid
plead - pleaded - pled
prove - proved - proven
put - put - put
quit - quit * - quit *

read - read - read
rid - rid - rid
ride - rode - ridden
ring - rang - rung
rise - rose - risen
run - ran - run
saw - sawed - sawn
say - said - said
see - saw - seen
seek - sought - sought
sell - sold - sold
send - sent - sent
set - set - set
sew - sewed - sewn
shake - shook - shaken
shear - sheared - shorn
shed - shed - shed
shine - shone - shone
shoot - shot - shot
show - showed - shown
shrink - shrank - shrunk
shut - shut - shut
sing - sang - sung
sink - sank - sunk
sit - sat - sat
slay - slew - slain
sleep - sleep - slept
slide - slid - slid
sling - slung - slung
smell - smelt * - smelt *
sow - sowed - sown *
speak - spoke - spoken
speed - sped * - sped *

List of Irregular Verbs

spell - spelt * - spelt *
spend - spent - spent
spill - spilt * - spilt *
spin - spun - spun
spit - spat - spat
split - split - split
spread - spread - spread
spring - sprang - sprung
stand - stood - stood
steal - stole - stolen
stick - stuck - stuck
sting - stung - stung
stink - stank - stunk
stride - strode - stridden
strike - struck - struck (stricken)
strive - strove - striven
swear - swore - sworn
sweep - swept - swept
swell - swelled - swollen *
swim - swam - swum

take - took - taken
teach - taught - taught
tear - tore - torn
tell - told - told
think - thought - thought
throw - threw - thrown
thrust - thrust - thrust
tread - trod - trodden
wake - woke - woken
wear - wore - worn
weave - wove * - woven *
wed - wed * - wed *
weep - wept - wept
win - won - won
wind - wound - wound
wring - wrung - wrung
write - wrote - written

Those tenses with an * also have regular forms.

English-Hebrew

Abbreviations

a - article
n - noun
e - exclamation
pro - pronoun
adj - adjective
adv - adverb
v - verb
iv - irregular verb
pre - preposition
c - conjunction

A

abandon *v* לנטוש, להפקיר
abandonment *n* נטישה
abbey *n* מנזר
abbot *n* ראש מנזר
abbreviate *v* לקצר, לצמצם
abbreviation *n* קיצור
abdicate *v* לוותר, להתפטר
abdication *n* התפטרות
abdomen *n* בטן
abduct *v* לחטוף
abduction *n* חטיפה
aberration *n* סטיה
abhor *v* לתעוב
abide by *v* לצית
ability *n* יכלת, כשרון
ablaze *adj* לוהט, בוער
able *adj* מסוגל, כשיר
abnormal *adj* אנורמלי
abnormality *n* אנורמליות
aboard *adv* על גבי כלי תחבורה
abolish *v* לבטל
abort *v* להפיל, לבטל
abortion *n* הפלה
abound *v* לשפוע
about *pre* אודות, לגבי
about *adv* מסביב, בערך
above *pre* מעל
abreast *adv* יחד
abridge *v* לקצר
abroad *adv* בחוץ לארץ
abrogate *v* לבטל, לחסל
abruptly *adv* לפתע
absence *n* העדר
absent *adj* נעדר, נפקד
absolute *adj* אבסולוטי, מוחלט
absolution *n* כפרה, מחילה
absolve *v* למחול, לסלוח
absorb *v* לספוג, לקלוט
absorbent *adj* סופג
abstain *v* להתנזר, להימנע
abstinence *n* התנזרות
abstract *adj* אבסטרקטי
absurd *adj* אבסורדי, מגוחך
abundance *n* שפע
abundant *adj* שופע
abuse *v* להתעלל
abuse *n* התעללות
abusive *adj* פוגעני, מגדף
abysmal *adj* תהומי, עגום
abyss *n* תהום
academic *adj* אקדמי
academy *n* אקדמיה
accelerate *v* להאיץ
accelerator *n* מאיץ, דוושת דלק
accent *n* מבטא
accept *v* לקבל
acceptable *adj* סביר, מקובל
acceptance *n* קבלה
access *n* גישה
accessible *adj* נגיש
accident *n* תאונה

A accidental 12

accidental *adj* מקרי
acclaim *v* להריע, לשבח
acclimatize *v* להתאקלם
accommodate *v* לארח, לספק
accompany *v* ללוות
accomplice *n* שותף
accomplish *v* לבצע, למלא
accomplishment *n* השג
accord *n* אמנה, הסכם
according to *pre* לפי
accordion *n* אקורדיון
account *n* חשבון
account for *v* לתת דין וחשבון
accountable *adj* אחראי
accountant *n* רואה חשבון
accumulate *v* לצבור
accuracy *n* דיוק
accurate *adj* מדיוק
accusation *n* האשמה
accuse *v* להאשים
accustom *v* להרגיל
ace *n* אלוף, מומחה, אס
ache *n* כאב
achieve *v* להשיג
achievement *n* השג
acid *n* חומצה
acidity *n* חמציות
acknowledge *v* להכיר
acorn *n* בלוט
acoustic *adj* אקוסטי
acquaint *v* לעשות הכרות
acquaintance *n* הכרות, מכר
acquire *v* לרכוש
acquisition *n* רכישה, קניו
acquit *v* לזכות
acquittal *n* זיכוי
acre *n* אקר
acrobat *n* לולין
across *pre* מול, מעבר
act *v* להתנהג, לפעול
action *n* פעולה
activate *v* להפעיל
activation *n* הפעלה
active *adj* פעיל
activity *n* פעילות
actor *n* שחקן
actress *n* שחקנית
actual *adj* ממשי
actually *adv* למעשה
acute *adj* חמור, קריטי, חד
adamant *adj* נחוש
adapt *v* להתאים, להסתגל
adaptable *adj* סתגלני
adaptation *n* עבוד
adapter *n* מתאם
add *v* להוסיף, לצרף
addicted *adj* מכור
addiction *n* התמכרות
addictive *adj* ממכר
addition *n* חיבור, תוספת
additional *adj* נוסף
address *n* כתובת
address *v* לפנות, לנאום
addressee *n* נמען

adequate *adj* הולם, מספיק
adhere *v* לדבק ב
adhesive *adj* דביק
adjacent *adj* סמוך
adjective *n* שם תאר
adjoin *v* להיות סמוך ל-
adjoining *adj* סמוך, צמוד
adjourn *v* לפרוש
adjust *v* להתאים
adjustment *n* התאמה
administer *v* לנהל
admirable *adj* נערץ
admiral *n* אדמירל
admiration *n* הערצה
admire *v* להעריץ
admirer *n* מעריץ
admissible *adj* קביל
admission *n* דמי כניסה
admit *v* להכניס, להודות
admittance *n* הכמסה, הודאה
admonish *v* לנזוף
admonition *n* נזיפה
adolescence *n* גיל ההתבגרות
adolescent *n* מתבגר
adopt *v* לאמץ
adoption *n* אימוץ
adoptive *adj* מאמץ
adorable *adj* חמוד
adoration *n* הערצה
adore *v* להעריץ
adorn *v* לעטר, לקשט
adrift *adv* נסחף, נישא
adulation *n* חנופה
adult *n* מבוגר
adulterate *v* למהול
adultery *n* נאוף
advance *v* להתקדם
advance *n* התקדמות
advantage *n* יתרון
Advent *n* התגלותו של ישו
adventure *n* הרפתקה
adverb *n* תאר הפעל
adversary *n* יריב
adverse *adj* נגדי
adversity *n* מצוקה
advertise *v* לפרסם
advertising *n* פרסום
advice *n* עצה
advisable *adj* מומלץ
advise *v* לייעץ
adviser *n* יועץ
advocate *v* לסנגר
aeroplane *n* מטוס
aesthetic *adj* אסתטי
afar *adv* הרחק
affable *adj* חביב
affair *n* ענין
affect *v* להשפיע
affection *n* חיבה
affectionate *adj* מביע חיבה
affiliate *v* לצרף, לספח
affiliation *n* הצטרפות
affinity *n* זיקה
affirm *v* לאשר

affirmative *adj* חיובי
affix *v* לספח
afflict *v* לייסר
affliction *n* ייסורים
affluence *n* שפע
affluent *adj* שופע, עשיר
afford *v* להרשות לעצמו
affront *v* להעליב
affront *n* עלבון
afloat *adv* צף
afraid *adj* מפחד, חושש
afresh *adv* שוב, מחדש
after *pre* לאחר, אחרי
afternoon *n* צהריים
afterwards *adv* לאחר מכן
again *adv* שוב, מחדש
against *pre* כנגד, אל מול
age *n* גיל
agency *n* סוכנות
agenda *n* סדר יום
agent *n* סוכן
agglomerate *v* לצבור
aggravate *v* להחמיר
aggravation *n* החמרה
aggregate *v* לקבץ, לאגור
aggression *n* תוקפנות
aggressive *adj* תוקפני
aggressor *n* תוקפן, פולש
aghast *adj* נבעת, מזעזע
agile *adj* זריז
agitator *n* מסית
agnostic *n* כופר
agonize *v* להתיסר
agonizing *adj* מייסר
agony *n* ייסורים
agree *v* להסכים
agreeable *adj* נעים
agreement *n* הסכם
agricultural *adj* חקלאי
agriculture *n* חקלאות
ahead *pre* לפנים, קדימה
aid *n* סיוע
aid *v* לסייע
aide *n* עוזר, שליש
ailing *adj* חולה
ailment *n* מחלה
aim *v* לכוון
aimless *adj* חסר תכלית
air *n* אוויר
air *v* לאוורר, לשדר
aircraft *n* כלי טיס
airfare *n* דמי נסיעה
airfield *n* שדה תעופה
airline *n* חברת תעופה
airliner *n* מטוס נוסעים
airmail *n* דאר אוויר
airplane *n* מטוס
airport *n* נמל תעופה
airspace *n* מרחב אווירי
airstrip *n* מסלול המראה
airtight *adj* אטום
aisle *n* מעבר
ajar *adj* פתוח
akin *adj* קשור, קרוב

15 **always** A

alarm *n* אזעקה, חרדה
alarm clock *n* שעון מעורר
alarming *adj* מדאיג
alcoholic *adj* אלכוהולי
alcoholism *n* אלכוהוליזם
alert *n* התרעה
alert *v* להתריע
algebra *n* אלגברה
alien *n* חיזר, זר, נכרי
alight *adv* מבער, דלוק
align *v* לערוך בשורה
alignment *n* ישור, שוור
alike *adj* דומה
alive *adj* חי
all *adj* כל
allegation *n* טענה
allege *v* לטעון
allegedly *adv* לכאורה, כביכול
allegiance *n* אמונים
allegory *n* משל, אלגוריה
allergic *adj* אלרגי
allergy *n* אלרגיה
alleviate *v* להקל
alley *n* סימטה
alliance *n* ברית
allied *adj* בעל ברית
alligator *n* תנין
allocate *v* לייעד, להקצות
allot *v* להקציב
allotment *n* הקצבה
allow *v* להרשות
allowance *n* קצבה
alloy *n* סגסגת
allure *n* משיכה
alluring *adj* מושך, מפתה
allusion *n* הרמז
ally *n* בעל ברית
ally *v* לבוא בברית עם
almanac *n* אלמנך
almighty *adj* כל יכול
almond *n* שקד
almost *adv* כמעט
alms *n* נדבות
alone *adj* בודד, לבד
along *pre* לכיוון, ביחד עם
alongside *pre* לצד, ליד
aloof *adj* מתנשא
aloud *adv* בקול
alphabet *n* אלף בית
already *adv* כבר
alright *adv* כשורה, בסדר
also *adv* גם
altar *n* מזבח
alter *v* לשנות
alteration *n* שינוי
altercation *n* ריב, ויכוח
alternate *v* להתחלף
alternate *adj* לסרוגין
alternative *n* תחליף
although *c* אף על פי
altitude *n* גובה
altogether *adj* בסך הכל
aluminum *n* אלומיניום
always *adv* תמיד

A amass 16

amass *v* לצבור
amateur *adj* חובב
amaze *v* להדהים
amazement *n* תדהמה
amazing *adj* מדהים
ambassador *n* שגריר
ambiguous *adj* שנוי במחלוקת
ambition *n* שאיפה
ambitious *adj* שאפתני
ambivalent *adj* דו-ערכי
ambulance *n* אמבולנס
ambush *v* לשים מארב
amenable *adj* ממושמע
amend *v* לשנות, לתקן
amendment *n* תיקון
amenities *n* נוחות
American *adj* אמריקאי
amiable *adj* חביב
amicable *adj* ידידותי
amid *pre* בתוך, בין
ammonia *n* אמוניה
ammunition *n* תחמושת
amnesia *n* שכחון
amnesty *n* חנינה
among *pre* בתוך, בין
amoral *adj* בלתי-מוסרי
amorphous *adj* אמורפי
amortize *v* לצמצם חוב
amount *n* כמות, סכום
amount to *v* מסתכם ב-
amphibious *adj* אמפיבי
amphitheater *n* אמפיתיאטרון

ample *adj* מרווח
amplifier *n* מגבר
amplify *v* להגביר
amputate *v* לכרות
amputation *n* כריתה
amuse *v* לשעשע
amusement *n* בידור
amusing *adj* משעשע
analogy *n* אנלוגיה
analysis *n* ניתוח
analyze *v* לנתח
anarchist *n* אנרכיסט
anarchy *n* נרכיה
anatomy *n* אנטומיה
ancestor *n* אב קדמון
ancestry *n* מוצא
anchor *n* עוגן
anchovy *n* אנשובי
ancient *adj* עתיק
and *c* ו
anecdote *n* מעשייה
anemia *n* אנמיה
anemic *adj* אנמי
anesthesia *n* הרדמה
anew *adv* מחדש
angel *n* מלאך
angelic *adj* מלאכי
anger *v* להכעיס
anger *n* כעס
angina *n* אנגינה
angle *n* זיות
Anglican *adj* אנגליקני

angry *adj* כועס
anguish *n* ייסורים
animal *n* חיה
animate *v* להפיח רוח חיים
animation *n* אנימציה
animosity *n* טינה
ankle *n* קרסול
annex *n* נספח, אגף
annexation *n* ספוח
annihilate *v* להשמיד
annihilation *n* השמדה
anniversary *n* יום השנה
annotate *v* להוסיף הערות
annotation *n* פירוש, הערה
announce *v* להודיע, להכריז
announcement *n* הודעה
announcer *n* קריין
annoy *v* להציק, להטריד
annoying *adj* מציק, מטריד
annual *adj* שנתי
annul *v* לבטל
annulment *n* ביטול
anoint *v* למשוח בשמן
anonymity *n* אלמוניות
anonymous *adj* אלמוני
another *adj* אחר, נוסף
answer *v* לענות
answer *n* תשובה
ant *n* נמלה
antagonize *v* לעורר התנגדות
antecedent *n* אירוע קודם
antecedents *n* אירועים קודמים
antelope *n* יעל
antenna *n* אנטנה
anthem *n* המנון
antibiotic *n* אנטיביוטיקה
anticipate *v* לצפות מראש
anticipation *n* צפייה מראש
antidote *n* סם שכנגד
antipathy *n* סלידה
antiquated *adj* מיושן
antiquity *n* ימי קדם
anvil *n* סדן
anxiety *n* חרדה, דאגה
anxious *adj* חרד, דואג
any *adj* איזשהו, כל
anybody *pro* כל אחד, מישהו
anyhow *pro* בכל מקרה
anyone *pro* מישהו
anything *pro* משהו, מאום
apart *adv* זולת, מלבד
apartment *n* דירה
apathy *n* אדישות, אפתיה
ape *n* קוף
aperitif *n* אפריטיף
apex *n* שיא, פסגה
aphrodisiac *adj* אפרודיזיאק
apiece *adv* כל אחד
apologize *v* להתנצל
apology *n* התנצלות
apostle *n* שליח
apostolic *adj* אפוסטולי
apostrophe *n* גרש
appall *v* להחריד

A appalling

appalling adj מחריד
apparel n לבוש
apparent adj גלוי
apparently adv לכאורה
apparition n התגלות
appeal n פניה, בקשה
appeal v לבקש, לערער
appealing adj מושך, מעניין
appear v להופיע, להיראות
appearance n הופעה
appease v לפייס
appeasement n פיוס
appendix n תוספתן
appetite n תיאבון
appetizer n מתאבן
applaud v למחוא כף, לשבח
applause n מחיאות כפיים
apple n תפוח
appliance n כלי, מתקן
applicable adj מתאים, ישים
applicant n מועמד
application n פנייה, יישום
apply v ליישם
apply for v להגיש בקשה
appoint v למנות
appointment n פגישה, תור, מינוי
appraisal n הערכה
appraise v להעריך
appreciate v להוקיר, להעריך
appreciation n הערכה
apprehend v לחשוש, לעצור
apprehensive adj דואג

apprentice n חניך
approach v לפנות ל-, לגשת
approach n גישה, התקרבות
approachable adj נגיש
approbation n אישור, הסכמה
appropriate adj מתאים, הולם
approval n אישור
approve v לאשר
approximate adj קרוב, כמעט
apricot n מישמש
April n אפריל
apron n סינר
aptitude n כושר
aquarium n אקווריום
aquatic adj מימי
aqueduct n מוביל מים
Arabic adj ערבי
arable adj ראוי לעיבוד
arbiter n בורר
arbitrary adj זדוני
arbitrate v לתווך
arbitration n בוררות
arc n קשת
arch n קימור, קשת
archaeology n ארכאולוגיה
archaic adj ארכאי, עתיק
archbishop n ארכיבישוף
architect n אדריכל
architecture n אדריכלות
archive n ארכיון
ardent adj נלהב
ardor n התלהבות

19 **asleep** A

arduous *adj* מפרך
area *n* איזור, שטח
arena *n* זירה
argue *v* להתווכח, לטעון
argument *n* ויכוח
arid *adj* צחיח, יבש
arise *iv* לקום
aristocracy *n* אצולה
aristocrat *n* אציל
arithmetic *n* חשבון
ark *n* תבה
arm *n* זרוע
arm *v* לחמש
armaments *n* חימוש
armchair *n* כורסה
armed *adj* חמוש, מזוין
armistice *n* שביתת נשק
armor *n* שריון
armpit *n* בית השחי
army *n* צבא
aromatic *adj* ארומטי, ריחני
around *pro* סביב, הערך
arouse *v* לעורר
arrange *v* לסדר
arrangement *n* סידור
array *n* תצוגה, מערך
arrest *v* לעצור
arrest *n* מעצר
arrival *n* הגעה
arrive *v* להגיע
arrogance *n* יהירות
arrogant *adj* יהיר
arrow *n* חץ
arsenal *n* מחסן נשק
arsenic *n* זרניך
arson *n* הצתה בזדון
arsonist *n* מצית בזדון
art *n* אמנות
artery *n* עורק
arthritis *n* ארתריטיס
artichoke *n* ארטישוק
article *n* פריט, כתבה
articulate *v* להתבטא
articulation *n* חיתוך דיבור
artificial *adj* מלאכותי
artillery *n* חיל תותחנים
artisan *n* אמן
artist *n* אמן
artistic *adj* אמנותי
artwork *n* עבודת אומנות
as *c* לעומת
as *adv* כ-, כמו
ascend *v* לטפס, לעלות
ascendancy *n* עליונות
ascertain *v* לוודא
ascetic *adj* נזירי
ash *n* אפר
ashamed *adj* מתבייש
ashore *adv* לחוף
ashtray *n* מאפרה
aside *adv* הצידה
aside from *adv* מלבד
ask *v* לשאול
asleep *adj* ישן

A asparagus 20

asparagus *n* אספרגוס
aspect *n* היבט
asphalt *n* אספלט
asphyxiate *v* לחנוק
asphyxiation *n* חנק
aspiration *n* שאיפה
aspire *v* לשאוף
aspirin *n* אספירין
assail *v* להסתער
assailant *n* תוקף
assassin *n* רוצח
assassinate *v* לרצוח
assassination *n* רצח
assault *n* תקיפה
assault *v* לתקוף
assemble *v* לאסוף, להרכיב
assembly *n* אסיפה
assent *v* להסכים
assert *v* לטעון, לעמוד על
assertion *n* טענה
assess *v* להעריך
assessment *n* הערכה
asset *n* נכס
assets *n* נכסים
assign *v* להקצות, למנות
assignment *n* משימה
assimilate *v* להתבולל
assimilation *n* התבוללות
assist *v* לסייע
assistance *n* סיוע
associate *v* להתרועע
association *n* אסוסיאציה
assorted *adj* מגוון
assortment *n* מגוון
assume *v* להניח
assumption *n* הנחה
assurance *n* הבטחה
assure *v* להבטיח
asterisk *n* כוכבית
asteroid *n* בן-כוכב
asthma *n* אסטמה
asthmatic *adj* אסטמתי
astonish *v* להדהים
astonishing *adj* מדהים
astound *v* להדהים, להפליא
astounding *adj* מדהים
astray *v* שלא בדרך הנכונה
astrologer *n* איצטגנין
astrology *n* אסטרולוגיה
astronaut *n* אסטרונאוט
astronomer *n* אסטרונום
astronomic *adj* אסטרונומי
astronomy *n* אסטרונומיה
astute *adj* פיקח, מבחין
asunder *adv* לחלקים
asylum *n* מקלט
at *pre* ב-
atheism *n* אתיאיזם
atheist *n* אתיאיסט
athlete *n* ספורטאי
athletic *adj* ספורטיבי
atmosphere *n* אווירה
atmospheric *adj* אטמוספרי
atom *n* גרעין, אטום

atomic *adj* גרעיני, אטומי
atone *v* לכפר
atonement *n* כפרה
atrocious *adj* זוועתי
atrocity *n* זוועה
atrophy *v* לנוון
attach *v* לחבר
attached *adj* מחובר
attachment *n* חיבור
attack *n* התקפה
attack *v* לתקוף, להתקיף
attacker *n* תוקף
attain *v* להשיג
attainable *adj* בר-השגה
attainment *n* הגשמה
attempt *v* לנסות
attempt *n* נסיון
attend *v* להיות נוכח
attendance *n* נוכחות
attendant *n* משרת, סדרן
attention *n* תשומת-לב
attentive *adj* קשוב
attenuate *v* להפחית עצמה
attenuating *adj* מקל
attest *v* להצהיר
attic *n* עלית גג
attitude *n* עמדה, גישה
attorney *n* עורך דין
attract *v* למשוך
attraction *n* משיכה
attractive *adj* מושך
attribute *v* לייחס ל-
auction *n* מכירה פומבית
auctioneer *n* כרוז המכירה
audacious *adj* נועז
audacity *n* אומץ לב
audible *adj* שמיע
audience *n* קהל
audit *v* לבקר חשבונות
auditorium *n* אולם
augment *v* להגדיל
August *n* אוגוסט
aunt *n* דודה
auspicious *adj* מבטיח
austere *adj* מתנזר, קפדני
austerity *n* צנע
authentic *adj* אמיתי, אותנטי
authenticate *v* לאמת
authenticity *n* אמינות
author *n* מחבר, סופר
authoritarian *adj* סמכותי
authority *n* סמכותי
authorization *n* אישור
authorize *v* לאשר
auto *n* אוטו
autograph *n* חתימה
automatic *adj* אוטומתי
automobile *n* מכונית
autonomous *adj* ריבוני
autonomy *n* ריבונות
autopsy *n* אוטופסיההמוות
autumn *n* סתו
auxiliary *adj* מסייע
avail *v* להועיל

A availability 22

availability *n* זמינות
available *adj* זמין
avalanche *n* מפולת
avarice *n* תאוות בצע
avaricious *adj* רודף בצע
avenge *v* לנקום
avenue *n* שדירה
average *n* ממוצע
averse *adj* מתנגד, סולד
aversion *n* סלידה
avert *v* למנוע, להסיט
aviation *n* תעופה
aviator *n* טייס
avid *adj* להוט
avoid *v* למנוע, להימנע
avoidable *adj* נמנע
avoidance *n* הימנעות
avowed *adj* מושבע
await *v* להמתין
awake *iv* להתעורר
awake *adj* ער
awakening *n* התעוררות
award *v* להעניק
award *n* מענק, פרס
aware *adj* עירני, מודע
awareness *n* מודעות
away *adv* הרחק
awe *n* יראה
awesome *adj* מרשים, נורא
awful *adj* נורא
awkward *adj* מגושם
awning *n* סוכך
ax *n* גרזן
axiom *n* הנחת יסוד
axis *n* ציר
axle *n* סרן, ציר

B

babble *v* לפטפט
baby *n* תינוק
babysitter *n* שמרטף
bachelor *n* רווק
back *n* גב
back *adv* אחורה
back *v* לתמוך
back down *v* לוותר, לסגת
back up *v* להוכיח
backbone *n* עמוד שדרה
background *n* רקע
backing *n* תמיכה, גיבוי
backlash *n* רתיעה
backlog *n* מצבור
backpack *n* תרמיל
backup *n* גיבוי
backward *adj* נחשל
backwards *adv* במהופך
backyard *n* חצר אחורית
bacon *n* בייקון
bacteria *n* חיידק
bad *adj* רע

23 barn
B

badge *n* תג
badly *adv* קשות
baffle *v* להביך
bag *n* תיק
baggage *n* מטען
baggy *adj* תלוי ברפיון
baguette *n* בגט
bail *n* ערבות
bail out *v* לנטוש
bait *n* פיתיון
bake *v* לאפות
baker *n* אופה
bakery *n* מאפיה
balance *v* לאזן
balance *n* איזון, שיווי משקל
balcony *n* מרפסת
bald *adj* קרח
bale *n* חבילה
ball *n* כדור
balloon *n* בלון
ballot *n* הצבעה
ballroom *n* אולם ריקודים
balm *n* צרי
balmy *adj* נעים
bamboo *n* במבוק
ban *n* חרם
ban *v* לאסור, להחרים
banality *n* שגרתיות
banana *n* בננה
band *n* להקה, פס
bandage *n* תחבושת
bandage *v* לחבוש פצע
bang *v* להלום
bandit *n* שודד
banish *v* להגלות
banishment *n* גירוש
bank *n* בנק
bankrupt *v* לפשוט רגל
bankrupt *adj* פושט רגל
bankruptcy *n* פשיטת רגל
banner *n* דגל, כרזה
banquet *n* משתה
baptism *n* טבילה
baptize *v* להטביל לנצרות
bar *n* בר
bar *v* לחסום
barbarian *n* ברברי
barbaric *adj* ברברי
barbarism *n* ברבריות
barbecue *n* ברביקיו
barber *n* ספר
bare *adj* חשוף
barefoot *adj* יחף
barely *adv* בקושי
bargain *n* עסקה
bargain *v* להתמקח
bargaining *n* מיקוח
barge *n* דוברה
bark *v* לנבוח
bark *n* קליפת עץ, נביחה
barley *n* שעורה
barmaid *n* מלצרית
barman *n* ברמן
barn *n* אסם

barometer 24
B

barometer *n* מד-כובד
barracks *n* בסיס צבאי
barrage *n* סכר, מטר
barrel *n* חבית, קנה
barren *adj* עקר
barricade *n* מתרס
barrier *n* מחסום
barring *pre* פרט ל-
bartender *n* ברמן
barter *v* להמיר
base *n* בסיס
base *v* לבסס
baseball *n* בייסבול
baseless *adj* חסר בסיס
basement *n* מרתף
bashful *adj* נבוך, ביישן
basic *adj* בסיסי
basics *n* יסודות
basin *n* כיור, בקעה
basis *n* בסיס
bask *v* להנות
basket *n* סל
basketball *n* כדורסל
bastard *n* ממזר
bat *n* עטלף, מחבט
batch *n* אוסף, צרור
bath *n* אמבטיה
bathe *v* לרחוץ
bathrobe *n* חלוק
bathroom *n* חדר אמבטיה
bathtub *n* אמבטיה
baton *n* שרביט, אלה
battalion *n* גדוד
batter *v* להלום, להכות
battery *n* סוללה, תקיפה
battle *n* קרב
battle *v* להילחם
battleship *n* אניית-קרב
bay *n* מפרץ
bayonet *n* כידון
bazaar *n* שוק, בזאר
be *iv* להיות
be born *v* להיוולד
beach *n* חוף
beacon *n* משואה
beak *n* מקור
beam *n* קורה, קרן אור
bean *n* קטנית, שעועית
bear *n* דב
bear *iv* ללדת, לשאת
bearable *adj* נסבל
beard *n* זקן
bearded *adj* מזוקן
bearer *n* נושא
beast *n* בהמה
beat *iv* להכות, לגבור על
beat *n* מכה, קצב
beaten *adj* רקוע, מובס
beating *n* הכאה
beautiful *adj* יפה
beautify *v* לייפות
beauty *n* יופי
beaver *n* בונה
because *c* בגלל

25 **benevolence**
B

because of *pre* בגלל
beckon *v* לקרוא
become *iv* להיות
bed *n* מיטה
bedding *n* מצעים
bedroom *n* חדר שינה
bedspread *n* כיסוי מיטה
bee *n* דבורה
beef *n* בשר בקר
beef up *v* לתגבר
beehive *n* כוורת
beer *n* בירה
beet *n* סלק
beetle *n* חיפושית
before *adv* לפני, בטרם
before *pre* לפני, בנוכחות
beforehand *adv* מראש
befriend *v* להתידד
beg *v* להתחנן
beggar *n* קבצן
begin *iv* להתחיל
beginner *n* מתחיל
beginning *n* התחלה
beguile *v* להקסים
behalf (on) *adv* בשם
behave *v* להתנהג
behavior *n* התנהגות
behead *v* לערוף ראש
behind *pre* מאחורי
behold *iv* לראות
being *n* קיום, יצור
belated *adj* משתהה
belch *v* לגהק
belch *n* גיהוק
belfry *n* מגדל פעמון
Belgian *adj* בלגי
Belgium *n* בלגיה
belief *n* אמונה
believable *adj* אמין
believe *v* להאמין
believer *n* מאמין
belittle *v* לזלזל
bell *n* פעמון
bell pepper *n* פלפל
belligerent *adj* מלחמת
belly *n* בטן
belly button *n* טבור
belong *v* להשתייך
belongings *n* חפצים
beloved *adj* אהוב, יקר
below *adv* למטה
below *pre* מתחת
belt *n* חגורה
bench *n* ספסל
bend *iv* לכופף, לרכון
bend down *v* להתכופף
beneath *pre* מתחת ל-
benediction *n* ברכה
benefactor *n* גומל חסד
beneficial *adj* מועיל
beneficiary *n* מוטב, נהנה
benefit *n* רווח, תועלת
benefit *v* להנות
benevolence *n* נדיבות

benevolent *adj* נדיב
benign *adj* שפיר, נעים
bequeath *v* להוריש
bereaved *adj* שכול
bereavement *n* שכול
beret *n* כומתה
berserk *adv* משתולל מזעם
berth *n* מיטה, מעגן
beseech *iv* להפציר
beset *iv* להטריד
beside *pre* ליד, אצל
besides *pre* זולת
besiege *iv* לשים במצור
best *adj* הטוב ביותר
best man *n* שושבין
bestial *adj* חייתי
bestiality *n* חייתיו
bestow *v* להעניק
bet *iv* להתערב, להמר
bet *n* התערבות, הימור
betray *v* לבגוד, להסגיר
betrayal *n* בגידה
better *adj* מוטב, יותר טוב
between *pre* בין
beverage *n* משקה
beware *v* להיזהר
bewilder *v* לבלבל
bewitch *v* לכשף
beyond *adv* מעבר ל-
bias *n* דעה קדומה
bible *n* תנ"ך
biblical *adj* תנ"כי
bibliography *n* ביבליוגרפיה
bicycle *n* אופניים
bid *n* מכרז, הצעה
bid *iv* לאחל, להציע
big *adj* גדול
bigamy *n* נישואים כפולים
bigot *adj* קנאי
bigotry *n* קנאות
bike *n* אופניים
bile *n* מרה
bilingual *adj* דו-לשוני
bill *n* שטר, חשבון
billion *n* מיליארד
billionaire *n* מיליארדר
billiards *n* ביליארד
bimonthly *adj* דו-חודשי
bin *n* תיבה
bind *iv* לקשור, לכרוך
binding *adj* קושר, מחייב
binoculars *n* משקפת
biography *n* ביוגרפיה
biological *adj* ביולוגי
biology *n* ביולוגיה
bird *n* ציפור
birth *n* לידה
birthday *n* יום הולדת
biscuit *n* ביסקוויט
bishop *n* הגמון, בישוף
bison *n* תאו, ביזון
bit *n* חתיכה
bite *iv* לנשוך
bite *n* נגיסה

27 blouse

B

bitter *adj* מר
bitterly *adv* במרירות
bitterness *n* מרירות
bizarre *adj* מוזר
black *adj* שחור
blackberry *n* אוכמנית
blackboard *n* לוח
blackmail *n* סחיטה
blackmail *v* לסחוט כספים
blackness *n* שחור
blackout *n* האפלה
blacksmith *n* נפח
bladder *n* שלפוחית השתן
blade *n* להב
blame *n* אשמה
blame *v* להאשים
blameless *adj* חף מפשע
bland *adj* תפל, חסר טעם
blank *adj* ריק
blanket *n* שמיכה
blaspheme *v* לנאוף
blasphemy *n* חילול השם
blast *n* התפוצצות
blaze *v* להתלקח
bleach *v* להלבין
bleach *n* מלבין
bleak *adj* עגום
bleed *iv* לדמם
bleeding *n* דימום
blemish *n* פגם
blemish *v* לפגום
blend *n* תערובת
blend *v* לערבב
blender *n* בלנדר
bless *v* לברך
blessed *adj* מבורך
blessing *n* ברכה
blind *v* לעוור, לסנוור
blind *adj* עיוור
blindfold *n* כיסוי עיניים
blindfold *v* לכסות עיניים
blindly *adv* בצורה עיוורת
blindness *n* עיוורון
blink *v* למצמץ
bliss *n* אושר
blissful *adj* מאושר
blister *n* אבעבועה
blizzard *n* סופת שלג
bloat *v* לנפח
bloated *adj* נפוח
block *n* גוש, בלוק
block *v* לחסום, לעכב
blockade *v* לשים מצור
blockade *n* מצור
blockage *n* סתימה
blond *adj* בלונדיני
blood *n* דם
bloodthirsty *adj* צמא דם
bloody *adj* שותת דם
bloom *v* ללבלב, לזהור
blossom *v* לפרוח
blot *n* כתם, פגם
blot *v* להכתים
blouse *n* חולצה

blow 28

B

blow *n* מכה
blow *iv* לנשב, לנשוף
blow out *iv* לכבות
blow up *iv* לנפח, להתפוצץ
blowout *n* תקר, פנצ'ר
bludgeon *v* לחבות באלה
blue *adj* כחול
blueprint *n* שרטוט, תכנית
bluff *v* לבלף, להטעות
blunder *n* טעות
blunt *adj* קהה, בוטה
bluntness *n* גילוי-לב
blur *v* לטשטש
blurred *adj* מטושטש
blush *v* להסמיק
blush *n* סומק
boar *n* חזיר בר
board *n* לוח, קרש
board *v* לעלות, לאכסן
boast *v* להתגאות
boat *n* סירה
bodily *adj* גופני
body *n* גוף
bog *n* ביצה
bog down *v* להיתקע
boil *v* לרתוח
boil down to *v* להסתכם ב-
boil over *v* לגלוש
boiler *n* דוד-חימום
boisterous *adj* קולני, רוגש
bold *adj* נועז
boldness *n* אומץ לב
bolster *v* לתמוך, לחזק
bolt *n* בריח, בורג
bolt *v* להבריג, לנוס
bomb *n* פצצה
bomb *v* להפציץ
bombing *n* הפצצה
bombshell *n* פצצה, הלם
bond *n* קשר, איגרת חוב
bondage *n* שעבוד
bone *n* עצם
bone marrow *n* מח העצם
bonfire *n* מדורה
bonus *n* בונוס
book *n* ספר
bookcase *n* כוננית ספרים
bookkeeper *n* מנהל חשבונות
booklet *n* ספרון, חוברת
bookseller *n* מוכר ספרים
bookstore *n* חנות ספרים
boom *n* בום, שגשוג מהיר
boom *v* להרעים
boost *v* להרים, להמריץ
boost *n* דחיפה, תמריץ
boot *n* מגף
booth *n* ביתן
booty *n* ביזה, שלל
booze *n* אלכוהול
border *n* גבול
border on *v* לגבול ב-
borderline *adj* בלתי יציב
bore *v* לקדוח, לשעמם
bored *adj* משועמם

29 **breach**

B

boredom *n* שעמום
boring *adj* משעמם
born *adj* נוצר, מולד
borough *n* רובע
borrow *v* לשאול, ללוות
bosom *n* חיק
boss *n* מעביד, בוס
boss around *v* לרדות
bossy *adj* שטלתן
botany *n* בוטניקה
botch *v* לקלקל
both *adj* שניהם
bother *v* להטריד, להציק
bothersome *adj* מטריד
bottle *n* בקבוק
bottle *v* למלא בבקבוקים
bottleneck *n* צוואר הבקבוק
bottom *n* תחתית
bottomless *adj* תהומי
bough *n* ענף
boulder *n* סלע
boulevard *n* שדירה
bounce *v* לקפוץ, להקפיץ
bounce *n* ניתור
bound *adj* מוכרח, קשור
bound for *adj* מיועד להגיע ל-
boundary *n* גבול
boundless *adj* עצום
bounty *n* פרס, נדיבות לב
bourgeois *adj* בורגני
bow *n* קשת, קידה
bow *v* לקוד, להשתחוות
bow out *v* לסגת, לפרוש
bowels *n* מעיים
bowl *n* קערה
box *n* קופסה
boxer *n* מתאגרף
boxing *n* אגרוף
box office *n* קופה
boy *n* ילד
boycott *v* להחרים
boyfriend *n* חבר
boyhood *n* ילדות
bra *n* חזיה
brace for *v* להתכונן ל-
bracelet *n* צמיד
bracket *n* משען, סיווג
brag *v* להתרברב
braid *n* צמה
brain *n* שכל, מוח
brake *n* בלם
brake *v* לבלום
branch *n* ענף, סניף
branch office *n* סניף
branch out *v* לפתוח סניפים
brand *n* מותג, סוג
brand-new *adj* חדש לגמרי
brandy *n* ברנדי
brat *adj* פרחח
brave *adj* אמיץ
bravely *adv* באומץ
bravery *n* אומץ, גבורה
brawl *n* מריבה
breach *n* הפרה, פרצה

bread 30
B

bread *n* לחם
breadth *n* רוחב
break *n* שבר
break *iv* לשבור
break away *v* להינתק
break down *v* להישבר
break free *v* להשתחרר
break in *v* לפרוץ
break off *v* לנתק
break open *v* לפרוץ
break up *v* להיפרד
break out *v* לברוח
breakable *adj* שביר
breakdown *n* התמוטטות
breakfast *n* ארוחת בוקר
breakthrough *n* פריצת דרך
breast *n* שד, חיק, חזה
breath *n* נשימה
breathe *v* לנשום
breathing *n* נשימה
breathtaking *adj* מרהיב
breed *iv* להתרבות
breed *n* מין, זן, גזע
breeze *n* בריזה
brethren *n* אחים
brevity *n* קוצר
brew *v* לבשל, לחלוט
brewery *n* מבשלת שיכר
bribe *v* לשחד
bribe *n* שוחד
bribery *n* שוחד
brick *n* לבנה
bricklayer *n* בנאי, מניח לבנים
bridal *adj* של כלולות
bride *n* כלה
bridegroom *n* חתן
bridesmaid *n* שושבינה
bridge *n* גשר
bridle *n* רסן
brief *adj* קצר
brief *v* לתדרך
briefcase *n* תיק מסמכים
briefing *n* תדריך
briefly *adv* בקיצור
briefs *n* תחתונים
brigade *n* חטיבה
bright *adj* זוהר, פיקח
brighten *v* להאיר
brightness *n* בהירות
brilliant *adj* מבריק
brim *n* שפה, קצה
bring *iv* להביא
bring back *v* להחזיר
bring down *v* להוריד, להרוג
bring up *v* לחנך, לגדל
brink *n* קצה, גדה
brisk *adj* מהיר, מרענן
Britain *n* בריטניה
British *adj* בריטי
brittle *adj* פריך, שביר
broad *adj* רחב
broadcast *v* לשדר
broadcast *n* שידור
broadcaster *n* שדרן

broaden *v* להרחיב
broadly *adv* בהרחבה
broadminded *adj* רחב-אופקים
brochure *n* חוברת
broil *v* לצלות
broiler *n* אסכלה
broke *adj* מרושש
broken *adj* שבור
bronchitis *n* ברונכיט
bronze *n* ארד, ברונזה
broom *n* מטאטא
broth *n* מרק בשר
brothel *n* בית בושת
brother *n* אח
brotherhood *n* אחווה
brother-in-law *n* גיס
brotherly *adj* של אחים
brow *n* גבה, מצח
brown *adj* חום
browse *v* לרעות, לדפדף
browser *n* תכנת גלישה
bruise *n* חבלה, חבורה
bruise *v* לחבול
brunch *n* בראנץ'
brunette *adj* שחרחורת
brush *n* מברשת
brush *v* להבריש
brush aside *v* להתעלם מ-
brush up *v* לרענן, לשנן
brusque *adj* גס, פתאומי
brutal *adj* ברוטאלי
brutality *n* ברוטאליות
brutalize *v* להתעלל
brute *adj* פראי
bubble *n* בועה
bubble gum *n* מסטיק
buck *n* דולר
bucket *n* דלי
buckle *n* אבזם
bud *n* נבט, ניצן
buddy *n* חבר, ידיד
budge *v* להזיז
budget *n* תקציב
buffalo *n* תאו, בופאלו
bug *n* פשפש, חייד
bug *v* להציק
build *iv* לבנות
builder *n* בנאי
building *n* בנין
buildup *n* תדמית, גידול
built-in *adj* בילט-אין
bulb *n* נורה, פקעת
bulge *n* בליטה
bulk *n* נפח, צובר
bulky *adj* גדול בנפח
bull *n* שור
bulldoze *v* ליישר בדחפור
bullet *n* כדור
bulletin *n* עלון
bull fight *n* מלחמת שוורים
bull fighter *n* לוחם שוורים
bully *adj* רודן, מציק
bulwark *n* מבצר
bum *n* קבצן, בטלן

bump 32

B

bump *n* חבטה, בליטה
bump into *v* להייתקל ב-
bumper *n* פגוש
bumpy *adj* מחותחת
bun *n* לחמנייה
bunch *n* אשכול, צרור
bundle *n* חבילה
bundle *v* לארוז
bunk bed *n* מיטת קומותיים
bunker *n* בונקר
buoy *n* מצוף
burden *n* משא, נטל
burden *v* להכביד
burdensome *adj* מעייף
bureau *n* שולחן כתיבה
bureaucracy *n* ביורוקרטיה
bureaucrat *n* פקיד
burger *n* המבורגר
burglar *n* פורץ
burglarize *v* לפרוץ
burglary *n* פריצה
burial *n* קבורה
burly *adj* חסון
burn *iv* לשרוף
burn *n* כוויה
burp *v* לגהק
burp *n* גיהוק
burrow *n* מאורה
burst *iv* לנפץ, להתפרץ
burst into *v* לפרוץ
bury *v* לקבור
bus *n* אוטובוס
bus *v* להסיע באוטובוס
bush *n* שיח
busily *adv* בחריצות
business *n* עסקים
businessman *n* איש עסקים
bust *n* פסל חזה
bustling *adj* הומה
busy *adj* עסוק
but *c* אבל
butcher *n* קצב
butchery *n* טבח, שחיטה
butler *n* משרת
butt *n* בדל, תחת, קת
butter *n* חמאה
butterfly *n* פרפר
button *n* כפתור
buttonhole *n* לולאה
buy *iv* לקנות
buy off *v* לשחד
buyer *n* קונה
buzz *n* זמזום
buzz *v* לזמזם
buzzard *n* איה
buzzer *n* זמזם
by *pre* קרוב ל-
bye *e* להתראות
bypass *n* כביש עוקף
bypass *v* לעקוף
by-product *n* תוצר לוואי
bystander *n* עובר אורח

C

cab n מונית
cabbage n כרוב
cabin n צריף
cabinet n קבינט, שידה
cable n כבל, מברק
cafeteria n קפיטריה, מזנון
caffeine n קפאין
cage n כלוב
cake n עוגה
calamity n אסון
calculate v לחשב
calculation n חישוב, שיקול
calculator n מחשב כיס
calendar n לוח שנה
calf n עגל
caliber n איכות, קליבר
calibrate v למדוד קוטר
call n קריאה
call v לקרוא, לטלפן
call off v לבטל
call on v לבקר
call out v לצעוק
calling n שאיפה, מקצוע
callous adj קשוח
calm adj רגוע
calm n רוגע
calm down v להירגע
calorie n קלוריה
calumny n דיבה

camel n גמל
camera n מצלמה
camouflage v להסוות
camouflage n הסוואה
camp n מחנה, קיטנה
camp v להקים מחנה
campaign v לנהל מסע
campaign n מבצע
campfire n מדורה
can iv להיות מסוגל
can v לשמר
can n פחית
can opener n פותחן
canal n תעלה
canary n כנרית, קנרי
cancel v לבטל
cancellation n ביטול
cancer n סרטן
cancerous adj סרטני
candid adj גלוי-לב
candidacy n מועמדות
candidate n מועמד
candle n נר
candlestick n פמות
candor n כנות, יושר
candy n ממתק, סוכריה
cane n קנה, מקל
canister n מיכל, קופסה
canned adj משומר
cannibal n קניבל
cannon n תותח
canoe n בוצית

C

canonize *v* להכריז כקדוש
cantaloupe *n* מלון
canteen *n* שקמית
canvas *n* קנבס
canvas *v* לסקור
canyon *n* ערוץ, קניון *n*
cap *n* כובע, מכסה *n*
capability *n* יכולת
capable *adj* מוכשר
capacity *n* תכולה, מעמד *n*
cape *n* שכמייה, לשון יבשה *n*
capital *n* בירה
capital letter *n* אות רישית
capitalism *n* קפיטליזם
capitalize *v* להפוך להון
capitulate *v* להיכנע
capsize *v* להתהפך
capsule *n* כמוסה, קפסולה *n*
captain *n* סרן, קברנית *n*
captivate *v* לשבות, להקסים
captive *n* אסיר, שבוי *n*
captivity *n* שבי, מאסר
capture *v* לשבות, ללכוד
capture *n* לכידה
car *n* מכונית
carat *n* קרט
caravan *n* קרון, שיירה *n*
carburetor *n* קרבורטור
carcass *n* גוויה
card *n* כרטיס, קלף *n*
cardboard *n* קרטון
cardiac *adj* של הלב
cardiac arrest *n* דום לב
cardiology *n* קרדיאולוגיה
care *n* טיפול, דאגה
care *v* לדאוג, לטפל
care about *v* לחבב
care for *v* לדאוג ל-
career *n* קריירה
carefree *adj* שאנן, עליז
careful *adj* זהיר
careless *adj* רשלני
carelessness *n* רשלנות
caress *n* לטיפה
caress *v* ללטף
caretaker *n* משגיח, שמש
cargo *n* מטען
caricature *n* קריקטורה
caring *adj* טב לב- אדיב
carnage *n* קטל
carnal *adj* גופני, בשרי
carnation *n* ציפורן
carol *n* שיר הלל
carpenter *n* נגר
carpentry *n* נגרות
carpet *n* שטיח
carriage *n* כרכרה, קרון
carrot *n* גזר
carry *v* לשאת
carry on *v* להמשיך
carry out *v* לבצע
cart *n* עגלה
cart *v* לשאת
cartoon *n* סרט מצויר

C

cartridge *n* תרמיל
carve *v* לגלף, לפסל
cascade *n* אשד, גלים
case *n* מקרה, עניין
cash *n* מזומן
cashier *n* קופאי
casino *n* קזינו
casket *n* ארון מתים
casserole *n* תבשיל
cassock *n* גלימה
cast *iv* להשליך, לצקת
castaway *n* ניצול ספינה
caste *n* כת
castle *n* טירה, ארמון
casual *adj* ארעי, שטחי
casualty *n* נפגע, חלל
cat *n* חתול
cataclysm *n* מהפך קיצוני
catacomb *n* קטקומבה
catalog *n* קטלוג
catalog *v* לקטלג
cataract *n* אשד, קטרקט
catastrophe *n* אסון
catch *iv* לתפוס, להידבק
catch up *v* להשיג, לעדכן
catching *adj* מידבק
catchword *n* מילת מפתח
catechism *n* מקראה נוצרית
category *n* קטגוריה
cater to *v* להיענות ל-
caterpillar *n* זחל
cathedral *n* קתדרלה
catholic *adj* קתולי
Catholicism *n* קתוליות
cattle *n* בקר
cauliflower *n* כרובית
cause *n* סיבה, גורם
cause *v* לגרום
caution *n* זהירות
cautious *adj* זהיר
cavalry *n* חיל פרשים
cave *n* מערה
cave in *v* להיכנע
cavern *n* מערה
cavity *n* בקיע, חלל, חור
cease *v* להפסיק
cease-fire *n* הפסקת אש
ceaselessly *adv* ללא הרף
ceiling *n* תקרה
celebrate *v* לחגוג
celebration *n* חגיגה
celebrity *n* כוכב, סלבריטאי
celery *n* סלרי
celestial *adj* שמיימי, נשגב
celibacy *n* רווקות, פרישות
celibate *adj* רווק, נזיר
cellar *n* מרתף
cellphone *n* טלפון סלולרי
cement *n* מלט
cemetery *n* בית קברות
censorship *n* צנזורה, בקורת
censure *v* לגנות
census *n* סקר
cent *n* סנט

centenary 36

C

centenary *n* יובל מאה
center *n* מרכז
center *v* למרכז
centimeter *n* סנטימטר
central *adj* מרכזי
centralize *v* למרכז
century *n* מאה
ceramic *n* קרמיקה
cereal *n* דגן, דיסה
cerebral *adj* מוחי
ceremony *n* טקס
certain *adj* בטוח
certainty *n* ודאות
certificate *n* תעודה
certify *v* לאשר
chagrin *n* עגמה
chain *n* שרשרת
chain *v* לכבול
chainsaw *n* מסור חשמלי
chair *n* כסא
chair *v* לנהל
chairman *n* יושב ראש
chalet *n* בקתה
chalice *n* גביע, קבעת
chalk *n* גיר
chalkboard *n* לוח
challenge *v* לאתגר
challenge *n* אתגר
challenging *adj* מהווה אתגר
chamber *n* חדר, תא
champ *n* אלוף
champion *n* אלוף
champion *v* להגן
chance *n* סיכוי, מזל
chancellor *n* קנצלר
chandelier *n* נברשת
change *v* להתחלף, לשנות
change *n* שינוי, חילוף
channel *n* לכוון, להפנות
chant *n* לשיר בקצב
chaos *n* תוהו ובוהו
chaotic *adj* כאוטי
chapel *n* קפלה
chaplain *n* כומר, קצין דת
chapter *n* פרק
char *v* לחרוך
character *n* אופי, טבע
characteristic *adj* אפייני
charade *n* חידון, פרודיה
charbroil *adj* לצלות
charcoal *n* פחם
charge *v* לגבות, להאשים
charge *n* עלות, מטען
charisma *n* כריזמה
charismatic *adj* כריזמטי
charitable *adj* נדיב
charity *n* צדקה
charm *v* להקסים, לכשף
charm *n* קסם, חן
charming *adj* מקסים
chart *n* תרשים, שרטוט
charter *n* לשכור
charter *v* צ׳רטר, אמנה
chase *n* מרדף

37 choosy

C

chase *v* לרדוף
chase away *v* להבריח
chasm *n* תהום
chaste *adj* צנוע, טהור
chastise *v* להלקות
chastisement *n* הענשה בחומרה
chastity *n* צניעות, טהרה
chat *v* לשוחח
chauffeur *n* נהג
cheap *adj* זול
cheat *v* לרמות
cheater *n* רמאי
check *n* בדיקה, המחאה
check *v* לבדוק, לודא
check in *v* להירשם בבית מלון
check up *n* בדיקה
checkbook *n* פנקס צ׳קים
cheek *n* לחי
cheekbone *n* עצות לחיים
cheeky *adj* חצוף
cheer *v* לעודד, להריע
cheer up *v* לשמח
cheerful *adj* עליז
cheers *n* לחיים
cheese *n* גבינה
chef *n* שף
chemical *adj* כימי
chemist *n* כימאי
chemistry *n* כימיה
cherish *v* להעריך, להוקיר
cherry *n* דובדבן
chess *n* שחמט
chest *n* חזה, כוננית
chestnut *n* ערמון
chew *v* ללעוס
chick *n* אפרוח
chicken *n* תרנגולת
chicken out *v* להשתפן
chicken pox *n* אבעבועות רוח
chide *v* לגעור, לנזוף
chief *n* מנהל
chiefly *adv* בעיקר
child *n* ילד
childhood *n* ילדות
childish *adj* ילדותי
childless *adj* חסר ילדים
children *n* ילדים
chill *n* צינה, קור
chill *v* לקרר
chill out *v* להירגע
chilly *adj* קריר
chimney *n* ארבה
chimpanzee *n* שומפנזה
chin *n* סנטר
chip *n* שביב
chisel *n* אזמל, מפסלת
chocolate *n* שוקולד
choice *n* בחירה
choir *n* מקהלה
choke *v* לחנוק, להיחנק
cholera *n* כולרה
cholesterol *n* קולסטרול
choose *iv* לבחור
choosy *adj* בררן

chop *v* לקצץ, לגדוע
chop *n* קיצוץ, קטיעה
chopper *n* מסוק
chore *n* מטלה
chorus *n* מקהלה
christen *v* להטביל לנצרות
christian *adj* נוצרי
Christianity *n* נוצרות
Christmas *n* חג המולד
chronic *adj* כרוני
chronicle *n* מעשייה
chronology *n* כרונולוגיה
chubby *adj* שמנמן
chuckle *v* לצחקק
chunk *n* גוש, חתיכה
church *n* כנסיה
chute *n* מורד משופע
cider *n* סיידר
cigar *n* סיגר
cigarette *n* סיגריה
cinder *n* אפר, גחלת
cinema *n* קולנוע
cinnamon *n* קינמון
circle *n* עיגול
circle *v* להקיף, להסתובב
circuit *n* מעגל, הקפ
circular *adj* עקיף, מעגלי
circulate *v* לנוע בחופשיות
circulation *n* הפצה
circumcise *v* למול
circumcision *n* ברית מילה
circumstance *n* נסיבה
circumstancial *adj* נסיבתי
circus *n* קרקס
cistern *n* מקווה מים
citizen *n* אזרח
citizenship *n* אזרחות
city *n* עיר
city hall *n* עירייה
civic *adj* אזרחי, עירוני
civil *adj* אזרחי, אדיב
civilization *n* תרבות
civilize *v* תרבותי
claim *v* לדרוש, לתבוע
claim *n* תביעה, תובענה
clam *n* צדפה
clamor *v* לזעוק
clamp *n* ערימה, מלחצת
clan *n* שבט
clandestine *adj* חשאי
clap *v* למחוא כף
clarification *n* הבהרה
clarify *v* להבהיר
clarinet *n* קלרינט
clarity *n* בהירות
clash *v* להקיש, להתנגש
clash *n* נקישה, עימות
class *n* כיתה, מעמד
classic *adj* קלאסי
classify *v* לסווג כסודי
classmate *n* חבר לכיתה
classroom *n* כיתה
classy *adj* נעלה
clause *n* פיסקה, סעיף

C

claw *n* ציפורן, טופר
claw *v* לקרוע בציפורניים
clay *n* טיט
clean *adj* נקי
clean *v* לנקות
cleaner *n* מנקה
cleanliness *n* נקיון
cleanse *v* לנקות
cleanser *n* חומר ניקוי
clear *adj* ברור, בהיר
clear *v* לפנות
clearance *n* אישור, פינוי
clear-cut *adj* מהוקצע
clearly *adv* בבירור
clearness *n* בהירות
cleft *n* שסע
clemency *n* חנינה
clench *v* להדק
clergy *n* כמורה
clergyman *n* כומר
clerical *adj* קלריקלי
clerk *n* פקיד
clever *adj* פיקח
click *v* להקליק
client *n* לקוח
clientele *n* ציבור לקוחות
cliff *n* צוק
climate *n* אקלים
climatic *adj* אקלימי
climax *n* שיא
climb *v* לטפס
climbing *n* טיפוס
clinch *v* להסדיר, להדק
cling *iv* לדבוק, להיאחז
clinic *n* מרפאה
clip *v* לקצץ, לנקב
clipping *n* תגזיר
cloak *n* מעטה, גלימה
clock *n* שעון
clog *v* לסתום
cloister *n* מנזר
clone *v* לשבט
cloning *n* שיבוט
close *v* לסגור
close *adj* קרוב
close to *pre* קרוב ל-
closed *adj* סגור
closely *adv* בצורה קרובה
closet *n* ארון
closure *n* סגירה
clot *n* קריש-דם
cloth *n* אריג, בד
clothe *v* להלביש
clothes *n* בגדים
clothing *n* ביגוד
cloud *n* ענן
cloudless *adj* בהיר
cloudy *adj* מעונן
clown *n* ליצן
club *n* מועדון, אלה
club *v* לחבוט
clue *n* רמז
clumsiness *n* כבדות
clumsy *adj* מגושם

cluster 40

C

cluster *n* קבוצה, אשכול
cluster *v* להתקבץ
clutch *n* קבוצת אפרוחים
coach *v* לאמן, להדריך
coach *n* מאמן
coaching *n* הדרכה, אימון
coagulate *v* להקריש
coagulation *n* קרישה
coal *n* פחם
coalition *n* קואליציה
coarse *adj* גס, מחוספס
coast *n* חוף ים
coastal *adj* חופי
coastline *n* קו החוף
coat *n* מעיל
coax *v* לשכנע
cob *n* שיזרת תירס
cobblestone *n* אבן ריצוף
cobweb *n* קורי עכביש
cocaine *n* קוקאין
cock *n* תרנגול, ברז
cockpit *n* תא הטייס
cockroach *n* ג'וק
cocktail *n* קוקטייל
cocky *adj* מתגנדר, חצוף
cocoa *n* קקאו
coconut *n* קוקוס
cod *n* בקלה
code *n* צופן
codify *v* לערוך חוקים בקובץ
coefficient *n* מקדם
coerce *v* לאלץ
coercion *n* כפייה
coexist *v* לחיות יחד
coffee *n* קפה
coffin *n* ארון מתים
coherent *adj* עקבי
cohesion *n* התלכדות
coin *n* מטבע
coincide *v* לעלות בקנה אחד
coincidence *n* צירוף מקרים
cold *adj* קר
coldness *n* קור
colic *n* כאב בטן
collaborate *v* לשתף פעולה
collaboration *n* שיתוף פעולה
collaborator *n* משתף פעולה
collapse *v* להתמוטט
collapse *n* התמוטטות
collar *n* צווארון
collarbone *n* עצם הבריח
collateral *adj* צדדי, מקביל
colleague *n* עמית
collect *v* לאסוף, לגבות
collection *n* אוסף
collector *n* גובה, אגרן
college *n* מכללה, קולג'
collide *v* להתנגש
collision *n* התנגשות
cologne *n* מי קולון
colon *n* נקודותיים
colonel *n* אלוף משנה
colonial *adj* קולוניאלי
colonization *n* יישוב, התנחלות

41 community

C

colonize *v* ליישב
colony *n* מושבה, קולוניה
color *n* צבע
color *v* לצבוע
colorful *adj* ססגוני, צבעוני
colossal *adj* כביר
colt *n* סייח
column *n* עמוד
coma *n* תרדמת
comb *n* מסרק
comb *v* לסרק
combat *n* קרב, מאבק
combat *v* להיאבק
combatant *n* לוחם
combination *n* שילוב, צירוף
combine *v* לצרף, לשלב
combustible *n* חומר דליק
combustion *n* בעירה
come *iv* לבוא, להגיע
come about *v* להתרחש
come across *v* להתקל ב-
come apart *v* להתמוטט
come back *v* לחזור
come down *v* לרדת
come forward *v* להתייצב
come from *v* לבוא מ-
come in *v* להיכנס
come out *v* לצאת החוצה
come over *v* לבקר, לבוא
come up *v* לעלות, לצוץ
comeback *n* הופעה
comedian *n* קומיקאי
comedy *n* קומדיה
comet *n* כוכב שביט
comfort *n* נוחיותף נחמה
comfortable *adj* נוח
comforter *n* שמיכה
comical *adj* מצחיק, קומי
coming *n* ביאה, הגעה
coming *adj* הבא
comma *n* פסיק
command *v* לפקוד
commander *n* מפקד
commandment *n* דיבר, מצווה
commemorate *v* להנציח
commence *v* להתחיל
commend *v* להלל, להמליץ
commendation *n* הערכה
comment *v* להעיר
comment *n* הערה
commerce *n* מסחר
commercial *adj* מסחרי
commission *n* עמלה, ועדה
commit *v* לבצע
commitment *n* מחויבות
committed *adj* מחויב,מסור
committee *n* ועדה
common *adj* משותף, כלל
commotion *n* מהומה
communicate *v* לתקשר
communication *n* תקשורת
communism *n* קומוניזם
communist *adj* קומוניסט
community *n* קהילה

commute 42

C

commute *v* ליומם, להמיר
compact *adj* קומפקטי
compact *v* לדחוס
companion *n* בן-לויה, ידיד
companionship *n* ידידות, רעות
company *n* חברה, להקה
comparable *adj* שניתן להשוות
comparative *adj* השואתי
compare *v* להשוות
comparison *n* השוואה
compartment *n* תא
compass *n* מצפן
compassion *n* רחמים, חמלה
compassionate *adj* רחום
compatibility *n* תאימות
compatible *adj* תואם
compatriot *n* בן-ארצו
compel *v* לחייב, לאלץ
compelling *adj* מחייב
compendium *n* תקציר, סיכום
compensate *v* לפצות
compensation *n* פיצויים
compete *v* להתחרות
competence *n* יכולת
competent *adj* כשיר, מסוגל
competition *n* תחרות
competitive *adj* תחרותי
competitor *n* מתחרה
compile *v* לקבץ, ללקט
complain *v* להתלונן
complaint *n* תלונה
complement *n* משלים
complete *adj* שלם, מלא, גמור
complete *v* להשלים
completely *adv* לגמרי
completion *n* השלמה, סיום
complex *adj* מסבך, מורכב
complexion *n* גון עור
complexity *n* מורכבות
compliance *n* הענות
compliant *adj* נכנע, תואם
complicate *v* לסבך
complication *n* סיבוך
complicity *n* שותפות לפשע
compliment *n* מחמאה
complimentary *adj* מחמיא
comply *v* להיענות
component *n* מרכיב
compose *v* להלחין, לחבר
composed *adj* רגוע, שלו
composer *n* מלחין
composition *n* הלחנה, יצירה
compost *n* קומפוסט
composure *n* שלוה, רוגע
compound *n* תרכובת
compound *v* להרכיב, לצרף
comprehend *v* להבין
comprehensive *adj* כולל, מקיף
compress *v* לדחוס
compression *n* דחיסה
comprise *v* להכיל, לכלול
compromise *n* פשרה
compromise *v* להתפשר
compulsion *n* כפיה

43 **confirm**

C

compulsive *adj* כפייתי
compulsory *adj* חובה
compute *v* לחשב
computer *n* מחשב
comrade *n* חבר לנשק
con man *n* רמאי
conceal *v* להסתיר
concede *v* להודות
conceited *adj* יהיר
conceive *v* להגות, להרות
concentrate *v* להתרכז
concentration *n* ריכוז
concentric *adj* קונצנטרי
concept *n* מושג
conception *n* תפיסה
concern *v* להתיחס
concern *n* דאגה, ענין
concerning *pre* בנוגע ל-
concert *n* קונצרט
concession *n* ויתור, כניעה
conciliate *v* לפייס
conciliatory *adj* פייסני
concise *adj* תמציתי
conclude *v* לגמור, להסיק
conclusion *n* מסקנה, סיום
conclusive *adj* משכנע
concoct *v* להמציא, לרקוח
concoction *n* תבשיל, מרקחת
concrete *n* בטון
concrete *adj* מוחשי, קונקרטי
concur *v* להסכים
concurrent *adj* חל בו-זמנית
concussion *n* זעזוע-מוח
condemn *v* לגנות, להרשיע
condemnation *n* גינוי, הרשעה
condensation *n* עיבוי, ריכוז
condense *v* לרכז
condescend *v* להתנשא
condiment *n* תבלין
condition *n* תנאי, מצב
conditional *adj* מותנה
conditioner *n* מרכך שיער
condo *n* קונדומיניום
condolences *n* תנחומים
condone *v* לסלוח
conducive *adj* מסייע, תורם
conduct *n* התנהגות
conduct *v* לנהל, לנצח על
conductor *n* מוליך, כרטיסן
cone *n* קונוס, גביע
confer *v* להיוועץ
conference *n* ועידה, דיון
confess *v* להתוודות
confession *n* וידוי, הודאה
confessional *n* תא וידויים
confessor *n* כומר וידויים
confidant *n* ידיד נאמן
confide *v* לבטוח ב-
confidence *n* בטחון, סוד
confident *adj* בטוח
confidential *adj* סודי
confine *v* לתחום
confinement *n* ריתוק
confirm *v* לאשר, לאמת

confirmation 44

C

confirmation *n* אישור
confiscate *v* להחרים
confiscation *n* החרמה
conflict *n* עימות, סכסוך
conflict *v* לסתור
conflicting *adj* סותר, מנוגד
conform *v* להתאים
conformist *adj* תואמן
conformity *n* קבלת מוסכמות
confound *v* לבלבל
confront *v* להתעמת
confrontation *n* עימות
confuse *v* להביך, לבלבל
confusing *adj* מביך
confusion *n* מבוכה, בלבול
congenial *adj* נעים, חביב
congested *adj* צפוף
congestion *n* צפיפות
congratulate *v* לברך
congratulations *n* ברכה
congregate *v* להתקהל
congregation *n* קהל
congress *n* קונגרס
conjecture *n* השערה
conjugal *adj* של נישואים
conjugate *v* להטות פעלים
conjunction *n* צירוף
conjure up *v* להעלות רעיון
connect *v* לקשר, לחבר
connection *n* קשר, חיבור
connive *v* לזמום
connote *v* לרמוז על
conquer *v* לכבוש
conqueror *n* כובש
conquest *n* כיבוש
conscience *n* מצפון
conscious *adj* ער
conciousness *n* הכרה
conscript *n* מגויס
consecrate *v* לקדש
consecration *n* קידוש
consecutive *adj* עוקב, רציף
consensus *n* הסכמה כללית
consent *v* להסכים
consent *n* הסכמה
consequence *n* תוצאה
consequent *adj* עוקב
conservation *n* שימור
conservative *adj* שמרני
conserve *v* לשמר
conserve *n* ריבה, מרמלדה
consider *v* לשקול
considerable *adj* ניכר, חשוב
considerate *adj* מתחשב
consideration *n* התחשבות
consignment *n* משגור
consist *v* להיות מורכב מ-
consistency *n* עקביות
consistent *adj* עקבי
consolation *n* נחמה
console *v* לנחם
consolidate *v* לגבש, לחזק
consonant *n* עיצור
conspicuous *adj* בולט

45 contrition

C

conspiracy *n* קשר, קנוניה
conspirator *n* קושר
conspire *v* לקשור קשר
constancy *n* נאמנות
constant *adj* קבוע, רצוף
constellation *n* קונסטלציה
consternation *n* תדהמה
constipated *adj* שיש לו עצירות
constipation *n* עצירות
constitute *v* לכלול, להוות
constitution *n* חוקה, מערכת
constrain *v* להכריח, לאלץ
constraint *n* ילוץ, מעצור
construct *v* לבנות, להרכיב
construction *n* מבנה, בניה
constructive *adj* מועיל
consul *n* קונסול
consulate *n* קונסוליה
consult *v* לייעץ, להיוועץ
consultation *n* ייעוץ, התייעצות
consume *v* לאכול, לצרוך
consumer *n* צרכן
consumption *n* צריכה, שחפת
contact *v* ליצור קשר
contact *n* קשר, מגע
contagious *adj* מידבק
contain *v* להכיל, לכלול
container *n* מכל
contaminate *v* לזהם
contamination *n* זיהום
contemplate *v* להגות
contemporary *adj* עכשווי
contempt *n* בוז
contend *v* לטעון, להתחרות
contender *n* מתחרה
content *adj* מרוצה
content *v* להשביע רצון
contentious *adj* פולמוסי
contents *n* תכולה, תוכן
contest *n* תחרות
contestant *n* מתמודד
context *n* הקשר
continent *n* יבשה
continental *adj* קונטיננטליף
contingency *n* מקרה
contingent *adj* אפשרי
continuation *n* המשך
continue *v* להמשיך
continuity *n* המשכיות
continuous *adj* ממושך, רצוף
contour *n* מתאר, קו-גובה
contraband *n* הברחה
contract *v* לערוך הסכם
contract *n* חוזה
contraction *n* התכווצות, ציר
contradict *v* לסתור
contradiction *n* סתירה
contrary *adj* מנגד, נגדי
contrast *v* לעמת, להשוות
contrast *n* ניגוד, קונטרסט
contribute *v* לתרום
contribution *n* תרומה
contributor *n* תורם
contrition *n* חרטה

control 46

C

control *n* שליטה, פיקוח
control *v* לשלוט, לרסן
controversial *adj* שנוי במחלוקת
controversy *n* מחלוקת
convalescent *adj* מחלים
convene *v* לכנס
convenience *n* נוחות, נוחיות
convenient *adj* נוח
convent *n* מנזר
convention *n* ועידה, אסיפה
conventional *adj* קונבנציונלי
converge *v* להתכנס
conversation *n* שיחה
converse *v* לשוחח
conversely *adv* באופן הפוך
conversion *n* המרה, גיור
convert *v* להמיר, לגייר
convert *n* מומר, גר
convey *v* למסור
convict *v* להרשיע
conviction *n* הרשעה
convince *v* לשכנע
convincing *adj* משכנע
convoluted *adj* מפתל
convoy *n* שיירה
convulse *v* לטלטל
convulsion *n* התכווצות
cook *v* לבשל
cook *n* טבח
cookie *n* עוגיה
cooking *n* בישול
cool *adj* קריר, צונן
cool *v* לקרר, לצנן
cool down *v* להירגע
cooling *adj* מצנן
coolness *n* קרירות
cooperate *v* לשתף פעולה
cooperation *n* שיתוף פעולה
cooperative *adj* קואופרטיב
coordinate *v* לתאם
coordination *n* תיאום
coordinator *n* מתאם
cop *n* שוטר
cope *v* להתמודד
copier *n* מכונת צילום
copper *n* נחשת
copy *v* להעתיק
copy *n* עותק
copyright *n* זכות יוצרים
cord *n* מיתר, חבל
cordial *adj* לבבי
cordless *adj* אלחוטי
cordon *n* חגורה, סרט
cordon off *v* לשרשר
core *n* לבה, מרכז
cork *n* פקק, שעם
corn *n* תירס
corner *n* פינה
cornerstone *n* אבן פנה
cornet *n* קורנית, גביע
corollary *n* מסקנה
coronary *adj* כלילי
coronation *n* הכתרה
corporal *adj* גופני

47 **courtyard**

C

corporal *n* רב-טוראי
corporation *n* תאגיד
corpse *n* גוויה
corpulent *adj* גמלוני, שמן
corpuscle *n* גופיף
correct *v* לתקן, להעניש
correct *adj* נכון
correction *n* תיקון
correlate *v* לצאם, לקשר
correspond *v* להתכתב
correspondent *n* כתב
corresponding *adj* תואם, מקביל
corridor *n* מסדרון
corroborate *v* לאמת, לאשר
corrode *v* לאכל, להחליד
corrupt *v* להשחית
corrupt *adj* מושחת
corruption *n* שחיתות
cosmetic *n* קוסמטי
cosmic *adj* קוסמי
cosmonaut *n* קוסמונאוט
cost *iv* לעלות
cost *n* עלות, מחיר
costly *adj* יקר
costume *n* תחפושת
cottage *n* בקתה
cotton *n* כותנה
couch *n* ספה
cough *n* שיעול
cough *v* להשתעל
council *n* מועצה
counsel *v* לייעץ, להמליץ
counsel *n* ייעוץ, יועץ
counselor *n* מדריך, יועץ
count *v* לספור
count *n* רוזן
countdown *n* ספירה לאחור
countenance *n* ארשת
counter *n* מונה, דוכן
counter *v* להתריס
counteract *v* לנטרל, לבטל
counterfeit *v* לזיף
counterfeit *adj* מזויף
counterpart *n* עמית, בן-זוג
countess *n* רוזנת
countless *adj* עצום, אינספור
country *n* מדינה
countryman *n* בן ארץ, כפרי
countryside *n* כפר
county *n* מחוז
coup *n* הפיכה
couple *n* זוג
coupon *n* קופון, תלוש
courage *n* אומץ לב
courageous *adj* אמיץ
courier *n* שליח
course *n* חוג, כיוון
court *n* בית משפט
court *v* לחזר
courteous *adj* אדיב
courtesy *n* אדיבות
courthouse *n* בית משפט
courtship *n* חזור
courtyard *n* חצר

C

cousin *n* בן-דוד
cove *n* מפרץ
covenant *n* ברית
cover *n* מכסה
cover *v* לכסות
cover up *v* להסוות
coverage *n* כיסוי
covert *adj* סמוי, כמוס
coverup *n* כיסוי, חיפוי
covet *v* לחמוד
cow *n* פרה
coward *n* פחדן
cowardice *n* פחדנות
cowardly *adv* פחדני
cowboy *n* קאובוי, בוקר
cozy *adj* חמים
crab *n* סרטן
crack *n* סדק, קראק
crack *v* לסדוק
cradle *n* עריסה
craft *n* אמנות
craftsman *n* אמן
cram *v* לדחוס, לחרוש
cramp *n* התכווצות
cramped *adj* מגבל, מכווץ
crane *n* עגורן, מנוף
crank *n* ארכבה
cranky *adj* עצבני
crap *n* חרא, שטות
crappy *adj* מחורבן
crash *n* התרסקות
crash *v* להתרסק
crass *adj* גס
crater *n* מכתש, לע
crave *v* להשתוקק
craving *n* תשוקה, תאווה
crawl *v* לזחול
crayon *n* צבעון
craziness *n* שגעון
crazy *adj* משוגע
creak *v* לחרוק
creak *n* חריקה
cream *n* שמנת, משחה
creamy *adj* קרמי
crease *n* קמט
crease *v* לקמט
create *v* ליצור
creation *n* יצירה
creative *adj* יצירתי
creativity *n* יצירתיות
creator *n* יוצר, בורא
creature *n* ייצור
credibility *n* מהימנות
credible *adj* מהימן
credit *n* אשראי, הערכה
creditor *n* נושה, מלווה
creed *n* אמונה
creek *n* נחל, פלג
creep *v* לזחול, להתגנב
creepy *adj* מטיל אימה
cremate *v* לכבשן
crematorium *n* כבשן
crest *n* כרבולת,
crevice *n* בקיע צר

crew *n* צוות
crib *n* מיטת תינוק
cricket *n* צרצר, קרירט
crime *n* פשע
criminal *adj* פלילי
cripple *v* להטיל מום
crisis *n* משבר
crisp *adj* פריך
criss-cross *v* ללכת הלוך ושוב
crispy *adj* פריך
criterion *n* קריטריון
critical *adj* בקורתי, קריטי
criticism *n* בקורת
criticize *v* להטיל בקורת
critique *n* בקורת
crockery *n* כלי חרס
crocodile *n* תנין
crony *n* ידיד
crook *n* נוכל
crooked *adj* עקום, מעוות
crop *n* יבול, שוט
cross *n* צלב
cross *adj* כועס
cross *v* לחצות, להרגיז
cross out *v* למחוק
crossfire *n* אש צולבת
crossing *n* חצייה
crossroads *n* צומת
crosswalk *n* מעבר חצייה
crossword *n* תשבץ
crouch *v* להתכופף
crow *n* עורב
crow *v* לקרקר
crowbar *n* קנטר, מוט
crowd *n* המון, קהל
crowd *v* להצטופף
crowded *adj* צפוף, דחוס
crown *n* כתר
crown *v* להכתיר
crowning *n* הכתרה
crucial *adj* מכריע, קריטי
crucifix *n* צלב
crucifixion *n* צליבה
crucify *v* לצלוב
crude *adj* גס
cruel *adj* אכזרי
cruelty *n* אכזריות
cruise *v* שיט
crumb *n* פירור
crumble *v* להתפורר
crunchy *adj* פריך
crusade *n* מסע צלב
crusader *n* צלבן
crush *v* למעוך
crushing *adj* מוחץ
crutch *n* קב, משענת
cry *n* בכי, קריאה
cry *v* לבכות
cry out *v* לקרוא בקול
crying *n* בכי
crystal *n* בדולח
cub *n* גור
cube *n* קובייה, חזקה
cubic *adj* מעוקב

cubicle 50

C

cubicle *n* תא, חדרון
cucumber *n* מלפפון
cuddle *v* להצטנף
cuff *n* שרוולית, סטירה
cuisine *n* בישול
culminate *v* להסתיים
culpability *n* אשם
culprit *n* נאשם, פושע
cult *n* כת
cultivate *v* לעבד, לטפח
cultivation *n* עיבוד
cultural *adj* תרבותי
culture *n* תרבותי
cumbersome *adj* מסורבל
cunning *adj* ערמומי
cup *n* כוס
cupboard *n* ארון
curable *adj* ניתן לריפוי
curator *n* קורטור
curb *v* לרסן
curb *n* אבן שפה
curdle *v* להקריש
cure *v* לרפא
cure *n* ריפוי, תרופה
curfew *n* עוצר
curiosity *n* סקרנות
curious *adj* סקרן, מוזר
curl *v* לסלסל
curl *n* תלתל
curly *adj* מתולתל
currency *n* מטבע
current *adj* עכשווי, נוכחי
currently *adv* כיום
curse *v* לקלל
curtail *v* לקצץ
curtain *n* וילון
curve *n* עקומה, סיבוב
curve *v* לעקם
cushion *n* כר
cushion *v* לרפד
cuss *v* לקלל
custard *n* רפרפת ביצים
custodian *n* אפוטרופוס
custody *n* אפוטרופסות
custom *n* מנהג, הרגל
customary *adj* נהוג
customer *n* לקוח
custom-made *adj* לפי הזמנה
customs *n* מכס
cut *n* חתך, נתח
cut *iv* לחתוך
cut back *v* לקצוץ
cut down *v* להשפיל, להוזיל
cut off *v* לנתק, לקטוע
cut out *v* להפסיק
cute *adj* חמוד
cutlery *n* סכו"ם
cutter *n* סירה מהירה
cyanide *n* ציאניד
cycle *n* מחזור, מעגל
cyclist *n* רוכב אופניים
cyclone *n* ציקלון
cylinder *n* צילינדר, גליל
cynic *adj* ציני

51 deadly

cynicism *n* ציניות
cypress *n* ברוש
cyst *n* כיסתה
czar *n* צאר

D

dad *n* אבא
dagger *n* פגיון
daily *adv* יומי
dairy farm *n* משק חלב
daisy *n* חיננית
dam *n* סכר
damage *n* נזק
damage *v* לגרום נזק
damaging *adj* מזיק
damn *v* לקלל
damnation *n* דין גיהנום
damp *adj* לח
dampen *v* להרטיב
dance *n* ריקוד, מחול
dance *v* לרקוד
dancing *n* ריקוד
dandruff *n* קשקש
danger *n* סכנה
dangerous *adj* מסוכן
dangle *v* להתנודד
dare *v* להעיז, לאתגר
dare *n* אתגר
daring *adj* נועז
dark *adj* כהה, חשוך
darken *v* להחשיך
darkness *n* חשיכה
darling *adj* אהוב
darn *v* להטליא
dart *n* חץ, זינוק
dash *v* לזנק
dashing *adj* נמרץ, נועז
data *n* מידע
database *n* מאגר מידע
date *n* תאריך, פגישה
date *v* לצאת, לתארך
daughter *n* בת
daughter-in-law *n* כלה
daunt *v* להרתיע
daunting *adj* מרתיע
dawn *n* שחר
day *n* יום
daydream *v* חלומות בהקיץ
daze *v* להמם
dazed *adj* המום
dazzle *v* לסנור
dazzling *adj* מסנוור
de luxe *adj* דה-לוקס, מפאר
deacon *n* כומר
dead *adj* מת
dead end *n* מבוי סתום
deaden *v* להכהות
deadline *n* תאריך יעד
deadlock *adj* קפאון
deadly *adj* קטלני

D

deaf 52

D

deaf *adj* חרש
deafen *v* להתחרש
deafening *adj* מחריש אזניים
deafness *n* חרשות
deal *iv* לסחור, לחלק
deal *n* עסקה
dealer *n* סוחר, מחלק
dealings *n* סחר, עסקים
dean *n* דיקן
dear *adj* יקר
dearly *adv* ביוקר
death *n* מוות
death toll *n* מחיר דמים
death trap *n* בניין שאינו בטוח
deathbed *n* ערש דוי
debase *v* למהול, להשפיל
debatable *adj* נתון לויכוח
debate *v* לדון, להתוכח
debate *n* דיון, ויכוח
debit *n* חובה
debrief *v* לתדרך
debris *n* עיי חרבות
debt *n* חוב
debtor *n* לווה, בעל חוב
debunk *v* לחשוף
debut *n* הופעת בכורה
decade *n* עשור
decadence *n* התנונות
decaff *adj* נטול קפאין
decapitate *v* לערוף
decay *v* לרקב
decay *n* רקבון
deceased *adj* מת
deceit *n* רמאות, הונאה
deceitful *adj* ערמומי
deceive *v* לרמות, להונות
December *n* דצמבר
decency *n* הגינות, צניעות
decent *adj* הגון, מכבד
deception *n* הונאה
deceptive *adj* מטעה
decide *v* להחליט
deciding *adj* מכריע
decimal *adj* עשרוני
decimate *v* להשמיד
decipher *v* לפענח
decision *n* החלטה
decisive *adj* החלטי, נחרץ
deck *n* חפיסת קלפים
declaration *n* הצהרה
declare *v* להצהיר
declension *n* הטיה, שפוע
decline *v* לסרב
decline *n* הידרדרות
decompose *v* להרקיב
décor *n* עיצוב פנים
decorate *v* לקשט
decorative *adj* קישוטי, דקורטיבי
decorum *n* נימוס, גינונים
decrease *v* להפחית, לצמצם
decrease *n* הפחתה, צימצום
decree *n* הכרזה
decree *v* להכריז
decrepit *adj* רעוע, חלוש

53 **delicacy**

D

dedicate *v* להקדיש
dedication *n* הקדשה
deduce *v* להסיק
deduct *v* להפחית
deductible *adj* הוצאה
deduction *n* הפחתה, ניכוי
deed *n* מעשה, שטר מכר
deem *v* להעריך, לסבור
deep *adj* עמוק
deepen *v* להעמיק
deer *n* צבי
deface *v* להשחית
defame *v* להשמיץ
defeat *v* להביס
defeat *n* תבוסה, הפסד
defect *n* חסרון, פגם
defect *v* לערוק
defection *n* עריקה
defective *adj* לקוי
defend *v* להגן
defendant *n* נאשם
defender *n* מגן
defense *n* הגנה
defenseless *adj* פגיע
defer *v* לעבכ, לדחות
defiance *n* התנגדות
defiant *adj* מתנגד
deficiency *n* מחסור, ליקוי
deficient *adj* לקוי, נטול
deficit *n* גרעון
defile *v* לזהם, לטמא
define *v* להגדיר
definite *adj* מוחלט
definition *n* הגדרה
definitive *adj* החלט
deflate *v* להוציא אוויר
deform *v* לעוות, לעקם
deformity *n* מום
defraud *v* לרמות
defray *v* לשלם
defrost *v* להפשיר
deft *adj* זריז, מיומן
defuse *v* לנטרל
defy *v* להתנגד
degenerate *v* להתנון
degenerate *adj* מנון, מדלדל
degeneration *n* התנונות
degradation *n* השפלה
degrade *v* להשפיל
degrading *adj* משפיל
degree *n* דרגה, תאר
dehydrate *v* לייבש
deign *v* למצוא לנכון
deity *n* אלהות
dejected *adj* מדכא, מיואש
delay *v* לדחות
delay *n* עכוב, דחיה
delegate *v* להסמיך
delegate *n* ציר, נציג
delegation *n* נציגות
delete *v* למחוק
deliberate *v* לשקול
deliberate *adj* מחשב
delicacy *n* עדינות

delicate 54

D

delicate *adj* עדין
delicious *adj* טעים
delight *n* ענג, תענוג, הנאה
delight *v* לענג
delightful *adj* מהנה
delinquency *n* עברינות, הזנחה
delinquent *adj* עברין
deliver *v* לשלוח, לגאול
delivery *n* משלוח, לידה
delude *v* להונות
deluge *n* מבול, שטפון
delusion *n* הזיה, אשליה
demand *v* לדרוש
demand *n* דרישה
demanding *adj* תובעני
demean *v* להשפיל
demeaning *adj* משפיל
demeanor *n* התנהגות
demented *adj* משגע, מטרף
demise *n* קץ, מות
democracy *n* דמוקרטיה
democratic *adj* דמוקרטיה
demolish *v* להרוס
demolition *n* הריסה
demon *n* שד
demonstrate *v* להדגים
demonstrative *adj* הפגנתי
demoralize *v* לייאש
demote *v* להדיח
den *n* מאורה, גב
denial *n* הכחשה
denigrate *v* להשמיץ
denominator *n* מכנה
denote *v* לצין, לסמן
denounce *v* להוקיע
dense *adj* צפוף, עמוס
density *n* צפיפות
dent *v* ליצור גמות
dent *n* גמה, שקע
dental *adj* דנטלי
dentist *n* רופא שיניים
dentures *n* שיניים תותבות
deny *v* להכחיש
deodorant *n* דאודורנט
depart *v* לעזוב, לצאת
department *n* מחלקה, אגף
departure *n* עזיבה
depend *v* לסמוך, להסתמך
dependable *adj* מהימן
dependence *n* תלות
dependent *adj* תלוי, מתנה
depict *v* לתאר, לשרטט
deplete *v* למצות, לרוקן
deplorable *adj* מצער, נתעב
deplore *v* להצטער, לגנות
deploy *v* להתפרס
deployment *n* פריסה
deport *v* להגלות, לגרש
deportation *n* גירוש
depose *v* להדיח
deposit *n* פיקדון
depot *n* מחסן
deprave *adj* מושחת
depravity *n* שחיתות

55 detector

D

depreciate *v* להמעיט בערך
depreciation *n* ירידת ערך
depress *v* לדכא
depressing *adj* מדכא
depression *n* דכאון
deprive *v* למנוע, לשלול
deprived *adj* מקופח
deprivation *n* קפוח
depth *n* עומק
derail *v* להוריד מהפסים
derailment *n* הורדה מהפסים
deranged *adj* מטרף
derelict *adj* מופקר
deride *v* ללעוג
derivative *adj* נגזר
derive *v* להפיק, לשאוב
derogatory *adj* משפיל, מבזה
descend *v* לרדת
descendant *n* צאצא
descent *n* ירידה
describe *v* לתאר
description *n* תיאור
descriptive *adj* תיאורי
desecrate *v* לחלל
desegregate *v* לבטל הפרדה
desert *n* מדבר
desert *v* לערוק, לנטוש
deserted *adj* נטוש
deserter *n* עריק
deserve *v* להיות ראוי ל-
deserving *adj* ראוי ל-
design *n* תכנית, מדגם
designate *v* לציין
desirable *adj* ראוי, שווה
desire *n* חשק
desire *v* לרצות, לחשוק
desist *v* לחדול
desk *n* שולחן כתיבה
desolate *adj* שומם
desolation *n* חורבן
despair *n* ייאוש
desperate *adj* נואש
despicable *adj* נבזה
despise *v* לתעב
despite *c* למרות
despondent *adj* מדוכא
despot *n* רודן
despotic *adj* רודני
dessert *n* קינוח
destination *n* יעד
destiny *n* גורל
destitute *adj* עני
destroy *v* להרוס, להשמיד
destroyer *n* הורס
destruction *n* הרס
destructive *adj* הרסני
detach *v* לנתק, להפריד
detachable *adj* ניתן להפרדה
detail *n* פרט
detail *v* לפרט
detain *v* לעצור, לעכב
detect *v* להבחין, לגלות
detective *n* בלש
detector *n* גלאי, דטקטור

detention 56

D

detention *n* גילוי, חשיפה
deter *v* להרתיע
detergent *n* תכשיר ניקוי
deteriorate *v* להחמיר
deterioration *n* החמרה
determination *n* נחישות
determine *v* להחליט
deterrence *n* הרתעה
detest *v* לסלוד, לתעב
detestable *adj* מתועב
detonate *v* לפוצץ
detonation *n* פיצוץ
detonator *n* נפץ
detour *n* מעקף
detriment *n* נזק, פגיעה
detrimental *adj* מזיק, פוגע
devaluation *n* פיחות
devalue *v* לפחת
devastate *v* להרוס, להחריב
devastating *adj* מוחץ, מעציב
devastation *n* הרס, חורבן
develop *v* לפתח
development *n* התפתחות
deviation *n* חריגה, סטייה
device *n* מתקן, תחבולה
devil *n* שטן
devious *adj* ערמומי
devise *v* להמציא
devoid *adj* חסר, נטול
devote *v* להקדיש
devotion *n* מסירות
devour *v* לטרוף
devout *adj* אדוק
dew *n* טל
diabetes *n* סוכרת
diabetic *adj* דיאבטי
diabolical *adj* שטני
diagnose *v* לאבחן
diagnosis *n* דיאגנוזה
diagonal *adj* אלכסוני
diagram *n* תרשים
dial *n* חוגה
dial *v* לחייג
dial tone *n* צליל חיוג
dialect *n* ניב, דיאלקט
dialogue *n* דו-שיח
diameter *n* קוטר
diamond *n* יהלום
diaper *n* חיתול
diarrhea *n* שלשול
diary *n* יומן
dice *n* קוביות
dictate *v* להכתיב
dictator *n* רודן, דיקטטור
dictatorial *adj* רודני
dictatorship *n* רודנות
dictionary *n* מילון
die *v* למות
die out *v* להיכחד
diet *n* דיאטה
differ *v* להיות שונה
difference *n* הבדל, שוני
different *adj* שונה
difficult *adj* קשה

57 discipline

difficulty *n* קושי
diffuse *v* להפיץ
dig *iv* לחפור
digest *v* לעכל
digestion *n* עיכול
digestive *adj* עיכולי
digit *n* ספרה, אצבע
dignify *v* לכבד, להאדיר
dignitary *n* נכבד
dignity *n* כבוד, אצילות
digress *v* לסטות, לחרוג
dilapidated *adj* רעוע
dilemma *n* דילמה
diligence *n* התמדה
diligent *adj* מתמיד, שקדן
dilute *v* למהול
dim *adj* עמום
dim *v* לעמעם
dimension *n* ממד
diminish *v* להפחית
dine *v* לסעוד
diner *n* סועד
dining room *n* חדר אוכל
dinner *n* ארוחת ערב
dinosaur *n* דינוזאור
diocese *n* בישופות
diploma *n* דיפלומה
diplomacy *n* דיפלומטיה
diplomat *n* דיפלומט
diplomatic *adj* דיפלומטי
dire *adj* נורא
direct *adj* ישיר
direct *v* להנחות
direction *n* כיוון, הדרכה
director *n* מנהל, במאי
directory *n* מדריך, מדור
dirt *n* לכלוך, עפר
dirty *adj* מלוכלך
disability *n* נכות, ליקוי
disabled *adj* נכה
disadvantage *n* מגרעת
disagree *v* לחלוק
disagreeable *adj* לא נעים
disagreement *n* חילוקי דעות
disappear *v* להיעלם
disappearance *n* היעלמות
disappoint *v* לאכזב
disappointing *adj* מאכזב
disappointment *n* אכזבה
disapproval *n* מורת רוח
disapprove *v* להסתייג
disarm *v* לפרק נשק
disarmament *n* פרוק נשק
disaster *n* אסון
disastrous *adj* נורא
disband *v* לשחרר
disbelief *n* חוסר אמון
disburse *v* להוציא כסף
discard *v* להשליך
discern *v* להבחין
discharge *v* לפרק מטען
discharge *n* שחרור, פליטה
disciple *n* תלמיד, חסיד
discipline *n* משמעת

D

D

disclaim *v* לוותר
disclose *v* לגלות
discomfort *n* אי-נוחות
disconnect *v* לנתק
discontent *adj* אי-שביעות-רצון
discontinue *v* להפסיק
discord *n* חוסר הרמוניה
discordant *adj* צורם, לא תואם
discount *n* הנחה
discount *v* לתת הנחה
discourage *v* להרתיע
discouragement *n* הרתעה
discouraging *adj* מרתיע
discourtesy *n* חוסר נימוס
discover *v* לגלות
discovery *n* גילוי
discredit *v* לפקפק
discreet *adj* זהיר, דיסקרטי
discrepancy *n* סתירה
discretion *n* שיקול דעת
discriminate *v* להפלות
discrimination *n* אפליה
discuss *v* לדון, להתוכח
discussion *n* דיון, שיחה
disdain *n* בוז
disease *n* מחלה
disembark *v* לרדת מהאניה
disenchanted *adj* מפוכח
disentangle *v* להתיר
disfigure *v* לכער
disgrace *n* חרפה, בושה
disgrace *v* לבייש
disgraceful *adj* מביש, מחפיר
disgruntled *adj* ממורמר
disguise *v* להתחפש
disguise *n* תחפשת
disgust *n* שאט נפש
disgusting *adj* מגעיל
dish *n* צלחת
dishearten *v* לרפות ידיים
dishonest *adj* לא ישר
dishonesty *n* מרמה
dishonor *n* קלון
dishonorable *adj* מביש
dishwasher *n* מדיח כלים
disillusion *n* אכזבה
disinfect *v* לחטא
disinfectant *v* מחטא
disinherit *v* לנשל מירושה
disintegrate *v* להתפורר
disintegration *n* התפוררות
disinterested *adj* אדיש
disk *n* דיסק
dislike *v* לא לחבב
dislike *n* חוסר אהדה
dislocate *v* לנקוע עצם
dislodge *v* לחלץ
disloyal *adj* לא נאמן
disloyalty *n* בגידה
dismal *adj* קודר, מדכא
dismantle *v* לפרק
dismay *n* ייאוש
dismay *v* לייאש
dismiss *v* לפטר, לשלח

59 **distribute**

D

dismissal *n* פיטורין
dismount *v* לרדת מסוס
disobedience *n* אי-ציות
disobedient *adj* ממרה
disobey *v* להמרות
disorder *n* הפרעה
disorganized *adj* מבולבל
disoriented *adj* מבולבל
disown *v* לנשל
disparity *n* שוני, הבדל
dispatch *v* לשלוח, לחסל
dispel *v* לפזר, להפיג
dispensation *n* חלוקה
dispense *v* לוותר, לחלק
dispersal *n* התפזרות
disperse *v* לפזר
displace *v* לגרש, לדחוק
display *n* פרזנטציה
display *v* להציג, לגלות
displease *v* להרגיז
displeasing *adj* מרגיז
displeasure *n* אי-שביעות-רצון
disposable *adj* חד-פעמי
disposal *n* חיסול
dispose *v* לערוך
disprove *v* להפריך
dispute *n* ויכוח
dispute *v* לערער על
disqualify *v* לפסול
disregard *v* להתעלם
disrepair *n* עזובה
disrespect *n* חוסר כבוד
disrespectful *adj* חסר נימוס
disrupt *v* לשבש
disruption *n* שיבוש
dissatisfied *adj* לא מרוצה
disseminate *v* להפיץ, לפזר
dissent *v* להתנגד
dissident *adj* פורש, בדלן
dissimilar *adj* שונה
dissipate *v* להתהולל
dissolute *adj* משחת
dissolution *n* התפרקות
dissolve *v* להתמוסס
dissonant *adj* צורם
dissuade *v* להניא
distance *n* מרחק
distant *adj* רחוק
distaste *n* שאט נפש
distasteful *adj* לא נעים
distill *v* לזקק
distinct *adj* מבחן, ברור
distinction *n* הבחנה
distinctive *adj* מיוחד
distinguish *v* להבחין
distort *v* לעות, לעקם
distortion *n* עיוות
distract *v* להפריע
distraction *n* הפרעה
distraught *adj* מטרד
distress *n* מצוקה
distress *v* לגרום למצוקה
distressing *adj* מטריד
distribute *v* לחלק

distribution 60

D

distribution *n* חלוקה
district *n* מחוז, אזור
distrust *n* אי אמון
distrust *v* לחשוד
distrustful *adj* חשדן
disturb *v* להפריע
disturbance *n* הפרעה
disturbing *adj* מדאיג
disunity *n* מחלוקת
disuse *n* אי-שימוש
ditch *n* שוחה, תעלה
dive *v* לצלול
diver *n* צוללן
diverse *adj* מגוון, שונה
diversify *v* לגוון
diversion *n* הסחה
diversity *n* גוון, מגוון
divert *v* להטות, להסיט
divide *v* לחלק, לפצל
dividend *n* דיבידנד
divine *adj* אלהי, נשגב
diving *n* צלילה
divinity *n* אלהות
divisible *adj* מתחלק
division *n* חלוקה, דיויזיה
divorce *n* גירושין
divorce *v* להתגרש
divorcee *n* גרושה
divulge *v* לגלות, לחשוף
dizziness *n* סחרחורת
dizzy *adj* מסוחרר
do *iv* לעזות, לבצע
docile *adj* ציתן, כנוע
docility *n* נוחות, צייתנות
dock *n* רציף, מזח
dock *v* לעגן, לקצץ
doctor *n* רופא
doctrine *n* דוקטרינה
document *n* מסמך
documentary *n* סרט תיעודי
documentation *n* תעוד
dodge *v* להתחמק
dog *n* כלב
dogmatic *adj* דוגמטי
dole out *v* לתת, לחלק
doll *n* בובה
dollar *n* דולר
dolphin *n* דולפין
dome *n* כיפה
domestic *adj* ביתי, פנימי
domesticate *v* לאלף
dominate *v* לשלוט
domination *n* שליטה
domineering *adj* שתלטנ
dominion *n* ריבונות
donate *v* לתרום
donation *n* תרומה
donkey *n* חמור
donor *n* תורם
doom *n* גורל מר, אבדון
doomed *adj* נידון למוות
door *n* דלת
doorbell *n* פעמון
doorstep *n* סף

61 drink

D

doorway *n* פתח
dope *n* סם, מידע
dope *v* לסמם
dormitory *n* מעון
dosage *n* מינון
dossier *n* תיק מסמכים
dot *n* נקודה
double *adj* כפול
double *v* להכפיל
double-check *v* לבדוק היטב
double-cross *v* להונות
doubt *n* ספק
doubt *v* לפקפק
doubtful *adl* מפוקפק
dough *n* בצק
dove *n* יונה
down *adv* כלפי מטה
down payment *n* מקדמה
downcast *adj* מדוכא
downfall *n* נפילה
downhill *adv* במורד ההר
downpour *n* גשם כבד
downsize *v* לצמצם
downstairs *adv* למטה
down-to-earth *adj* מעש
downtown *n* מרכז העיר
downtrodden *adj* מקופח
downturn *n* שפל בעסקיום
dowry *n* נדוניה
doze *n* תנומה
doze *v* לנמנם
dozen *n* תרישר
draft *n* טיוטה, גיוס,
draft *v* לערוך טיוטה
draftsman *n* שרטט
drag *v* לסחוב, לגרור
dragon *n* דרקון
drain *v* לנקז, לרוקן
drainage *n* ניקוז, תיעול
dramatic *adj* דרמטי
dramatize *v* להמחיז
drape *n* סידור בקיפולים
drastic *adj* נמרץ, דרסטי
draw *n* משיכה, הגרלה
draw *iv* לשלוף, לצייר
drawback *n* חסרון
drawer *n* מגירה
drawing *n* ציור
dread *v* לחרוד, לירוא
dreaded *adj* נורא
dreadful *adj* איום ונורא
dream *iv* לחלום
dream *n* חלום
dress *n* שמלה
dress *v* להתלבש
dressing *n* רוטב, לבוש
dried *adj* מיובש
drift *v* להיסחף
drift apart *v* להתרחק
drifter *n* בטלן
drill *v* לקדוח, לאמן
drill *n* מקדח, אימון
drink *iv* לשתות
drink *n* משקה, שתיה

drinkable 62

D

drinkable *adj* ראוי לשתיה
drinker *n* שתין
drip *v* לנטוף, לטפטף
drip *n* טפטוף
drive *n* נסיעה, מרץ
drive *iv* לנהוג, להסיע
drive at *v* להתכוון
drive away *v* להבריח
driver *n* נהג
driveway *n* חניה פרטית
drizzle *v* לטפטף
drizzle *n* טפטוף
drop *n* טיפה, נטיף
drop *v* ליפול, להפיל
drop off *v* למסור, להקפיץ
drop out *v* לעזוב, לנטוש
drought *n* בצורת
drown *v* לטבוע, להטביע
drowsy *adj* רדום
drug *n* סם
drug *v* לסמם
drugstore *n* בית מרקחת
drum *n* תף
drunk *adj* שיכור
drunkenness *n* שכרות
dry *v* לייבש
dry *adj* יבש
dryclean *v* לנקות ניקוי יבש
dryer *n* מייבש כביסה
dual *adj* זוגי, כפול
dubious *adj* מפוקפק
duchess *n* דוכסית

duck *n* ברוז
duck *v* להתכופף
duct *n* תעלה, צינור מים
due *adj* שיש לפורעו
duel *n* דו-קרב
dues *n* תשרומים
duke *n* דוכס
dull *adj* משעמם, עמום
duly *adv* בזמן
dumb *adj* אילם,טיפש
dummy *n* דמה, מנקין
dummy *adj* מזויף
dump *v* להשליך, לרוקן
dump *n* מזבלה
dung *n* זבל, גללים
dungeon *n* צינוק
dupe *v* לרמות
duplicate *v* לשכפל
duplication *n* שכפול
durable *adj* יציב
duration *n* משך זמן
during *pre* במשך
dusk *n* בין ערביים
dust *n* אבק
dusty *adj* מאובק
Dutch *adj* הולנדי
duty *n* חובה, מס
dwarf *n* גמד
dwell *iv* להתרורר
dwelling *n* מגורים
dwindle *v* להתדלדל
dye *v* לצבוע

63 effectiveness

dye *n* צבע
dying *adj* גוסס
dynamic *adj* דינמי
dynamite *n* דינמיט
dynasty *n* שושלת

E

each *adj* כל
each other *adj* זה את זה
eager *adj* להוט
eagerness *n* להיטות
eagle *n* נשר
ear *n* אזן
earache *n* כאב אזניים
eardrum *n* תוף האזן
early *adv* מקדם
earmark *v* לתקצב, לייעד
earn *v* להרוויח
earnestly *adv* ברצינות
earnings *n* שכר, רווחים
earphones *n* אוזניות
earring *n* עגיל
earth *n* אדמה
earthquake *n* רעידת אדמה
earwax *n* שעוות האוזן
ease *v* להקל, להרגיע
ease *n* נוחות, שלווה
easily *adv* בקלות
east *n* מזרח
eastbound *adj* נוסע מזרחה
Easter *n* פסחא
eastern *adj* מזרחי
easterner *n* מזרחי
eastward *adv* מזרחה
easy *adj* קל, פשוט
eat *iv* לאכול
eat away *v* להרוס בהדרגה
eavesdrop *v* לצותת
ebb *v* לדעוך
eccentric *adj* משונה
echo *n* הד
eclipse *n* ליקוי
ecology *n* אקולוגיה
economical *adj* חסכוני
economize *v* לחסוך
economy *n* כלכלה
ecstasy *n* אקסטזה
ecstatic *adj* אקסטטי
edge *n* קצה, גבול
edgy *adj* מתוח, עצבני
edible *adj* אכיל
edifice *n* בנין, מבנה
edit *v* לערוך
edition *n* מהדורה
educate *v* לחנך
educational *adj* חינוכי
eerie *adj* מסתורי
effect *n* אפקט
effective *adj* אפקטיבי
effectiveness *n* אפקטיביות

E

efficiency 64

E

efficiency *n* יעילות
efficient *adj* יעיל
effigy *n* תבליט
effort *n* מאמץ, נסיון
effusive *adj* משתפך
egg *n* ביצה
egg white *n* חלבון
egoism *n* אנוכיות
egoist *n* אנוכי
eight *adj* שמונה
eighteen *adj* שמונה עשר
eighth *adj* שמיני
eighty *adj* שמונים
either *adj* זה או זה, או
either *adv* גם (לא)
eject *v* להוציא
elapse *v* לעבור
elastic *adj* אלסטי
elated *adj* נעלה, מרומם
elbow *n* מרפק
elder *n* בכיר, מבגר
elderly *adj* זקן, קשיש
elect *v* לבחור
election *n* בחירות
electric *adj* חשמלי
electrician *n* חשמלאי
electricity *n* חשמל
electrify *v* לחשמל
electrocute *v* להתחשמל
electronic *adj* אלקטרוני
elegance *n* אלאגנטיות
elegant *adj* אלגנטי
element *n* אלאמנט
elementary *adj* יסודי
elephant *n* פיל
elevate *v* להעלות
elevation *n* הרמה
elevator *n* מעלית
eleven *adj* אחד עשר
eleventh *adj* האחד עשר
eligible *adj* כשיר
eliminate *v* לחסל, לזרוק
elm *n* אולמוס
eloquence *n* רהיטות
else *adv* אחר
elsewhere *adv* במקום אחר
elude *v* לברוח
elusive *adj* חמקמק
emaciated *adj* רזה, מצמק
emanate *v* לנבוע
emancipate *v* לגאול, לשחרר
embalm *v* לחנוט
embark *v* לצאת לדרך
embarrass *v* לבייש
embassy *n* שגרירות
embellish *v* ליפות, לקשט
embers *n* גחלות
embezzle *v* למעול
embitter *v* לגרום למרירות
emblem *n* סמל
embody *v* להמחיש, לגלם
emboss *v* לתבלט
embrace *v* לחבק, לאמץ
embrace *n* חיבוק, אימוץ

65 engulf

embroider *v* לרקום
embroidery *n* ריקמה
embroil *v* לסבך
embryo *n* עובר
emerald *n* ברקת
emerge *v* להופיע
emergency *n* חירום
emigrant *n* מהגר
emigrate *v* להגר
emission *n* פליטה
emit *v* לפלוט
emotion *n* רגש
emotional *adj* רגשי
emperor *n* קיסר
emphasis *n* הדגשה
emphasize *v* להדגיש
empire *n* קיסרות
employ *v* להעסיק
employee *n* עובד, פועל
employer *n* מעסיק
employment *n* תעסוקה
empress *n* קיסרית
emptiness *n* ריקנות
empty *adj* ריק
empty *v* לרוקן
enable *v* לאפשר
enchant *v* להקסים, לכשף
enchanting *adj* מקסים
encircle *v* להקיף
enclave *n* מובלעת
enclose *v* לצרף
enclosure *n* סגירת שטח
encompass *v* להקיף
encounter *v* לפגוש
encounter *n* היתקלות
encourage *v* לעודד
encroach *v* להסיג גבול
encyclopedia *n* אנציקלופדיה
end *n* סוף
end *v* לסיים, לגמור
end up *v* לגמור
endanger *v* לסכן
endeavor *v* להשתדל
endeavor *n* מאמץ
ending *n* סוף, סיום
endless *adj* אינסופי
endorse *v* להסב, לאשר
endorsement *n* הסבה
endure *v* לסבול
enemy *n* אויב
energetic *adj* נמרץ
energy *n* אנרגיה
enforce *v* לאכוף
engage *v* להעסיק
engaged *adj* מאורס
engagement *n* אירוסין
engine *n* מנוע
engineer *n* מהנדס
England *n* אנגליה
English *adj* אנגלי, אנגלית
engrave *v* לחרוט
engraving *n* גילוף
engrossed *adj* מרותק
engulf *v* לבלוע

E

enhance

enhance v	להגדיל
enjoy v	ליהנות
enjoyable adj	מהנה
enjoyment n	הנאה
enlarge v	להגדיל
enlargement n	הגדלה
enlighten v	להסביר
enlist v	להתגייס
enormous adj	עצום
enough adv	מספיק
enrage v	להרגיז
enrich v	להעשיר
enroll v	להירשם
enrollment n	הרשמה
ensure v	לוודא, להבטיח
entail v	להצריך, לדרוש
entangle v	לסבך
enter v	להיכנס, לרשום
enterprise n	יזמה, עסק
entertain v	לבדר, לארח
entertaining adj	מבדר
entertainment n	בידור
enthrall v	להקסים
enthralling adj	מרתק
enthuse v	להתלהב
enthusiasm n	התלהבות
entice v	לפתות
enticement n	פיתוי
enticing adj	מפתה
entire adj	שלם
entirely adv	לגמרי
entrance n	כניסה
entreat v	להפציר
entrenched adj	מבוסס
entrepreneur n	יזם
entrust v	להפקיד בידי
entry n	כניסה
enumerate v	לספור
envelop v	לעטוף
envelope n	מעטפה
envious adj	מקנא
environment n	סביבה
envisage v	לראות, לחזות
envoy n	שליח, ציר
envy n	קנאה
envy v	לקנא
epidemic n	מגיפה
epilepsy n	מחלת הנפילה
episode n	מקרה, פרק
epistle n	מכתב, איגרת
epitaph n	כתובת על מצבה
epitomize v	למצות
epoch n	תקופה, עידן
equal adj	שווה, זהה
equality n	שוויון
equate v	להשוות
equation n	משוואה
equator n	קו המשווה
equilibrium n	שיווי משקל
equip v	לצייד
equipment n	ציוד
equivalent adj	שווה ערך
era n	עידן, תקופה
eradicate v	להשמיד

67 exact

erase *v* למחוק
eraser *n* מחק
erect *v* להקים
erect *adj* זקוף
err *v* לשגות , לטעות
errand *n* שליחות , מטלה
erroneous *adj* שגוי, מוטעה
error *n* טעות
erupt *v* להתפרץ
eruption *n* התפרצות
escalate *v* להסלים
escalator *n* דרגנוע
escapade *n* הרפתקה
escape *v* להימלט
escort *n* לווי, משמר
esophagus *n* ושט
especially *adv* במיוחד
espionage *n* ריגול
essay *n* חיבור
essence *n* תמצית , מהות
essential *adj* מהותי
establish *v* לייסד, לבסס
estate *n* אחוזה, נכס
esteem *v* להעריך, לכבד
estimate *v* להעריך
estimation *n* הערכה
estranged *adj* מנוכר
estuary *n* שפך
eternity *n* נצח
ethical *adj* מוסרי
ethics *n* מוסר, אתיקה
etiquette *n* אטיקט
euphoria *n* זחיות , איפוריה
Europe *n* אירופה
European *adj* אירופאי
evacuate *v* לפנות
evade *v* לנתחמק
evaluate *v* להעריך
evaporate *v* להתאדות
evasion *n* התחמקות
evasive *adj* חמקני
eve *n* ערב
even *adj* אפילו
even if *c* אפילו אם
even more *c* אפילו יותר
evening *n* ערב
event *n* ארוע
eventuality *n* מקרה
eventually *adv* בסופו של דבר
ever *adv* אי פעם
everlasting *adj* נצחי, אינסופי
every *adj* כל
everybody *pro* כלם
everyday *adj* יום-יומי
everyone *pro* כל אחד
everything *pro* הכל
evict *v* לגרש, לפנות
evidence *n* עדות
evil *n* רע, רשע
evil *adj* רע, מרשע
evoke *v* לעורר
evolution *n* התפתחות
evolve *v* להתפתח
exact *adj* מדויק

E

exaggerate 68

exaggerate *v* להגזים
exalt *v* לרומם
examination *n* בדיקה
examine *v* לבחון , לבדוק
example *n* דוגמה
exasperate *v* להרתיח
excavate *v* לחפור
exceed *v* לחרוג, לעבור
exceedingly *adv* ביותר, מאד
excel *v* להצטין
excellence *n* הצטיינות
excellent *adj* מצוין
except *pre* מלבד
exception *n* חריג
exceptional *adj* יוצא מן הכלל
excerpt *n* מובאה, קטע
excess *n* עודף, יתר
excessive *adj* מוגזם, מופרז
exchange *v* להמיר
excite *v* לרגש , להלהיב
excitement *n* התרגשות
exciting *adj* מרגש
exclaim *v* לקרוא, לצעוק
exclude *v* למנוע, לשלול
excruciating *adj* מייסר
excursion *n* טיול, יציאה
excuse *v* להתנצל
excuse *n* תרוץ
execute *v* לבצע , ליישם
executive *n* מנהל
exemplary *adj* מופתי
exemplify *v* להדגים
exempt *adj* פטור
exemption *n* פטור
exercise *n* תרגיל, אימון
exercise *v* להפעיל
exert *v* להפעיל
exertion *n* הפעלה
exhaust *v* להתיש, למצות
exhausting *adj* מתיש
exhaustion *n* תשישות, מיצוי
exhibit *v* להפגין, להציג
exhibition *n* תצוגה
exhilarating *adj* ממריץ
exhort *v* להטיף
exile *v* לגלות , להגלות
exile *n* גלות
exist *v* להתקיים
existence *n* קיום
exit *n* יציאה
exodus *n* יציאה המונית
exonerate *v* לזכות
exorbitant *adj* מופרז
exorcist *n* מגרש שדים
exotic *adj* אקזוטי
expand *v* להתפשט
expansion *n* התפשטות
expect *v* לצפות, לקוות
expectancy *n* תקווה
expectation *n* ציפייה
expediency *n* נחיצות
expedient *adj* תועלתי, רצוי
expedition *n* משלחת
expel *v* לגרש

69 eyewitness

expenditure *n* הוצאה כספית
expense *n* מחיר, הוצאה
expensive *adj* יקר
experience *n* ניסיון, חוויה
experiment *n* ניסוי
expert *adj* מנוסה
expiate *v* לכפר
expiation *n* כפרה
expiration *n* פקיעה
expire *v* להסתיים
explain *v* להסביר
explicit *adj* מפורש, מוגדר
explode *v* לפוצץ, להתפוצץ
exploit *v* לנצל
exploit *n* מבצע נועז
explore *v* לחקור
explorer *n* חוקר
explosion *n* פיצוץ
explosive *adj* עלול להתפוצץ
export *v* לייצא
expose *v* לחשוף
exposed *adj* חשוף
express *adj* מפורש, מדויק
expression *n* ביטוי, הבעה
expressly *adv* במפורש
expropriate *v* להפקיע
expulsion *n* גרוש, סלוק
exquisite *adj* מעדן, עניו
extend *v* להאריך
extension *n* הארכה
extent *n* היקף, שעור
extenuating *adj* מקל
exterior *adj* חיצוני
exterminate *v* להשמיד
external *adj* חיצוני
extinct *adj* נכחד
extinguish *v* לכבות
extort *v* לסחוט
extortion *n* סחיטה
extra *adv* במיוחד
extract *v* להפיק , לשלוף
extradition *n* הסגרה
extraneous *adj* חיצוני
extravagance *n* פזרנות
extravagant *adj* ראוותני
extreme *adj* קיצוני
extremist *adj* קיצוני
extremities *n* קיצוניות
extricate *v* לשחרר, לחלץ
extroverted *adj* מוחצן
exude *v* להפריש
exult *v* לשמוח
eye *n* עין
eyebrow *n* גבה
eye-catching *adj* מושך
eyeglasses *n* משקפיים
eyelash *n* ריס
eyelid *n* עפעף
eyesight *n* ראיה
eyewitness *n* עד ראיה

E

F

fable *n* משל
fabric *n* אריג, בד
fabricate *v* לפברק
fabulous *adj* נהדר, נפלא
face *n* פנים, פרצוף
face up to *v* להתמודד עם
facet *n* היבט, צלע
facilitate *v* להקל, לסייע
facing *pre* מול
fact *n* עובדה
factor *n* פקטור, גורם
factory *n* בית חרושת
factual *adj* עבדתי
faculty *n* יכולת, פקולטה
fad *n* גחמה
fade *v* להתעמעם
faded *adj* דהוי
fail *v* להיכשל
failure *n* כשלון
faint *v* להתעלף
faint *n* עלפון
faint *adj* עמום, קלוש
fair *n* יריד
fair *adj* הוגן, בהיר
fairness *n* הגינות , צדק
fairy *n* פיה
faith *n* אמונה
faithful *adj* נאמן, מדויק
fake *v* לזיף
fake *adj* מזויף
fall *n* סתו, נפילה
fall *iv* ליפול
fall back *v* לסגת
fall behind *v* לפגר
fall down *v* ליפול
fall through *v* להיכשל
fallacy *n* רעיון מופרך מעיקרו
fallout *n* נשורת, נפולת
falsehood *n* רמאות
falsify *v* לזייף
falter *v* להסס
fame *n* תהילה
familiar *adj* מוכר
family *n* משפחה
famine *n* רעב
famous *adj* מפרסם
fan *n* מאוורר, מניפה
fanatic *adj* פנטי, קנאי
fancy *adj* מגונדר, מקושט
fang *n* ניב
fantastic *adj* פנטסטי
fantasy *n* הזיה, פנטזיה
far *adv* רחוק
faraway *adj* רחוק, מרוחק
farce *n* פרסה
fare *n* דמי נסיעה
farewell *n* פרידה
farm *n* חוה
farmer *n* חקלאי
farming *n* חקלאות
farmyard *n* חצר המשק

71 **fervent**

farther *adv* יותר רחוק
fascinate *v* לרתק
fashion *n* אופנה
fashionable *adj* אופנתי
fast *adj* מהיר, מהדק
fasten *v* להדק
fat *n* שומן
fat *adj* שמן
fatal *adj* קטלני
fate *n* גורל
fateful *adj* גורלי
father *n* אב, אבא
fatherhood *n* אבהות
father-in-law *n* חותן
fatherly *adj* אבהי
fathom out *v* להבין
fatigue *n* עייפות
fatten *v* להשמין, לפטם
fatty *adj* שומני
faucet *n* ברז
fault *n* פגם, לקוי
faulty *adj* פגום, לקוי
favor *n* טובה
favorable *adj* מבטיח, מעודד
favorite *adj* מועדף
fear *n* פחד, אימה
fearful *adj* מפחד, מבהל
feasible *adj* אפשרי
feast *n* משתה
feat *n* מעשה גבורה
feather *n* נוצה
feature *n* מאפיין, אטרקציה
February *n* פברואר
fed up *adj* נמאס
federal *adj* פדרלי
fee *n* אגרה, תשלום
feeble *adj* חלש, קלוש
feed *iv* הזנה
feedback *n* משוב, פידבק
feel *iv* להרגיש, לחוש
feeling *n* רגש
feelings *n* רגשות
feet *n* כפות הרגליים
feign *v* להעמיד פנים
fellow *n* ברנש
fellowship *n* אגודה
felon *n* פושע
felony *n* פשע
female *n* נקבה
feminine *adj* נשי
fence *n* גדר
fencing *n* סיף, גידור
fend *v* להדוף, לדאוג ל-
fend off *v* להדוף
fender *n* פגוש
ferment *v* לתסוס
ferment *n* חומרי התססה
ferocious *adj* אכזרי
ferocity *n* פראות
ferry *n* מעבורת
fertile *adj* פורה
fertility *n* פוריות
fertilize *v* להפרות, לדשן
fervent *adj* לוהט

F

fester 72

F

fester *v* להתמגל
festive *adj* חגיגי
festivity *n* חגיגה
fetid *adj* מסריח
fetus *n* עובר
feud *n* מחלוקת
fever *n* חום
feverish *adj* קודח
few *adj* מעט
fewer *adj* פחות
fiancé *n* מאורס
fiber *n* סיב, מרקם
fickle *adj* הפכפך
fiction *n* בדיון, פיקציה
fictitious *adj* פיקטיבי, בדוי
fiddle *n* כינור
fidelity *n* נאמנות
field *n* שדה
fierce *adj* פראי, עז
fiery *adj* לוהט, יוקד
fifteen *adj* חמישה עשר
fifth *adj* חמישי
fifty *adj* חמישים
fifty-fifty *adv* חצי-חצי
fig *n* תאנה
fight *iv* להילחם, להיאבק
fight *n* קרב, מאבק
fighter *n* מתאגרף, לוחם
figure *n* ספרה, צורה
figure out *v* לחשב, להבין
file *v* לתיק, לשיף
file *n* תיק, פצירה
fill *v* למלא
filling *n* מלוי
film *n* סרט
filter *n* מסנן, פילטר
filter *v* לסנן
filth *n* לכלוך
filthy *adj* מלוכלך
fin *n* סנפיר
final *adj* סופי
finalize *v* לסכם, לסיים
finance *v* לממן
financial *adj* כספי, פיננסי
find *iv* למצוא
find out *v* לגלות
fine *n* קנס
fine *v* לקנוס
fine *adv* יפה, בצורה מעולה
fine *adj* עדין, דק, נאה
fine print *n* האותיות הקטנות
finger *n* אצבע
fingernail *n* ציפורן
fingerprint *n* טביעת אצבעות
fingertip *n* קצה האצבע
finish *v* לסיים, לגמור
Finland *n* פינלנד
Finnish *adj* פיני
fire *v* לירות, להצית
fire *n* אש
firearm *n* נשק
firecracker *n* חזיז
firefighter *n* מכבה אש
fireman *n* מכבה אש

73 flourish

fireplace *n* אח
firewood *n* עצי הסקה
fireworks *n* זיקוקי דינור
firm *adj* מוצק, נחוש
firm *n* חברה, פירמה
firmness *n* מוצקות
first *adj* ראשון
fish *n* דג
fisherman *n* דייג
fishy *adj* חשוד
fist *n* אגרוף
fit *n* התאמה, התקף
fit *v* להתאים
fitness *n* כושר
fitting *adj* מתאים, הולם
five *adj* חמש
fix *v* לתקן
fjord *n* פיורד
flag *n* דגל
flagpole *n* תורן הדגל
flamboyant *adj* ראותני
flame *n* להבה
flammable *adj* דליק
flank *n* כסל, אגף
flare *n* להבה, רשף, נור
flare-up *v* התלקחות
flash *n* הבזק
flashlight *n* פנס
flashy *adj* מסנור, נוצץ, וולגרי
flat *n* דירה
flat *adj* שטוח, מנוקר
flatten *v* להשטיח
flatter *v* להחמיא
flattery *n* חנופה
flaunt *v* להתהדר
flavor *n* טעם
flaw *n* פגם
flawless *adj* ללא רבב
flea *n* פרעוש
flee *iv* לברוח, להימלט
fleece *n* צמר, פליס
fleet *n* צי
fleeting *adj* בר-חלוף
flesh *n* בשר
flex *v* לכופף
flexible *adj* גמיש
flicker *v* להבהב
flier *n* עלון, טיס
flight *n* טיסה
flimsy *adj* שביר, חלוש
flip *v* להעיף, להטיל
flirt *v* לפלרטט
float *v* לצוף
flock *n* עדר
flog *v* להלקות
flood *v* מבול
floodgate *n* סכר
flooding *n* הצפה
floodlight *n* זרקור
floor *n* רצפה
flop *n* ליפול, לרפרף
floss *n* סיב, חוט
flour *n* קמח
flourish *v* ללבלב, לשגשג

F

flow 74

flow *v* לזרום
flow *n* זרם
flower *n* פרח
flowerpot *n* אדנית
flu *n* שפעת
fluctuate *v* להתנדנד
fluently *adv* בשטף
fluid *n* נוזל
flunk *v* להיכשל
flush *v* להסמיק, לשטוף
flute *n* חליל
flutter *v* לרפרף
fly *iv* לעוף, לטוס
fly *n* זבוב
foam *n* קצף
focus *n* מוקד
focus on *v* להתמקד ב-
foe *n* אויב
fog *n* ערפל
foggy *adj* מעורפל
foil *v* רומח, רדיד
fold *v* לקפל
folder *n* תיק
folks *n* אנשים, הורים
folksy *adj* עממי
follow *v* לעקוב
follower *n* מעריץ, תומך
folly *n* שטות
fond *adj* מחבב
fondle *v* לגפף
fondness *n* חיבה
food *n* אוכל, מזון
foodstuff *n* מצרכי מזון
fool *v* לשטות ב-
fool *adj* שוטה, טיפש
foolproof *adj* שאינו יכול להיכשל
foot *n* כף רגל
football *n* כדורגל
footnote *n* הערת שוליים
footprint *n* טביעת רגל
footstep *n* צעד
footwear *n* הנעלה
for *pre* ל-, למען, עבור
forbid *iv* לאסור
force *n* כח, עצמה
force *v* לכפות, להכריח
forceful *adj* חזק
forcibly *adv* בכוח
forecast *iv* תחזית
forefront *n* חזית הקדמית
foreground *n* קדמה
forehead *n* מצח
foreign *adj* זר
foreigner *n* זר, נוכרי
foreman *n* מנהל עבודה
foremost *adj* החשוב ביותר
foresee *iv* לחזות מראש
foreshadow *v* לבשר
foresight *n* ראיית הנולד
forest *n* יער
foretaste *n* ניסיון-מה
foretell *v* לנבא
forever *adv* לעד, לנצח
forewarn *v* להזהיר מראש

75 **fraudulent**

foreword *n* הקדמה
forfeit *v* לחלט
forge *v* לזייף
forgery *n* זיוף
forget *v* לשכוח
forgivable *adj* סליח
forgive *v* לסלוח
forgiveness *n* סליחה
fork *n* מזלג
form *n* צורה, טופס
formal *adj* רשמי, פורמלי
formality *n* רשמיות, נוהל
formalize *v* לעשות לרשמי
formally *adv* רשמית
format *n* תבנית
formation *n* היווצרות
former *adj* קודם, לשעבר
formerly *adv* בעבר
formidable *adj* מטיל אימה
formula *n* נוסחא
forsake *iv* לזנוח, לנטוש
fort *n* מצודה
forthcoming *adj* בא, קרב
forthright *adj* ישר
fortify *v* לחזק, לתגבר
fortitude *n* עוז-רוח
fortress *n* מבצר
fortunate *adj* בר מזל
fortune *n* מזל, הון
forty *adj* ארבעים
forward *adv* קדימה
fossil *n* מאובן
foster *v* לטפח
foul *adj* דוחה
foundation *n* יסוד
founder *n* מייסד
foundry *n* בית יציקה
fountain *n* מזרקה
four *adj* ארבע
fourteen *adj* ארבע-עשרה
fourth *adj* רביעי
fox *n* שועל
foxy *adj* שועלי, סקסי
fraction *n* שבר פשוט
fracture *n* שבר
fragile *adj* עדין, שברירי
fragment *n* חלקיק
fragrance *n* ניחוח
fragrant *adj* ריחני
frail *adj* חלש
frailty *n* חולשה
frame *n* מסגרת
frame *v* למסגר
framework *n* שלד, מסגרת
France *n* צרפת
franchise *n* זכיון
frank *adj* כן, שלוי לב
frankly *adv* בכנות
frankness *n* כנות
frantic *adj* מטורף
fraternal *adj* של אחווה
fraternity *n* אחווה
fraud *n* הונאה
fraudulent *adj* מרמה

F

freckle 76

F

freckle *n* נמש
freckled *adj* מנומש
free *v* לשחרר
free *adj* חופשי
freedom *n* חופשי
freeway *n* כביש מהיר
freeze *iv* להקפיא, לקפוא
freezer *n* מקפיא
freezing *adj* קפוא
freight *n* מטען
French *adj* צרפתי
frenetic *adj* מטור
frenzied *adj* אחוז טירוף
frenzy *n* טירוף
frequency *n* תדירות
frequent *adj* תדיר, שכיח
frequent *v* לבקר בתדירות
fresh *adj* טרי
freshen *v* לרענן
freshness *n* טריות, רעננות
friar *n* נזיר
friction *n* חיכוך
Friday *n* יום שישי
fried *adj* מטוגן
friend *n* רעה, ידיד, חבר
friendship *n* ידידות, חברות
fries *n* צ׳יפס
frigate *n* פריגטה
fright *n* אימה
frighten *v* להפחיד
frightening *adj* מפחיד
frigid *adj* קר
fringe *n* שוליים, קצה
frivolous *adj* חסר ערך
frog *n* צפרדע
from *pre* מ-
front *n* חזית, חלק קדמי
front *adj* קדמי, חזיתי
frontage *n* חזית
frontier *n* גבול
frost *n* להתכסות בכפור
frostbite *n* כווית-קור
frosty *adj* קר, כפורי
frown *v* לקמט מצח
frozen *adj* קפוא
frugal *adj* חסכוני
frugality *n* חסכוניות
fruit *n* פרי
fruitful *adj* פורה
fruity *adj* בעל טעם של פרי
frustrate *v* לתסכל
frustration *n* תסכול
fry *v* לטגן
frying pan *n* מחבט
fuel *n* דלק
fuel *v* לתדלק
fugitive *n* עריק
fulfill *v* למלא
fulfillment *n* סיפוק, הגשמה
full *adj* מלא
fully *adv* כליל
fumes *n* אדים
fun *n* כיף
function *n* תפקיד

fund *n* קרן
fund *v* לממן
fundamental *adj* בסיסי, יסודי
funds *n* כספים
funeral *n* הלוויה
fungus *n* פטריה
funny *adj* מצחיק
fur *n* פרווה
furious *adj* זועם
furiously *adv* בזעם, בסערה
furnace *n* כבשן
furnish *v* לרהט
furnishings *n* ריהוט
furniture *n* רהיטים
furor *n* התפרצות, זעם
furrow *n* תלם
furry *adj* פרוותי, שעיר
further *adv* הלאה, יותר
furthermore *adv* נוסף על כך
fury *n* זעם
fuse *n* נתיך, פתיל
fusion *n* התכה
fuss *n* התרגשות, מהומה
fussy *adj* קפדן, מדקדק
futile *adj* לשווא
futility *n* חוסר תועלת
future *n* עתיד
fuzzy *adj* מטושטש

G

gadget *n* אביזר
gag *n* מחסום לפה
gag *v* לחסום את הפה
gage *v* מונה
gain *v* להרויח, להשיג
gain *n* רווח, יתרון
gal *n* בחורה
galaxy *n* גלקסיה
gale *n* סערה
gall bladder *n* כיס המרה
gallant *adj* אבירי, נאצל
gallery *n* גלריה
gallon *n* גלון
gallop *v* לדהור
gallows *n* גרדום
galvanize *v* לגלון
gamble *v* להמר
game *n* משחק
gang *n* חבורה, כנופיה
gangrene *n* נמק, גנגרנה
gangster *n* פושע, עבריין
gap *n* פער
garage *n* מוסך
garbage *n* זבל
garden *n* גן, גינה
gardener *n* גנן
gargle *v* לגרגר
garland *n* זר
garlic *n* שום

G

garment 78

G

garment *n* בגד
garnish *v* לקשט, לעטר
garnish *n* קישוט, עיטור
garrison *n* חיל משמר
garrulous *adj* פטפטן
garter *n* בירית
gas *n* גז
gash *n* שסע, חתך
gasoline *n* דלק
gasp *v* להשתנק
gastric *adj* קבתי
gate *n* שער
gather *v* לאסוף
gathering *n* אסיפה
gauge *v* למדוד, להעריך
gauze *n* גזה
gaze *v* מבט
gear *n* הילוך
geese *n* אווזים
gem *n* אבן חן
gender *n* מין
gene *n* גן
general *n* כללי
generalize *v* להכליל
generate *v* ליצור
generation *n* דור
generator *n* גנרטור
generic *adj* גנרי
generosity *n* נדיבות
genetic *adj* גנטי
genial *adj* עליז, ידידותי
genius *n* עילוי
genocide *n* רצח עם
genteel *adj* מעודן
gentle *adj* עדין
gentleman *n* ג׳נטלמן
gentleness *n* עדינות
genuflect *v* לכרוע
genuine *adj* מקורי, אותנטי
geography *n* גיאוגרפיה
geology *n* גיאולוגיה
geometry *n* גיאומטריה
germ *n* חיידק
German *adj* גרמני
Germany *n* גרמניה
germinate *v* להנביט
gerund *n* שם הפעל
gestation *n* הריון
gesticulate *v* להחוות
gesture *n* מחוה, ג׳סטה
get *iv* לקבל, לתפוס
get along *v* להסתדר
get away *v* להימלט
get back *v* לקבל בחזרה
get by *v* להסתדר
get down *v* להוריד, לרשום
get down to *v* להתמקד
get in *v* להיכנס
get off *v* לרדת
get out *v* לצאת
get over *v* להתגבר
get together *v* להתאסף
get up *v* לקום
geyser *n* גיזר

ghastly *adj* נוראי
ghost *n* רוח רפאים
giant *n* ענק
gift *n* מתנה
gifted *adj* מחונן
gigantic *adj* ענקי
giggle *v* לצחקק
gimmick *n* גימיק
ginger *n* זנגוויל
gingerly *adv* בזהירות
giraffe *n* ג'ירף
girl *n* ילדה, נערה
girlfriend *n* חברה
give *iv* לתת
give away *v* למסור, לגלות
give back *v* להחזיר
give in *v* להיכנע
give out *v* לחלק
give up *v* להיכנע
glacier *n* קרחון
glad *adj* שמח
gladiator *n* גלדיאטור
glamorous *adj* זוהר
glance *v* להעיף מבט
glance *n* מבט
gland *n* בלוטה
glare *n* מבט חודר
glass *n* זכוכית
glasses *n* משקפיים
glassware *n* כלי זכוכית
gleam *n* בוהק
gleam *v* להבהיק
glide *v* להחליק
glimmer *n* נצנוץ
glimpse *n* מבט חטוף
glimpse *v* להציץ
glitter *v* לנצנץ
globe *n* כדור הארץ
globule *n* כדור קטן
gloom *n* חשכה, עגמומיות
gloomy *adj* עגמומי
glorify *v* להלל
glorious *adj* מהולל
glory *n* תהילה, הלל
gloss *n* ברק. ליטוש
glossary *n* גלוסר
glossy *adj* מבריק
glove *n* כפפה
glow *v* לזהור
glucose *n* גלוקוזה
glue *n* דבק
glue *v* להדביק
glut *n* גודש, שפע
glutton *n* זללן
gnaw *v* לכרסם
go *iv* ללכת
go ahead *v* להתקדם
go away *v* לעזוב
go back *v* לחזור
go down *v* לרדת
go in *v* להיכנס
go on *v* להמשיך
go out *v* לצאת
go over *v* לחזור על

G

go through *v* לעבור
go under *v* לצלול, להיכשל
go up *v* לעלות
goad *v* לגרות
goal *n* שער
goalkeeper *n* שוער
goat *n* עז
gobble *v* לזלול
God *n* אלוהים
goddess *n* אלילה
godless *adj* נבל, חסר מצפון
goggles *n* משקפי מגן
gold *n* זהב
golden *adj* מוזהב
good *adj* טוב
good-looking *adj* יפה-תואר
goodness *n* טוב לב
goods *n* מוצרים
goodwill *n* רצון טוב
goof *v* לקלקל
goof *n* טעות
goose *n* אווז
gorge *n* ערוץ, גוש
gorgeous *adj* יפהפה
gorilla *n* גורילה
gory *adj* עקב מדם
gospel *n* הבשורה הנוצרית
gossip *v* לרכל
gossip *n* רכילות
gout *n* צנית, שגדון
govern *v* למשול
government *n* ממשלה
governor *n* מושל
gown *n* גלימה
grab *v* לחטוף
grace *n* חן
graceful *adj* חנני
gracious *adj* אדיב
grade *n* כיתה
gradual *adj* הדרגתי
graduate *v* בוגר
graduation *n* קבלת תעודת בוגר
graft *v* להרכיב
graft *n* הרכבה, שוחד
grain *n* דגן
gram *n* גרם
grammar *n* דקדוק
grand *adj* גדול, מרשים
grandchild *n* נכד
granddad *n* סבא
grandfather *n* סבא
grandmother *n* סבתא
grandparents *n* סבים
grandson *n* נכד
grandstand *n* בימת צופים
granite *n* גרניט
granny *n* סבתא
grant *v* להעניק
grant *n* מענק
grape *n* עינב
grapefruit *n* אשכולית
grapevine *n* גפן
graphic *adj* גראפי
grasp *n* אחיזה

grasp *v* לאחוז
grass *n* עשב
grassroots *adj* עקרון, בסיסי
grateful *adj* אסיר תודה
gratify *v* להשביע רצון
gratifying *adj* משביע רצון
gratitude *n* הכרת תודה
gratuity *n* תשר
grave *adj* רציני
grave *n* קבר
gravel *n* חצץ
gravely *adv* בכבד ראש
gravestone *n* מצבה
graveyard *n* בית קברות
gravitate *v* להימשך ל-
gravity *n* כח משיכה
gravy *n* רוטב
gray *adj* אפור
grayish *adj* אפרפר
graze *v* לרעות, לשפשף
graze *n* רעיה, לחוך
grease *v* לשמן
grease *n* שמן
greasy *adj* שמנוני
great *adj* מצוין
greatness *n* מצוינות
Greece *n* יוון
greed *n* תאות בצע
greedy *adj* רודף בצע
Greek *adj* יווני
green *adj* ירוק
green bean *n* שעועית
greenhouse *n* חממה
Greenland *n* גרינלנד
greet *v* לברך
greetings *n* ברכות
gregarious *adj* חברותי
grenade *n* רימון
greyhound *n* כלב ציד
grief *n* שכול
grievance *n* התמרמרות
grieve *v* להדאיב, להתאבל
grill *v* לצלות
grill *n* גריל
grim *adj* קודר, עגמומי
grimace *n* העויה
grime *n* לכלוך
grind *iv* לטחון
grip *v* לאחוז
grip *n* אחיזה
gripe *n* תלונה
grisly *adj* איום, זועתי
groan *v* לגנוח
groan *n* גניחה
groceries *n* מצרכים
groin *n* מפשעה
groom *n* חתן
groove *n* חריץ
gross *adj* דוחה, מגעיל
grossly *adv* בצורה גסה
grotesque *adj* גרוטסקי, נלעג
grotto *n* מערה
grouch *v* לקטר
grouchy *adj* נרגן

G

G

ground *n* קרקע
ground floor *n* קומת קרקע
groundless *adj* נטול יסוד
groundwork *n* בסיס, יסוד
group *n* קבוצה
grow *iv* לגדל
grow up *v* לגדול
growl *v* לשאוג
grown-up *n* מבוגר
growth *n* גידול
grudge *n* איבה, טינה
grudgingly *adv* מתוך טינה
gruelling *adj* מפרך
gruesome *adj* מבעית
grumble *v* לרטון
grumpy *adj* רוגז, עצבני
guarantee *v* להתחייב
guarantee *n* ערובה, ערבון
guarantor *n* ערב
guard *n* שומר
guardian *n* אפוטרופוס
guerrilla *n* גרילה
guess *v* לנחש
guess *n* ניחוש
guest *n* אורח
guidance *n* הדרכה
guide *v* להדריך
guide *n* מדריך
guidebook *n* מדריך
guidelines *n* קוי מנחה
guild *n* איגוד
guile *n* ערמה
guillotine *n* מערפת
guilt *n* אשמה
guilty *adj* אשם
guise *n* מסוה
guitar *n* גיטרה
gulf *n* מפרץ
gull *n* שחף
gullible *adj* פותה
gulp *v* לגמוע
gulp *n* לגימה
gulp down *v* לבלוע
gum *n* מסטיק
gun *n* אקדח, רובה
gun down *v* לפצוע בירייה
gunfire *n* ירייה
gunman *n* יורה
gunpowder *n* אבק שרפה
gunshot *n* ירייה
gust *n* משב רוח
gusto *n* הנאה
gusty *adj* מתפרץ
gut *n* קרב, בני מעים
guts *n* אומץ
gutter *n* מרזב
guy *n* בחור
guzzle *v* לזלול
gymnasium *n* אולם התעמלות
gynecology *n* גינקולוגיה
gypsy *n* צועני

H

habit *n* הרגל
habitable *adj* ראוי למגורים
habitual *adj* רגיל
hack *v* לחטוב
haggle *v* להתמקח
hail *n* ברד
hail *v* להמטיר, להריע
hair *n* שיער
hairbrush *n* מברשת
haircut *n* תספורת
hairdo *n* תסרוקת
hairdresser *n* ספר
hairpiece *n* פיאה נוכרית
hairy *adj* שעיר
half *n* חצי
half *adj* חצי
hall *n* מסדרון
hallucinate *v* להזות
hallway *n* מסדרון
halt *v* לעצור
halve *v* לחצות
ham *n* נקניק חזיר
hamburger *n* המבורגר
hamlet *n* כפר קטן
hammer *n* פטיש
hammock *n* ערסל
hand *n* כף יד
hand in *v* להגיש
hand out *v* לחלק
hand over *v* למסור, להעביר
handbag *n* תיק
handbook *n* מדריך
handcuff *v* לשים אזיקים
handcuffs *n* אזיקים
handful *n* חופן
handgun *n* אקדח
handicap *n* מכשול, מגרעת
handkerchief *n* ממחטה
handle *v* להתמודד
handle *n* ידית
handmade *adj* עשוי ביד
handout *n* נדבה
handrail *n* מעקה
handshake *n* לחיצת יד
handsome *adj* יפה תואר
handwritting *n* כתב יד
handy *adj* זמין, מיומן
hang *iv* לתלות
hang around *v* להתעכב
hang on *v* להתמיד
hang up *v* לתלות
hanger *n* קולב
hangup *n* עכבה. מניעה
happen *v* לקרות
happening *n* אירוע, הפנינג
happiness *n* שמחה, אושר
happy *adj* שמח, מאושר
harass *v* להציק, להטריד
harassment *n* הטרדה
harbor *n* נמל
hard *adj* קשה

harden

harden v	להקשיח, לחשל
hardly adv	בקושי
hardness n	קושי, מוצקות
hardship n	קושי
hardware n	מרכיבים מכנים
hardwood n	עץ קשה
hardy adj	חזק, נועז
hare n	ארנבת
harm v	להזיק, לפגוע
harm n	נזק
harmful adj	מזיק
harmless adj	לא מזיק
harmonize v	להיות בהרמוניה
harmony n	הרמוניה
harp n	נבל
harpoon n	צלצל
harrowing adj	מעצבן
harsh adj	קשה, קשוח
harshly adv	בקשיחות
harshness n	קשיחות, אכזריות
harvest n	קציר
harvest v	לקצור
hashish n	חשיש
hassle v	להטריד
hassle n	הטרדה
haste n	חפזון
hasten v	לזרז
hastily adv	בחפזה
hasty adj	חפוז
hat n	כובע
hatchet n	גרזן
hate v	לשנוא
hateful adj	מתעב
hatred n	שנאה
haughty adj	יהיר
haul v	לגרור
haunt v	לפקד
have to v	להיות מוכרח
haven n	מקלט
havoc n	תהו ובהו
hawk n	נשר
hay n	קש
haystack n	ערימת שחת
hazard n	סכנה
hazardous adj	מסוכן
haze n	ערפל
hazelnut n	לוז
hazy adj	מעורפל
he pro	הוא
head n	ראש
head for v	לנוע בכיוון
headache n	כאב ראש
heading n	כותרת
head-on adv	חזיתי
headphones n	אזניות
headquarters n	מפקדה
headway n	התקדמות
heal v	לרפא
healer n	מרפא
health n	בריאות
healthy adj	בריא
heap n	ערימה
heap v	להערים
hear iv	לשמוע

85 heroin

hearing *n* שמיעה, דיון
hearsay *n* שמועה
hearse *n* רכב קבורה
heart *n* לב
heartbeat *n* דופק
heartburn *n* צרבת
hearten *v* לעודד
heartfelt *adj* מקרב לב
hearth *n* אח
heartless *adj* חסר לב
hearty *adj* לבבי, בריא
heat *v* לחמם
heat *n* חום
heater *n* הסקה
heathen *n* עובד אלילים
heating *n* חימום
heatstroke *n* מכת חום
heatwave *n* גל חום
heaven *n* גן עדן
heavenly *adj* שמימי
heaviness *n* כובד
heavy *adj* כבד
hectic *adj* קדחתני
heed *v* לשים לב
heel *n* קרסול
height *n* גובה
heighten *v* להגביה, להגביר
heinous *adj* נתעב
heir *n* יורש
heiress *n* יורשת
heist *n* שוד
helicopter *n* מסוק
hell *n* עזאזל
hello *e* שלום
helm *n* הגה
helmet *n* קסדה
help *v* לעזור
help *n* עזרה
helper *n* עוזר
helpful *adj* מועיל
helpless *adj* חסר ישע
hem *n* אמרה, מכפלת
hemisphere *n* המיספרה
hemorrhage *n* דימום
hen *n* תרנגולת
hence *adv* לכן, מעתה
henchman *n* חסיד נלהב
her *adj* היא
herald *v* לבשר
herald *n* כרוז
herb *n* עשב, צמחי מרפא
here *adv* כאן
hereafter *adv* בעתיד
hereby *adv* בזאת
hereditary *adj* תורשתי
heresy *n* כפירה
heretic *adj* כופר
heritage *n* ירושה
hermetic *adj* הרמטי
hermit *n* נזיר
hernia *n* קילה
hero *n* גיבור
heroic *adj* גיבורי
heroin *n* הרואין

H

heroism 86

heroism *n* גבורה
hers *pro* שלה
herself *pro* בעצמה
hesitant *adj* מהסס
hesitate *v* להסס
hesitation *n* היסוס
hiccup *n* שיהוק
hidden *adj* נסתר
hide *iv* להחביא, להסתיר
hideaway *n* מחבוא
hideous *adj* זוועתי
hierarchy *n* היראַרכיה
high *adj* גבוהה
highlight *n* נקודת שיא
highly *adv* מאד
Highness *n* הוד מלכותו
highway *n* כביש ראשי
hijack *v* לחטוף
hijack *n* חטיפה
hijacker *n* חוטף
hike *v* לטייל
hike *n* טיול
hilarious *adj* מצחיק
hill *n* גבעה
hillside *n* צלע גבעה
hilltop *n* ראש הר
hilly *adj* הררי
hilt *n* ניצב החרב
hinder *v* להפריע, למנוע
hindrance *n* מעצור
hindsight *n* מבט לאחור
hinge *v* לתלות
hinge *n* ציר
hint *n* רמז, עצה
hint *v* לרמוז
hip *n* ירך
hire *v* להעסיק
his *adj* שלו
his *pro* שלו
Hispanic *adj* ספרדי
hiss *v* לשרוק
historian *n* היסטוריון
history *n* הסטוריה
hit *n* מהלומה
hit *iv* להכות
hit back *v* להחזיר מכה
hitch *n* משיכה, מכשול
hitch up *v* לחבר
hitchhike *n* לקחת טרמפ
hitherto *adv* עד כה
hive *n* כוורת
hoard *v* לאגור
hoarse *adj* צרוד
hoax *n* מתיחה, תעלול
hobby *n* תחביב
hog *n* חזיר
hoist *v* להניף
hoist *n* מנוף
hold *iv* להחזיק
hold back *v* להימנע מלתת
hold on to *v* להיאחז ב-
hold out *v* להחזיק מעמד
hold up *v* לעכב, לשדוד
holdup *n* שוד

H

87 **however**

hole *n* חור
holiday *n* חופשה
holiness *n* קדושה
Holland *n* הולנד
hollow *adj* חלול
holocaust *n* שואה
holy *adj* קדוש
homage *n* הערכה
home *n* בית
homeland *n* מולדת
homeless *adj* חסר בית
homely *adj* מכוער
homemade *adj* תוצרת-בית
homesick *adj* מתגעגע הביתה
hometown *n* עיר הולדת
homework *n* שיעורי בית
homicide *n* רצח
homily *n* דרשה
honest *adj* ישר
honesty *n* יושר
honey *n* דבש
honeymoon *n* ירח דבש
honk *v* לצפור
honor *n* כבוד
hood *n* ברדס
hoodlum *n* פרחח
hoof *n* טלף
hook *n* וו
hooligan *n* חוליגן
hop *v* לקפץ
hope *n* תקווה
hopeful *adj* מלא תקווה
hopefully *adv* בתקווה
hopeless *adj* חסר תקווה
horizon *n* אופק
horizontal *adj* אופקי
hormone *n* הורמון
horn *n* קרן, צופר
horrendous *adj* איום
horrible *adj* נורא
horrify *v* להחריד
horror *n* אימה
horse *n* סוס
hose *n* צינור
hospital *n* בית חולים
hospitality *n* הכנסת אורחים
hospitalize *v* לאשפז
host *n* מארח
hostage *n* בן-ערובה
hostess *n* מארחת
hostile *adj* עוין
hostility *n* עוינות
hot *adj* חם
hotel *n* מלון
hound *n* כלב
hour *n* שעה
hourly *adv* מדי שעה
house *n* בית
household *n* משק בית
housewife *n* עקרת בית
housework *n* עבודת בית
hover *v* לרחף
how *adv* כיצד
however *c* בכל אופן

H

howl 88

howl *v* ליילל
howl *n* יללה
hub *n* טבור, מרכז
huddle *v* להצטופף
hug *v* לחבק
hug *n* חיבוק
huge *adj* עצום
hull *n* גוף האנייה
hum *v* לזמזם
human *adj* אנושי
human being *n* בן אדם
humanities *n* מדעי הרוח
humankind *n* אנושות
humble *adj* ענו, צנוע
humbly *adv* בצניעות
humid *adj* לח
humidity *n* לחות
humiliate *v* להשפיל
humility *n* ענווה
humor *n* הומור
humorous *adj* מצחיק
hump *n* דבשת
hunch *n* תחושת בטן
hunchback *n* גיבן
hunched *adj* מגובנן
hundred *adj* מאה
hundredth *adj* המאה
hunger *n* רעב
hungry *adj* רעב
hunt *v* לצוד
hunter *n* צייד
hunting *n* ציד
hurdle *n* משוכה
hurl *v* להשליך
hurricane *n* הוריקן
hurriedly *adv* בחופזה
hurry *v* למהר
hurry up *v* להזדרז
hurt *iv* להכאיב
hurt *adj* כאב
hurtful *adj* פוגעני, מעליב
husband *n* בעל
hush *n* שקט
hush up *v* להשקיט
husky *adj* צרוד, חסון
hustle *n* דחיקה, עידוד
hut *n* צריף
hydraulic *adj* הידרולי
hydrogen *n* מימן
hyena *n* תן
hygiene *n* היגיינה
hymn *n* מזמור
hyphen *n* מקף
hypnosis *n* היפנוזה
hypnotize *v* להפנט
hypocrisy *n* צביעות
hypocrite *adj* צבוע
hypothesis *n* היפותזה
hysteria *n* היסטריה
hysterical *adj* היסטרי

89 **immorality**

I

I *pro* אני
ice *n* קרח
ice cream *n* גלידה
ice cube *n* קוביית קרח
ice skate *v* להחליק על קרח
iceberg *n* קרחון
icebox *n* מקרר
ice-cold *adj* קר כקרח
icon *n* איקון
icy *adj* קרחי, קפוא
idea *n* רעיון
ideal *adj* אידאלי
identical *adj* זהה
identify *v* לזהות
identity *n* זהות
ideology *n* אידיאולוגיה
idiom *n* ניב
idiot *n* אידיוט
idiotic *adj* אידיוטי
idle *adj* בטל
idol *n* אליל, פסל
idolatry *n* עבודת אלילים
if *c* אם
ignite *v* להצית
ignorance *n* בורות
ignorant *adj* בור
ignore *v* להתעלם מ-
ill *adj* חולה
illegal *adj* בלתי חוקי
illegible *adj* בלתי קריא
illegitimate *adj* בלתי חק
illicit *adj* אסור
illiterate *adj* אנאלפביתי
illness *n* מחלה
illogical *adj* בלתי הגיוני
illuminate *v* להאיר
illusion *n* אשליה
illustrate *v* לאייר
illustration *n* איור
illustrious *adj* מהלל
image *n* דמות
imagination *n* דמיון
imagine *v* לדמיין
imbalance *n* חוסר איזון
imitate *v* לחקות
imitation *n* חיקוי
immaculate *adj* ללא רבב
immature *adj* לא בוגר
immaturity *n* חוסר בשלות
immediately *adv* מיד
immense *adj* עצום
immensity *n* עוצם
immerse *v* לטבול
immersion *n* טבילה, שקיעה
immigrant *n* מהגר
immigrate *v* להגר
immigration *n* הגירה
immobile *adj* ניח
immobilize *v* להדמים
immoral *adj* בלתי מוסרי
immorality *n* אי-מוסריות

I

immortal 90

immortal *adj* בן אלמות, נצחי
immortality *n* אלמותיות
immune *adj* חסין
immunity *n* חסינות
immunize *v* לחסן
immutable *adj* נצחי
impact *n* התנגשות
impact *v* להתנגש
impair *v* לשבש
impartial *adj* נטול פניות
impatience *n* חוסר סבלנות
impatient *adj* חסר סבלנות
impeccable *adj* ללא רבב
impediment *n* מכשול
impending *adj* ממשמש ובא
imperfection *n* אי-שלמות
imperial *adj* אימפריאלי
imperialism *n* אימפריאליזם
impersonal *adj* לא אישי
impertinence *n* חוצפה
impertinent *adj* חצוף
impetuous *adj* פזיז
implant *v* שתל
implement *v* ליישם
implicate *v* לערב
implication *n* השתמעות
implicit *adj* מרומז
implore *v* להפציר
imply *v* לרמוז
impolite *adj* חסר נימוס
import *v* לייבא
importance *n* חשיבות
importation *n* ייבוא
impose *v* לכפות
imposing *adj* מרשים
imposition *n* כפיה
impossibility *n* אי אפשרות
impossible *adj* בלתי אפשרי
impotent *adj* חסר אונים
impound *v* לכלוא
impoverished *adj* מרושש
impractical *adj* לא מעשי
imprecise *adj* לא מדויק
impress *v* להרשים
impressive *adj* מרשים
imprison *v* לכלוא
improbable *adj* בלתי סביר
impromptu *adv* מאלתר
improper *adj* שאניו הולם
improve *v* לשפר
improvement *n* שיפור
improvise *v* לאלתר
impulse *n* דחף
impulsive *adj* אימפולסיבי
impunity *n* פטירה מעונש
impure *adj* טמא
in *pre* ב-
in depth *adv* לעומק
inability *n* אי-יכולת
inaccessible *adj* לא נגיש
inaccurate *adj* לא מדויק
inadequate *adj* בלתי מתאים
inappropriate *adj* בלתי הולם
inasmuch as *c* היות

91 indoctrinate

inaugurate *v* לחנוך
inauguration *n* חניכה
incalculable *adj* שלא ניתן לחשב
incapable *adj* לא מסוגל
incarcerate *v* לכלוא
incense *n* קטורת
incentive *n* תמריץ
inception *n* התחלה
incessant *adj* תמידי
inch *n* אינץ'
incident *n* מקרה
incidentally *adv* במקרה
incision *n* חתך
incite *v* להסית
incitement *n* הסתה
inclination *n* נטיה
incline *v* להטות
include *v* לכלול
inclusive *adv* כולל
incoherent *adj* לא קוהרנטי
income *n* הכנסה
incoming *adj* נכנס
incompatible *adj* מנוגד
incompetence *n* אי כשירות
incompetent *adj* חסר יכולת
incomplete *adj* חלקי
inconsistent *adj* לא עקבי
incontinence *n* חוסר איפוק
inconvenient *adj* לא נוח
incorporate *v* לשלב, לאגד
incorrect *adj* שגוי
incorrigible *adj* חסר תקנה
increase *v* להגדיל
increase *n* הגדלה
increasing *adj* גדל והולך
incredible *adj* מדהים
increment *n* תוספת
incriminate *v* להרשיע
incur *v* לגרום
incurable *adj* חשוך מרפא
indecency *n* חוסר הגינות
indecision *n* הססנות
indecisive *adj* מהסס
indeed *adv* אכן
indefinite *adj* לא בטוח
indemnify *v* להבטיח, לפצות
indemnity *n* פצוי
independence *n* עצמאות
independent *adj* עצמאי
index *n* מפתח, אינדקס
indicate *v* לציין
indication *n* אות
indict *v* להאשים
indifference *n* אדישות
indifferent *adj* אדיש
indigent *adj* אביון
indigestion *n* קלקול קיבה
indirect *adj* עקיף
indiscreet *adj* לא דיסקרטי
indiscretion *n* חוסר שיקול דעת
indispensable *adj* חיוני
indisposed *adj* חולה
indisputable *adj* שאין עליו עוררין
indoctrinate *v* להטיף

I

indoor 92

indoor *adv* פנימי
induce *v* לשכנע
indulge *v* לרצות
indulgent *adj* ותרני
industrious *adj* חרוץ
industry *n* תעסוקה
ineffective *adj* לא יעיל
inefficient *adj* לא יעיל
inept *adj* מגושם
inequality *n* חוסר שוויון
inevitable *adj* בלתי נמנע
inexcusable *adj* בלתי נסלח
inexpensive *adj* זול
inexperienced *adj* חסר נסיון
inexplicable *adj* שלא ניתן להסביר
infallible *adj* שאינו טועה
infamous *adj* ידוע לשמצה
infancy *n* ינקות
infant *n* טף
infantry *n* חיל רגלים
infect *v* להדביק
infection *n* זיהום
infectious *adj* מזהם
infer *v* להסיק
inferior *adj* נחות
infertile *adj* עקר
infested *adj* שורץ
infidelity *n* אי נאמנות
infiltrate *v* להסתנן
infiltration *n* הסתננות
infinite *adj* אינסופי
infirmary *n* מרפאה
inflammation *n* דלקת
inflate *v* לנפח
inflation *n* אינפלציה
inflexible *adj* בלתי גמיש
inflict *v* לגרום
influence *n* השפעה
influential *adj* רב השפעה
influenza *n* שפעת
influx *n* זרם
inform *v* ליידע, להודיע
informal *adj* בלתי פורמלי
informality *n* אי-רשמיות
informant *n* מלשין
information *n* מידע
informer *n* מלשין
infraction *n* הפרה
infrequent *adj* נדיר
infuriate *v* להרגיז
infusion *n* אינפוזיה, ערוי
ingenuity *n* כושר המצאה
ingest *v* לקחת דרך הפה
ingot *n* מטיל
ingrained *adj* מושרש
ingratiate *v* להתחנף
ingratitude *n* כפיות טובה
ingredient *n* רכיב
inhabit *v* לגור ב-
inhabitable *adj* ראוי למגורים
inhabitant *n* תושב, דייר
inhale *v* לשאוף
inherit *v* לרשת
inheritance *n* ירושה

install

inhibit *v* לדכא, לבלום
inhuman *adj* בלתי אנושי
initial *adj* ראשוני
initially *adv* בהתחלה
initials *n* אות ראשונה בשם
initiate *v* ליזום
initiative *n* יוזמה
inject *v* להזריק
injection *n* זריקה
injure *v* לפצוע
injurious *adj* מזיק
injury *n* פציעה
injustice *n* אי-צדק
ink *n* דיו
inkling *n* רמז
inlaid *adj* משובץ
inland *adv* כלפי פנים הארץ
inland *adj* תוך-ארצי
in-laws *n* מחותנים
inmate *n* אסיר
inn *n* פונדק
innate *adj* מולד
inner *adj* פנימי
innocence *n* תמימות
innocent *adj* חף מפשע
innovation *n* חידוש
innuendo *n* רמיזה
innumerable *adj* עצום
input *n* קלט
inquest *n* חקירה
inquire *v* לשאול, לחקור
inquiry *n* חקירה
inquisition *n* אינקוויזיציה
insane *adj* משוגע
insanity *n* שגעון
insatiable *adj* שאין לספקו
inscription *n* הקדשה
insect *n* חרק
insecurity *n* חוסר בטחון
insensitive *adj* חוסר רגישות
inseparable *adj* בלתי נפרד
insert *v* להכניס
insertion *n* החדרה
inside *adj* בתוך
inside *pre* בפנים
inside out *adv* הפוך
insignificant *adj* חסר חשיבות
insincere *adj* צבוע
insincerity *n* צביעות
insinuate *v* לרמוז
insinuation *n* רמיזה
insipid *adj* תפל, משעמם
insist *v* להתעקש
insistence *n* התעקשות
insolent *adj* חצוף
insoluble *adj* לא מסיס
insomnia *n* נדודי שנה
inspect *v* לבקר
inspection *n* בקורת
inspector *n* מבקר
inspiration *n* השראה
inspire *v* לעורר השראה
instability *n* אי-יציבות
install *v* להתקין

I

installation *n* התקנה
installment *n* תשלום, פרק
instance *n* דוגמה
instant *n* רגע
instantly *adv* מידי
instead *adv* במקום
instigate *v* להסית
instil *v* להקנות
instinct *n* אינסטינקט
institute *v* מכון
institution *n* מוסד
instruct *v* להנחות
instructor *n* מדריך, מרצה
insufficient *adj* בלתי מספיק
insulate *v* לבודד
insulation *n* בידוד
insult *v* להעליב
insult *n* עלבון
insurance *n* ביטוח
insure *v* להבטיח
insurgency *n* מרד
insurrection *n* התקוממות
intact *adj* שלם
intake *n* צריכה
integrate *v* לשלב
integration *n* שילוב
integrity *n* ישרה
intelligent *adj* נבון
intend *v* להתכוון
intense *adj* עז
intensify *v* להגביר
intensity *n* עצמה
intensive *adj* אינטנסיבי
intention *n* כוונה
intercede *v* להתערב
intercept *v* ליירט
intercession *n* התערבות
interchange *v* להחליף
interchange *n* מחלף
interest *n* עניין
interested *adj* מעוניין
interesting *adj* מעניין
interfere *v* להתערב
interference *n* התערבות
interior *adj* פנימי
interlude *n* הפוגה
intermediary *n* מתווך
intern *v* סטז'ר
interpret *v* לפרש, לתרגם
interpretation *n* פירוש
interpreter *n* מתרגם
interrogate *v* לחקור
interrupt *v* להפריע
interruption *n* הפרעה
intersect *v* להצטלב
intertwine *v* לשזור
interval *n* הפסקה
intervene *v* להתערב
intervention *n* התערבות
interview *n* ראיון
intestine *n* מעיים
intimacy *n* אינטימיות
intimate *adj* אינטימי
intimidate *v* להפחיד

intolerable *adj* בלתי נסבל
intolerance *n* חוסר סבלנות
intoxicated *adj* שיכור
intravenous *adj* תוך-ורידי
intrepid *adj* אמיץ
intricate *adj* מורכב
intrigue *n* קנוניה
intriguing *adj* מסקרן
intrinsic *adj* מהותי
introduce *v* להכיר, להכניס
introduction *n* מבוא, היכרות
introvert *adj* מופנם
intrude *v* לפרוץ
intruder *n* פורץ
intrusion *n* התפרצות
intuition *n* אינטואיציה
inundate *v* להציף
invade *v* לפלוש
invader *n* פולש
invalid *n* חולה
invalidate *v* לפסול
invaluable *adj* רב ערך
invasion *n* פלישה
invent *v* להמציא
invention *n* המצאה
inventory *n* מלאי
invest *v* להשקיע
investigate *v* לחקור
investigation *n* חקירה
investment *n* השקעה
investor *n* משקיע
invincible *adj* בלתי מנוצח
invisible *adj* בלתי נראה
invitation *n* הזמנה
invite *v* להזמין
invoice *n* חשבונית
invoke *v* לקרוא
involve *v* לערב
involved *v* מעורב
involvement *n* התערבות
inward *adj* פנימה
inwards *adv* כלפי פנים
iodine *n* יוד
irate *adj* כועס
Ireland *n* אירלנד
Irish *adj* אירי
iron *n* ברזל
iron *v* לגהץ
ironic *adj* אירוני
irony *n* אירוניה
irrational *adj* לא הגיוני
irrefutable *adj* שלא ניתן להפריכו
irregular *adj* לא סדיר
irrelevant *adj* לא רלוונטי
irreparable *adj* חסר תקנה
irresistible *adj* שאין לעמוד בפניו
irrespective *adj* ללא התחשבות ב-
irreversible *adj* בלתי הפיך
irrevocable *adj* שלא ניתן לבטלו
irrigate *v* להשקות
irrigation *n* השקה
irritate *v* לעצבן
irritating *adj* מעצבן
Islamic *adj* איסלמי

island 96

island *n* אי
isle *n* אי
isolate *v* לבודד
isolation *n* בידוד
issue *n* עניין
Italian *adj* איטלקי
italics *adj* איטליק
Italy *n* איטליה
itch *v* לגרד
itchiness *n* גירוד
item *n* פריט
itemize *v* לפרט
itinerary *n* מסלול
ivory *n* שנהב

J

jackal *n* תן
jacket *n* מעיל
jackpot *n* פרס מצטבר
jaguar *n* יגואר
jail *n* כלא, בית סוהר
jail *v* לכלוא
jailer *n* סוהר
jam *n* ריבה
janitor *n* שרת
January *n* ינואר
Japan *n* יפן
Japanese *adj* יפני
jar *n* צנצנת
jasmine *n* יסמין
jaw *n* לסת
jealous *adj* קנאי
jealousy *n* קנאה
jeans *n* ג׳ינס
jeopardize *v* לסכן
jerk *v* למשוך
jerk *n* אידיוט
jersey *n* סוודר, חולצה
Jew *n* יהודי
jewel *n* תכשיטן
jeweler *n* תכשיטן
Jewish *adj* יהודי
jigsaw *n* מסורית
job *n* עבודה
jobless *adj* מובטל
join *v* להצטרף, לצרף
joint *n* פרק
jointly *adv* בצירוף
joke *n* בדיחה
joke *v* להתלוצץ
jokingly *adv* בצחוק
jolly *adj* שמח
jolt *v* להדהים
jolt *n* זעזוע
journal *n* יומן
journalist *n* עיתונאי
journey *n* מסע
jovial *adj* חבורתי
joy *n* שמחה
joyful *adj* שמח

97 kindly

joyfully *adv* בשמחה
jubilant *adj* צוהל
Judaism *n* יהדות
judge *n* שופט
judgment *n* שיפוט
judicious *adj* בעל שיקול דעת
jug *n* כד
juggler *n* להטוטן
juice *n* מיץ
juicy *adj* עסיסי
July *n* יולי
jump *v* לקפוץ
jump *n* קפיצה
jumpy *adj* קופצני
junction *n* צומת
June *n* יוני
jungle *n* ג'ונגל
junior *adj* ג'וניור
junk *n* זבל
jury *n* חבר משבעים
just *adj* רק
justice *n* צדק
justify *v* להצדיק
justly *adv* בצדק
juvenile *n* קטין
juvenile *adj* ילדותי

K

kangaroo *n* קנגרו
karate *n* קרטה
keep *iv* לשמור
keep on *v* להמשיך
keep up *v* להתמיד
keg *n* חבית
kennel *n* כלביה
kettle *n* קומקום
key *n* מפתח
key ring *n* מחזיק מפתחות
keyboard *n* מקלדת
kick *v* לבעוט
kickback *n* שוחד
kickoff *n* בעיטת פתיחה
kid *n* ילד
kidnap *v* לחטוף
kidnapper *n* חוטף
kidnapping *n* חטיפה
kidney *n* כליה
kidney bean *n* שעועית לבנה
kill *v* להרוג
killer *n* רוצח
killing *n* רצח, הרג
kilogram *n* קילוגרם
kilometer *n* קילומטר
kilowatt *n* קילווט
kind *adj* אדיב
kindle *v* להדליק
kindly *adv* באדיבות

K

kindness 98

kindness *n* אדיבות
king *n* מלך
kingdom *n* ממלכה
kinship *n* קרבת דם
kiosk *n* קיוסק
kiss *v* לנשק
kiss *n* נשיקה
kitchen *n* מטבח
kite *n* עפיפון
kitten *n* חתלתול
knee *n* ברך
kneecap *n* פיקת הברך
kneel *iv* לכרוע
knife *n* סכין
knight *n* אביר
knit *v* לסרוג
knob *n* ידית
knock *n* דפיקה
knock *v* לדפוק
knot *n* קשר
know *iv* לדעת
know-how *n* ידע
knowingly *adv* ביודעין
knowledge *n* ידע

K

L

lab *n* מעבדה
label *n* תג
labor *n* עבודה
laborer *n* פועל
labyrinth *n* מבוך
lace *n* תחרה
lack *v* להיות חסר
lack *n* חוסר
lad *n* ילד
ladder *n* סולם
laden *adj* עמוס
lady *n* גברת
ladylike *adj* נשי
lagoon *n* לגונה
lake *n* אגם
lamb *n* טלה
lame *adj* צולע
lament *v* לקונן
lament *n* קינה
lamp *n* מנורה
lamppost *n* עמוד של פנס רחוב
lampshade *n* אהיל
land *n* אדמה, קרקע
land *v* לנחות
landing *n* נחיתה
landlady *n* בעלת בית
landlocked *adj* שמוקף אדמה
landlord *n* בעל בית
landscape *n* נוף

99 leadership

lane *n* סמטה
language *n* שפה
languish *v* לדעוך
lantern *n* פנס
lap *n* חיק
lapse *n* משגה
lapse *v* לפוג
larceny *n* גנבה
lard *n* שומן חזיר
large *adj* גדול
larynx *n* בית הקול
laser *n* לייזר
lash *n* שוט
lash *v* לקשור, לצלוף
lash out *v* להשתלח
last *v* להחזיק מעמד
last *adj* אחרון
last name *n* שם משפחה
last night *adv* אמ"ש
lasting *adj* קבוע
lastly *adv* אחרון
latch *n* בריח
late *adv* מאוחר, באיחור
lately *adv* בזמן האחרון
later *adv* מאוחר יותר
later *adj* מאוחר יותר
lateral *adj* צדדי
latest *adj* אחרון
lather *n* קצף
latitude *n* קו רחב
latter *adj* השני
laugh *v* לצחוק
laugh *n* צחוק
laughable *adj* מצחיק, מגוחך
laughing stock *n* מטרה לצחוק
laughter *n* צחוק
launch *n* שגור
launch *v* לשגר
laundry *n* כביסה
lavatory *n* שירותים
lavish *adj* שופע
lavish *v* לבזבז
law *n* חוק
law-abiding *adj* שומר חוק
lawful *adj* חוקי
lawmaker *n* מחוקק
lawn *n* דשא
lawsuit *n* תביעה
lawyer *n* עורך דין
lax *adj* רפוי
laxative *adj* משלשל
lay *n* מצב
lay *iv* להשכיב
lay off *v* לפטר
layer *n* שיכבה
layman *n* הדיוט
layout *n* מערך
laziness *n* עצלנות
lazy *adj* עצלן
lead *iv* להוביל
lead *n* עופרת
leaded *adj* מצופה עופרת
leader *n* מנהיג
leadership *n* מנהיגות

L

leading 100

leading *adj* מוביל
leaf *n* עלה
leaflet *n* עלון
league *n* ליגה
leak *v* להדליף
leak *n* דליפה
leakage *n* דליפה
lean *adj* נשען
lean *iv* להישען
lean back *v* להישען אחורה
lean on *v* להישען על
leaning *n* נשען
leap *iv* לקפוץ
leap *n* קפיצה
leap year *n* שנה מעוברת
learn *iv* ללמוד
learned *adj* מלומד
learner *n* תלמיד
learning *n* לימוד
lease *v* לשכור
lease *n* חוזה שכירה
leash *n* רצועה
least *adj* פחות
leather *n* עור
leave *iv* לעזוב
leave out *v* להשמיט
lectern *n* דוכן
lecture *n* הרצאה
ledger *n* ספר חשבונאות
leech *n* עלוקה
leftovers *n* שיר
leg *n* רגל
legacy *n* מורשה
legal *adj* חוקי
legality *n* חוקיות
legalize *v* להפוך לחוקי
legend *n* אגדה
legible *adj* קריא
legion *n* לגיון
legislate *v* לחקוק
legislation *n* חקיקה
legislature *n* בית מחוקקים
legitimate *adj* לגיטימי
leisure *n* פנאי
lemon *n* לימון
lemonade *n* לימונדה
lend *iv* להלוות, להשאיל
length *n* אורך
lengthen *v* להאריך
lengthy *adj* ארוך
leniency *n* רחמים
lenient *adj* רחום
lense *n* עדשה
lentil *n* עדשה
leopard *n* נמר
leper *n* מצורע
leprosy *n* צרעת
less *adj* פחות
lessee *n* שוכר
lessen *v* להפחית
lesser *adj* פחות
lesson *n* שיעור
lessor *n* משכיר
let *iv* להרשות

L

101 limit

let down *v* להוריד
let go *v* לשחרר
let in *v* להכניס
let out *v* לשחרר
lethal *adj* קטלני
letter *n* מכתב
lettuce *n* חסה
leukemia *n* לויקמיה
level *v* לישר
level *n* רמה
lever *n* מנוף
leverage *n* למנף
levy *v* למסות
lewd *adj* גס
liability *n* חבות
liable *adj* חב
liaison *n* קשר
liar *adj* שקרן
libel *n* הוצאת דיבה
liberate *v* לשחרר
liberation *n* שחרור
liberty *n* חופש, דרור
librarian *n* ספרן
library *n* ספריה
lice *n* כינים
licence *n* רישיון
license *v* להתיר
lick *v* ללקק
lid *n* מכסה
lie *iv* לשכב
lie *v* לשקר
lie *n* שקרן
lieu *n* מקום
lieutenant *n* סגן
life *n* חיים
lifeguard *n* מציל
lifeless *adj* ללא רוח חיים
lifestyle *n* אורך חיים
lifetime *adj* לכל החיים
lift *v* להרים
lift off *v* להרים
lift-off *n* המראה
ligament *n* מיתר
light *iv* להדליק
light *adj* בהיר
light *n* אור
lighter *n* מצית
lighthouse *n* מגדלור
lighting *n* תאורה
lightly *adv* בעדינות, בקלילות
lightning *n* ברק
lightweight *n* קל משקל
likable *adj* חביב
like *pre* כמו
like *v* לחבב, לאהוב
likelihood *n* סבירות
likely *adv* סביר
likeness *n* דמיון
likewise *adv* כדומה
liking *n* חיבה
limb *n* איבר
lime *n* ליים
limestone *n* אבן גיר
limit *n* גבול

L

limit *v* להגביל
limitation *n* הגבלה
limp *v* לצלוע
limp *n* צליעה
line *n* קו, שורה
line up *v* לעמוד בתור
linen *n* פשתן
linger *v* להשתהות
lingerie *n* הלבשה תחתונה
lingering *adj* נשאר
lining *n* בטנה
link *v* לחבר
link *n* חיבור
lion *n* אריה
lioness *n* לביאה
lip *n* שפה
liqueur *n* ליקר
liquid *n* נוזל
liquidate *v* לפרוע
liquidation *n* חיסול
liquor *n* משקה חריף
list *v* לערוך רשימה
list *n* רשימה
listen *v* להקשיב
listener *n* מקשיב
litany *n* תחינה
liter *n* ליטר
literal *adj* מילולית
literally *adv* באופן מילולי
literate *adj* משכיל
literature *n* ספרות
litigate *v* להגיש תביעה
litigation *n* תביעה
litre *n* ליטר
litter *n* אשפה
little *adj* מעט
little bit *n* קצת
little by little *adv* לאט לאט
liturgy *n* סדר תפילה
live *adj* חי
live *v* לחיות
live off *v* לחיות מ-
live up *v* לענות לצפיות
livelihood *n* פרנסה
lively *adj* מלא-חיים
liver *n* כבד
livestock *n* בקר
livid *adj* זועם
living room *n* סלון
lizard *n* לטאה
load *v* להעמיס
load *n* עומס
loaded *adj* עמוס
loaf *n* כיכר
loan *v* להלוות
loan *n* הלוואה
loathe *v* לשנוא
loathing *n* שנאה
lobby *n* לובי
lobby *v* לעסוק בשתדלנות
lobster *n* לובסטר
local *adj* מקומי
localize *v* לאתר
locate *v* לאתר

103 **lousy**

located *adj* נמצא ב
location *n* מיקום
lock *v* לנעול
lock *n* מנעול
lock up *v* לכלוא
locker room *n* חדר הלבשה
locksmith *n* מנעולן
locust *n* ארבה
lodge *v* להתאכסן
lodging *n* ביתן
lofty *adj* נעלה
log *n* בול עץ
log *v* לרשום
log in *v* להירשם
log off *v* להתנתק
logic *n* לוגיקה, הגיון
logical *adj* הגיוני
loin *n* מותן
loiter *v* לשוטט
loneliness *n* בדידות
lonely *adv* בודד
loner *n* מתבודד
lonesome *adj* בודד
long *adj* ארוך
long for *v* להשתוקק
longing *n* געגועים
longitude *n* קו אורך
long-standing *adj* נושן
long-term *adj* לתווך ארוך
look *n* מראה, מבט
look *v* לראות, להביט
look after *v* לשמור על
look at *v* להסתכל על
look for *v* לחפש
look forward *v* להסתכל קדימה
look into *v* לחקור, לבדוק
look out *v* לצפות
look over *v* לעבור על
look through *v* להסתכל דרך
looking glass *n* מראה
looks *n* מראה
loom *n* מכונת אריגה
loom *v* להופיע במעורפל
loophole *n* פרצה
loose *v* לשחרר
loose *adj* חופשי
loosen *v* לשחרר
loot *v* לבזוז
loot *n* שלל
lord *n* אדון
lordship *n* אדנות
lose *iv* להפסיד, לאבד
loser *n* מפסידן
loss *n* הפסד
lot *adv* הרבה
lotion *n* תחליב
lots *adj* הרבה
lottery *n* הגרלה
loud *adj* בקול רם
loudly *adv* בקול
loudspeaker *n* רמקול
lounge *n* סלון
louse *n* כינה
lousy *adj* גרוע

L

lovable 104

lovable *adj* חביב
love *v* לאהוב
love *n* אהבה
lovely *adj* יפה
lover *n* מאהב
loving *adj* אוהב
low *adj* נמוך
lower *adj* נמוך יותר
lowkey *adj* רגוע
lowly *adj* נחות
loyal *adj* נאמן
loyalty *n* נאמנות
lubricate *v* לסוך
lubrication *n* סיכה
lucid *adj* צלול דעת
luck *n* מזל
lucky *adj* בר מזל
lucrative *adj* רווחי
ludicrous *adj* מגוחך
luggage *n* מזוודות
lukewarm *adj* פושר
lull *n* הפוגה
lumber *n* עץ
luminous *adj* זוהר
lump *n* גוש
lump sum *n* סכום כולל
lump together *v* לאחד
lunacy *n* שגעון
lunatic *adj* משוגע
lunch *n* ארוחת צהריים
lung *n* ריאה
lure *v* לפתות
lurid *adj* זוהר
lurk *v* לארוב
lush *adj* שופע
lust *v* להשתוקק
lust *n* תשוקה
lustful *adj* תשוקתי
luxurious *adj* מפואר
luxury *n* פאר
lynch *v* לינץ’
lynx *n* לינקס
lyrics *n* מלים

L

M

machine *n* מכונה
machine gun *n* מ“ג
mad *adj* ברוגז
madam *n* גברת
madden *v* להרגיז
madly *adv* בטירוף
madman *n* מטורף
madness *n* טירוף
magazine *n* כתב עת
magic *n* קסם
magical *adj* קסום
magician *n* קוסם
magistrate *n* שופט-שלום
magnet *n* מגנט
magnetic *adj* מגנטי

105 mansion

magnetism *n* קסם אישי
magnificent *adj* נהדר
magnify *v* להגדיל
magnitude *n* סדר גודל
maid *n* נערה, עלמה
maiden *n* עלמה
mail *v* לשלוח בדואר
mail *n* דואר
mailbox *n* תיבת דואר
mailman *n* דוור
maim *v* להטיל מום
main *adj* עיקרי
mainland *n* יבשת
mainly *adv* בעיקר
maintain *v* לתחזק
maintenance *n* תחזוקה
majestic *adj* מלכותי
majesty *n* תפארת
major *n* מקצוע ראשי
major *adj* רציני
majority *n* גיל ההתבגרות
make *n* סוג
make *iv* לעשות
make up *v* להמציא
make up for *v* לכפר על
maker *n* בורא
makeup *n* איפור
malaria *n* קדחת
male *n* זכר
malevolent *adj* חורש רעה
malfunction *v* לא לתפקד
malfunction *n* תקלה
malice *n* זדון
malign *v* להשמיץ
malignancy *n* גידול ממאיר
malignant *adj* ממאיר
mall *n* קניון
malnutrition *n* תת- תזונה
malpractice *v* רשלנות מקצועית
mammal *n* יונק
mammoth *n* ממוט
man *n* איש, גבר
manage *v* לנהל
manageable *adj* ניתן לניהול
management *n* הנהלה
manager *n* מנהל
mandate *n* מנדט
mandatory *adj* חובה
maneuver *n* תרגיל
manger *n* אורבה
mangle *v* למחוץ
manhandle *v* להזיז בכח
manhunt *n* מצוד
maniac *adj* מטורף
manifest *v* לגלות
manipulate *v* לתפעל
mankind *n* בני אנוש
manliness *n* גבריות
manly *adj* גברי
manner *n* צורה
mannerism *n* גינונים
manners *n* נימוסים
manpower *n* כח אדם
mansion *n* אחוזה

M

manslaughter *n* הריגה
manual *n* מדריך
manual *adj* ידני
manufacture *v* לייצר
manure *n* דשן
manuscript *n* כתב יד
many *adj* הרבה, המון
map *n* מפה
marble *n* שיש
march *v* לצעוד
march *n* צעדה
March *n* מרץ
mare *n* סוסה
margin *n* שוליים
marginal *adj* מרגינלי
marinate *v* להשרות
marine *adj* ימי
marital *adj* של נישואים
mark *n* ציון, סימן
mark *v* לציין, לסמן
mark down *v* לרשום
marker *n* נקודת ציון
market *n* שוק
marksman *n* צלף
marmalade *n* מרמלדה
marriage *n* נישואים
married *adj* נשוי
marrow *n* לשד
marry *v* להתחתן
Mars *n* מאדים
marshal *n* מצביא
martyr *n* קדוש
martyrdom *n* מות קדושים
marvel *n* פלא
marvelous *adj* נהדר
marxist *adj* מרקסיסט
masculine *adj* גברי
mash *v* למעוך
mask *n* מסיכה
masochism *n* מסוכיזם
mason *n* בונה
masquerade *v* להתחפש
mass *n* מסה
massacre *n* טבח
massage *n* מסז'
massage *v* לעסות
masseur *n* מסז'יסט
masseuse *n* מסז'יסטית
massive *adj* עצום, ענק
mast *n* תורן
master *n* בעל
master *v* לשלוט ב-
mastermind *n* גאון
mastermind *v* לתכנן
masterpiece *n* יצירת מפת
mastery *n* תעלומה
mat *n* מחצלת
match *n* גפרור
match *v* לשדך
mate *n* ידיד, בן זוג
material *n* בד, חומר
materialism *n* חומריות
maternal *adj* אימהי
maternity *n* אמהות

107 memento

math *n* מטמתיקה
matrimony *n* נישואין
matter *n* חומר, נושא
mattress *n* מזרן
mature *adj* בוגר
maturity *n* בגרות
maul *v* לפצוע
maxim *n* פתגם
maximum *adj* מקסימום
May *n* מאי
may *iv* יכול להיות
may-be *adv* אולי
mayhem *n* בלאגן
mayor *n* ראש עיר
maze *n* מבוך
meadow *n* שדה
meager *adj* דל
meal *n* ארוחה
mean *iv* להתכוון ל-
mean *adj* אכזרי
meaning *n* משמעותי
meaningful *adj* משמעותי
meaningless *adj* חסר משמעות
meanness *n* רוע
means *n* אמצעים
meantime *adv* בינתיים
meanwhile *adv* בינתיים
measles *n* חצבת
measure *v* למדוד
measurement *n* מדידה
meat *n* בשר
meatball *n* כדור בשר
mechanic *n* מוסכניק
mechanism *n* מנגנון
mechanize *v* למכן
medal *n* מדליה
medallion *n* מדליון
meddle *v* להתערב
mediate *v* לתווך
mediator *n* מתווך
medication *n* תרופה
medicinal *adj* תרופתי
medicine *n* תרופה
medieval *adj* של ימי הביניים
mediocre *adj* בינוני
mediocrity *n* בינוניות
meditate *v* להרהר
meditation *n* מדיטציה
medium *adj* בינוני
meek *adj* ענו
meekness *n* ענווה
meet *iv* להיפגש עם
meeting *n* פגישה, ישיבה
melancholy *n* מלנכוליה
mellow *adj* רך
mellow *v* לרכך
melodic *adj* מלודי
melody *n* מלודיה, לחן
melon *n* מלון
melt *v* להמיס
member *n* חבר
membership *n* חברות
membrane *n* קרומית
memento *n* מזכרת

M

memo *n* תזכיר
memoirs *n* סיפור חיים
memorable *adj* בלתי נשכח
memorize *v* ללמוד בעל פה
memory *n* זכרון
men *n* גברים, אנשים
menace *n* סכנה
mend *v* לתקן
menopause *n* גיל המעבר
menstruation *n* וסת
mental *adj* מנטלי, נפשי
mentality *n* מנטליות
mentally *adv* נפשית
mention *v* להזכיר
mention *n* זכרון
menu *n* תפריט
merchandise *n* סחר
merchant *n* סוחר
merciful *adj* רחמן
merciless *adj* חסר רחמים
mercury *n* כספית
mercy *n* רחמים
merely *adv* רק
merge *v* למזג
merger *n* מיזוג
merit *n* זכות
merit *v* לזכות
mermaid *n* בת ים
merry *adj* שמח
mesh *n* רשת
mesmerize *v* להפנט
mess *n* בלגן
mess around *v* להשתולל
mess up *v* להרוס, לקלקל
message *n* הודעה
messenger *n* שליח
Messiah *n* משיח
messy *adj* מבולגן
metal *n* מתכת
metallic *adj* מטלי
metaphor *n* מטפורה
meteor *n* מטאור
meter *n* מטר
method *n* שיטה
methodical *adj* בצורה שיטתית
meticulous *adj* קפדן
metric *adj* מטרי
metropolis *n* מטרופולין
Mexican *adj* מקסיקני
mice *n* עכברים
microbe *n* מיקרוב
microphone *n* מיקרופון
microscope *n* מיקרוסקופ
microwave *n* מיקרוגל
midair *n* באויר
midday *n* אמצע היום
middle *n* אמצע
middleman *n* מתווך
midget *n* גמד
midnight *n* חצות
midsummer *n* אמצע הקיץ
midwife *n* מילדת
mighty *adj* אדיר
migraine *n* מיגרנה

migrant *n* מהגר
migrate *v* הגירה
mild *adj* מתון
mildew *n* עובש
mile *n* מייל
mileage *n* מספר המילין
milestone *n* אבן דרך
militant *adj* פעיל
milk *n* חלב
milky *adj* חלבי
mill *n* טחנה
millennium *n* מילניום
milligram *n* מיליגרם
millimeter *n* מילימטר
million *n* מיליון
millionaire *adj* מיליונר
mime *v* לחקות
mince *v* לטחון, לקצץ
mincemeat *n* בשר טחון
mind *v* להיות איכפת
mind *n* מח
mind-boggling *adj* מדהים
mindful *adj* זהיר
mindless *adj* חסר תקנה
mine *n* מוקש
mine *v* למקש
mine *pro* שלי
minefield *n* שדה מוקשים
miner *n* כורה
mineral *n* מינרל
mingle *v* לערבב
miniature *n* מיניאטורה
minimize *v* לצמצם
minimum *n* מינימום
miniskirt *n* חצאית מיני
minister *n* שר, כומר
minister *v* לשרת
ministry *n* משרד ממשלה
minor *adj* זעיר
minority *n* מיעוט
mint *n* מנטה
mint *v* לטבוע
minus *adj* פחות,מינוס
minute *n* דקה
miracle *n* נס
miraculous *adj* מופלא
mirage *n* חזיון
mirror *n* מראה
misbehave *v* להתפרע
miscalculate *v* לטעות בחישוב
miscarriage *n* הפלה
miscarry *v* להפיל
mischief *n* שובבות
mischievous *adj* שובבי
misconstrue *v* להבין לא נכון
misdemeanor *n* עבירה
miser *n* קמצן
miserable *adj* עלוב
misery *n* עליבות
misfit *adj* לא יצלח
misfortune *n* ביש מזל
misgivings *n* חששות
misguided *adj* מוטעה
misinterpret *v* לפרש שלא כהלכה

M

misjudge *v* להעריך לא נכון
mislead *v* להוליך שולל
misleading *adj* מטעה
mismanage *v* לנהל באפן כושל
misplace *v* לאבד
misprint *n* טעות בדפוס
miss *v* להתגעגע, לפספס
miss *n* פספוס
missile *n* טיל
missing *adj* נעדר
mission *n* מבצע
missionary *n* מסיונר
mist *n* ערפל
mistake *iv* לטעות
mistake *n* טעות
mistaken *adj* טועה
mister *n* אדון, מר
mistreat *v* להתעלל
mistreatment *n* התעללות
mistress *n* מאהבת
mistrust *n* חוסר אמון
mistrust *v* לא לסמוך
misty *adj* ערפילי
misunderstand *v* לא להבין
misuse *n* שימוש לא נכון
mitigate *v* לשכך
mix *v* לערבב
mixed-up *adj* מבולבל
mixer *n* מערבב
mixture *n* תערובת
mix-up *n* בלבול
moan *v* להיאנח
moan *n* אנחה
mob *v* להתנפל
mob *n* אספסוף
mobile *adj* נייד
mobilize *v* לגייס
mobster *n* בריון
mock *v* ללעוג
mockery *n* לעג
mode *n* צורה, אמצעי
model *n* מודל
moderate *adj* מתון
moderation *n* מתינות
modern *adj* מודרני
modernize *v* להפוך למודרני
modest *adj* צנוע
modesty *n* צניעות
modify *v* לשנות
module *n* מודול
moisten *v* להרטיב
moisture *n* לחות
molar *n* שן טוחנת
mold *v* לעצב
mold *n* תבנית, עובש
moldy *adj* מעופש
mole *n* חפרפר
molecule *n* פרודה
molest *v* להציק
mom *n* אמא
moment *n* רגע
momentarily *adv* לרגע
momentous *adj* חשוב
monarch *n* מולך

M

monarchy *n* מלכות
monastery *n* מנזר
monastic *adj* נזירי
Monday *n* יום שני
money *n* כסף
money order *n* המחאת כסף
monitor *v* לפקח
monk *n* נזיר
monkey *n* קוף
monogamy *n* מונוגמיה
monologue *n* מונולוג
monopoly *n* מונופול
monotonous *adj* חדגוני
monotony *n* חדגוניות
monster *n* מפלצת
monstrous *adj* מפלצתי
month *n* חודש
monthly *adv* חודשי
monument *n* אנדרטה
monumental *adj* עצום
mood *n* מצב רוח
moody *adj* מצוברח
moon *n* ירח
moor *v* להעגין
mop *v* לעשות ספונג'ה
moral *adj* מוסרי
moral *n* מוסרי
morality *n* מוסריות
more *adj* יותר
moreover *adv* יתר על כך
morning *n* בוקר
moron *adj* טמבל
morphine *n* מורפיום
morsel *n* ביס
mortal *adj* אנושי
mortality *n* אנושיות
mortar *n* טיח
mortgage *n* משכנתא
mortification *n* השפלה
mortify *v* להשפיל
mortuary *n* חדר-מתים
mosaic *n* פסיפס
mosque *n* מסגד
mosquito *n* יתוש
moss *n* טחב
most *adj* רוב
mostly *adv* לרוב
motel *n* מלון
moth *n* עש
mother *n* אמא
motherhood *n* אמהות
mother-in-law *n* חמות
motion *n* תנועה
motionless *adj* ללא תנועה
motivate *v* להמריץ
motive *n* מניע
motor *n* מנוע
motorcycle *n* אופנוע
motto *n* סיסמה
mouldy *adj* עבש
mount *n* הר
mount *v* לעלות על
mountain *n* הר
mountainous *adj* הררי

M

mourn 112

mourn *v* להתאבל
mourning *n* אבל, שכול
mouse *n* עכבר
mouth *n* פה
move *n* צעד
move *v* לזוז, לעבור בית
move back *v* לחזור
move forward *v* לזוז קדימה
move out *v* לצאת, לעזוב
move up *v* לעלות
movement *n* תנועה
movie *n* סרט
mow *v* לכסח
much *adv* הרבה
mucus *n* ליחה
mud *n* בוץ
muddle *n* לבלבל
muddy *adj* בוצי
muffle *v* להשתיק
muffler *n* משתיק קול
mug *v* לשדוד
mugging *n* שוד
mule *n* פרד
multiple *adj* כפול
multiplication *n* כפל
multiply *v* להכפיל
multitude *n* המון
mumble *v* למלמל
mummy *n* מומיה
mumps *n* חזרת
munch *v* לכרסם
munitions *n* תחמושת
murder *n* רצח
murderer *n* רוצח
murky *adj* בוצי
murmur *v* למלמל
murmur *n* מלמול
muscle *n* שריר
museum *n* מוזיאון
mushroom *n* פטריה
music *n* מוזיקה
musician *n* נגן
Muslim *adj* מוסלמי
must *iv* להיות חייב
mustache *n* שפם
mustard *n* חרדל
muster *v* לגייס
mutate *v* לעבור מוטציה
mute *adj* עילם
mutilate *v* לגרום למום
mutiny *n* התקוממות
mutually *adv* בצורה הדדית
muzzle *v* להשתיק
muzzle *n* חרטום
my *adj* שלי
myopic *adj* קצר ראיה
myself *pro* בעצמי
mysterious *adj* מיסתורי
mystery *n* תעלומה
mystic *adj* מיסטי
mystify *v* להכות בתמהון
myth *n* מיתוס

M

N

nag *v* לנדנד
nagging *adj* מנדנד
nail *n* מסמר
naive *adj* נאיבי
naked *adj* ערום
name *n* שם
namely *adv* בעיקר
nanny *n* מטפלת
nap *n* נמנום
napkin *n* מפית
narcotic *n* סם נרקוטי
narrate *v* לספר
narrow *adj* צר
narrowly *adv* בקושי
nasty *adj* מגעיל
nation *n* אומה
national *adj* לאומי
nationality *n* לאום
native *adj* מולד
natural *adj* טבעי
naturally *adv* כמובן
nature *n* טבעי
naughty *adj* שובב
nausea *n* בחילה
nave *n* מרכז הכנסיה
navel *n* טבור
navigate *v* לנווט
navigation *n* ניווט
navy *n* חיל הים
navy blue *adj* כחול כהה
near *pre* קרוב
nearby *adj* על יד, קרוב
nearly *adv* כמעט
nearsighted *adj* קצר ראיה
neat *adj* מסודר
neatly *adv* בצורה מסודרת
necessary *adj* הכרחי
necessitate *v* לחייב
necessity *n* צורך
neck *n* צוואר
necklace *n* שרשרת
necktie *n* עניבה
need *v* להיות צריך
need *n* צורך
needle *n* מחט
needless *adj* מיותר
needy *adj* עני
negative *adj* שלילי
neglect *v* להזניח
neglect *n* הזנחה
negligence *n* רשלנות
negligent *adj* רשלני
negotiate *v* לנהל משא ומתן
negotiation *n* ניהול משא ומתן
neighbor *n* שכן
neighborhood *n* שכונה
neither *adj* גם לא
neither *adv* אף אחד מ-
nephew *n* אחיין
nerve *n* עצבים
nervous *adj* עצבני

nest *n* קן
net *n* רשת
Netherlands *n* הולנד
network *n* רשת
neurotic *adj* נברותי
neutral *adj* ניטראלי
neutralize *v* לנטרל
never *adv* אף פעם
nevertheless *adv* אף על פי כן
new *adj* חדש
newborn *n* רך נולד
newcomer *n* פנים חדשות
newly *adv* לאחרונה
news *n* חדשות
newscast *n* משדר חדשות
newsletter *n* עלון חדשות
newspaper *n* עיתון
newsstand *n* קיוסק עיתונים
next *adj* הבא
next door *adj* על יד
nibble *v* לנשנש
nice *adj* נחמד
nicely *adv* בצורה יפה
nickname *n* שם חיבה
nicotine *n* ניקוטין
niece *n* אחיינית
night *n* לילה
nightfall *n* רדת החשיכה
nightgown *n* כותונת לילה
nightingale *n* בולבול
nightmare *n* סיוט
nine *adj* תשע
nineteen *adj* תשע עשרה
ninety *adj* תשעים
ninth *adj* תשעי
nip *n* נשיכה
nip *v* לנשוך
nipple *n* פתמה
nitpicking *adj* לחטט
nitrogen *n* חנקן
nobility *n* אצילות
noble *adj* אציל
nobleman *adj* בן אצולה
nobody *pro* אף אחד
nocturnal *adj* לילי
nod *v* להניד ראש
noise *n* רעש
noisily *adv* בצורה רועשת
noisy *adj* רועש
nominate *v* למנות
none *pre* אף אחד מ-
nonetheless *c* אף על פי כן
nonsense *n* שטויות
nonsmoker *n* לא מעשן
nonstop *adv* ללא הרף
noon *n* צהריים
noose *n* לולאה
no one *pro* אף אחד
nor *c* או
norm *n* תקן
normal *adj* נורמלי, רגיל
normalize *v* לנרמל
normally *adv* בדרל כלל
north *n* צפון

N

115 **nutty**

northeast *n* צפון מזרח
northern *adj* צפוני
northerner *adj* צפוני
Norway *n* נורווגיה
Norwegian *adj* נורווגי
nose *n* אף
nosedive *v* צניחה
nostalgia *n* נוסטלגיה
nostril *n* נחיר
nosy *adj* חטטן
not *adv* לא
notable *adj* ראוי לציון
notably *adv* בייחוד
notary *n* נוטריון
note *n* פתק
note *v* לציין
notebook *n* מחברת
noteworthy *adj* ראוי לציון
nothing *n* כלום
notice *v* לשים לב
notice *n* הודעה
noticeable *adj* בולט
notification *n* הודעה
notify *v* להודיע
notion *n* רעיון
notorious *adj* ידוע לשמצה
noun *n* שם עצם
nourish *v* להזין
nourishment *n* תזונה
novel *n* רומן
novelist *n* מחבר רומנים
novelty *n* חידוש
November *n* נובמבר
novice *n* מתחיל
now *adv* עכשיו, כרגע
nowadays *adv* היום
nowhere *adv* שום מקום
noxious *adj* רעיל
nozzle *n* זרבובית
nuance *n* ניואנס
nuclear *adj* גרעיני
nude *adj* עירום
nudism *n* נודיזם
nudist *n* נודיסט
nudity *n* עירום
nuisance *n* נודניק
null *adj* בטל
nullify *v* לפסול
numb *adj* רדום
number *n* מספר
numbness *n* חוסר תחושה
numerous *adj* המוני
nun *n* נזירה
nurse *n* אחות
nurse *v* לסעוד
nursery *n* גן
nurture *v* לטפח
nut *n* אגוז
nutrition *n* תזונה
nutritious *adj* מזין
nut-shell *n* בקיצור
nutty *adj* משוגע

N

O

oak *n* אלון
oar *n* משוט
oasis *n* אואזיס
oath *n* השבעה
oatmeal *n* שיבולת שועל
obedience *n* ציות
obedient *adj* צייתן
obese *adj* שמן
obey *v* לציית
object *v* להתנגד
object *n* אובייקט
objection *n* התנגדות
objective *n* יעד
obligate *v* להכריח
obligation *n* חובה
obligatory *adj* חובה
oblige *v* לחייב
obliged *adj* מחויב
oblique *adj* משופע
obliterate *v* להשמיד
oblivion *n* שכחון
oblivious *adj* שכחן
oblong *adj* מלבני
obnoxious *adj* דוחה
obscene *adj* מגונה
obscenity *n* ניבול פה
obscure *adj* מעורפל
obscurity *n* אלמוניות
observation *n* הערה
observatory *n* מצפה כוכבים
observe *v* לצפות
obsession *n* אובססיה
obsolete *adj* מיושן
obstacle *n* מכשול
obstinacy *n* קשות עורף
obstinate *adj* קשה עורף
obstruct *v* לחסום
obstruction *n* מחסום
obtain *v* להשיג
obvious *adj* מובן מאליו
obviously *adv* כמובן
occasion *n* אירוע
occasionally *adv* מדי פעם
occult *adj* כמוס
occupant *n* דייר
occupation *n* מקצוע
occupy *v* לכבוש, להחזיק
occur *v* לקרות
ocean *n* ים, אוקיינוס
October *n* אוקטובר
octopus *n* תמנון
ocurrence *n* מקרה
odd *adj* מוזר, פרד
oddity *n* מקרה מוזר
odds *n* סיכויים
odious *adj* נתעב
odometer *n* מד-רוחק
odor *n* ריח
odyssey *n* אודיסיאה
of *pre* מ-, של
off *adv* הלאה, מכאן

offend *v* להעליב
offense *n* עלבון
offensive *adj* מעליב
offer *v* להציע
offer *n* הצעה
offering *n* מנחה
office *n* משרד
officer *n* קצין
official *adj* רשמי
officiate *v* לכהן
offset *v* לקזז
offspring *n* ילדים
off-the-record *adj* שלא לציטוט
often *adv* לעתים תכופות
oil *n* שמן
ointment *n* משחה
okay *adv* בסדר
old *adj* זקן
old age *n* זיקנה
old-fashioned *adj* מיושן
olive *n* זית
olympics *n* אולימפיאדה
omelette *n* חביתה
omen *n* סימן
ominous *adj* מבשר רע
omission *n* השמטה
omit *v* להשמיט
on *pre* על
once *adv* פעם
once *c* פעם
one *adj* אחד
oneself *pre* עצמו
ongoing *adj* מתמשך
onion *n* בצל
onlooker *n* צופה
only *adv* רק
onset *n* תחילה
onslaught *n* הסתערות
onwards *adv* קדימה
opaque *adj* קהוי
open *v* לפתוח
open *adj* פתוח
open up *v* לפתוח
opening *n* פתח
openness *n* פתיחות
opera *n* אופרה
operate *v* לנתח, לפעול
operation *n* ניתוח
opinion *n* דעת
opinionated *adj* בעל שעות
opium *n* אופיום
opponent *n* יריב
opportune *adj* מתאים
opportunity *n* הזדמנות
oppose *v* להתנגד
opposite *adj* הפוך
opposite *adv* ההיפך
opposite *n* היפך
opposition *n* התנגדות
oppress *v* לדכא
oppression *n* דיכוי
opt for *v* לבחור
optical *adj* אופטי
optician *n* אופטיקאי

O

optimism 118

optimism *n* אופטימיזם
optimistic *adj* חיובי, אופטימי
option *n* אופציה, אפשרות
optional *adj* של בחירה
opulence *n* שפע
or *c* או
oracle *n* חוזה
orally *adv* דרך הפה
orange *n* תפוז
orangutan *n* אורנגוטן
orbit *n* מסלול של כוכב
orchard *n* פרדס
orchestra *n* תזמורת
ordain *v* להסמיך
ordeal *n* מסע
order *n* פקודה
ordinarily *adv* בדרך כלל
ordinary *adj* רגיל
ordination *n* סמיכה
ore *n* עפרה
organ *n* איבר
organism *n* אורגניזם
organist *n* אורגניסט
organization *n* ארגון
organize *v* לארגן
orient *n* מזרחי
oriental *adj* מזרחי
orientation *n* נווט
oriented *adj* מכוון
origin *n* מקור
original *adj* מקורי
originally *adv* במקור
originate *v* לנבוע מ-
ornament *n* קישוט
ornamental *adj* קישוטי
orphan *n* יתום
orphanage *n* בית יתומים
orthodox *adj* אורתודוכסי
ostentatious *adj* בולט לעין
ostrich *n* יען
other *adj* אחר
otherwise *adv* אחרת
otter *n* כלב נהר
ought to *iv* צריך
ounce *n* אונקיה
our *adj* שלנו
ours *pro* שלנו
ourselves *pro* בעצמינו
oust *v* להוציא
out *adv* החוצה
outbreak *n* התפרצות
outburst *n* התפרצות
outcast *adj* מנודה
outcome *n* תוצאה
outcry *n* המולה
outdated *adj* מיושן
outdo *v* לעלות על
outdoor *adv* בחוץ
outdoors *adv* בחוץ
outer *adj* חיצוני
outfit *n* ביגוד
outgoing *adj* חברותי
outgrow *v* לגדול מ
outing *n* טיול

O

outlaw *v* פושע
outlast *v* להאריך ימים
outlet *n* שקע
outline *n* שרטוט
outline *v* לשרטט
outlive *v* לחיות אחרי
outlook *n* השקפת עולם
outmoded *adj* מיושן
outnumber *v* לעלות במספר על
outpatient *n* חולה-חוץ
outperform *v* לעלות בביצוע על
outpouring *n* השתפכות
output *n* תפוקה
outrage *n* שערוריה
outrageous *adj* מזעזע
outright *adj* לגמרי
outrun *v* לרוץ יותר מהר מ
outset *n* תחילה
outshine *v* לעלות בביצוע על
outside *adv* בחוץ
outsider *n* זר
outskirts *n* פרברים
outspoken *adj* כן
outstanding *adj* יוצא מן הכלל
outstretched *adj* מושט
outward *adj* כלפי חוץ
outweigh *v* לשקול יותר מ-
oval *adj* אליפטי
ovary *n* שחלה
ovation *n* מחיאות כפיים
oven *n* תנור
over *pre* מעל
overall *adv* סך הכל
overbearing *adj* שטלתני
overboard *adv* מעבר לספינה
overcast *adj* מעונן
overcharge *v* להפקיע מחירים
overcoat *n* מעיל
overcome *v* להתגבר
overcrowded *adj* צפוף
overdo *v* להגזים
overdone *adj* מוגזם
overdose *n* מנת יתר
overdue *adj* באיחור
overestimate *v* להפריז בהערכה
overflow *v* לעלות על גדותיו
overhaul *v* לשפץ
overlap *v* לחפוף
overlook *v* להשמיט
overnight *adv* במשך הלילה
overpower *v* להכניע
overrate *v* להפריז בהערכה
override *v* לבטל
overrule *v* לדחות
overrun *v* לפלוש
overseas *adv* בחוץ לארץ
oversee *v* לפקח
overshadow *v* להטיל צל
oversight *n* השמטה
overstate *v* להגזים
overstep *v* לחרוג
overtake *v* להשיג
overthrow *v* להפיל
overthrow *n* מהפך

O

overtime *adv* שעות נוספות
overturn *v* להפוך
overview *n* סקירה כללית
overweight *adj* שמן
overwhelm *v* להכריע
owe *v* להיות חייב
owing to *adv* הודות ל-
owl *n* ינשוף
own *v* להיות בעלים של
own *adj* שלי, שלך
owner *n* בעל
ownership *n* בעלות
ox *n* שור
oxen *n* שוורים
oxygen *n* חמצן
oyster *n* צדף

O

P

pace *v* לקצב
pace *n* קצב
pacify *v* להרגיע
pack *v* לארוז
package *n* חבילה
pact *n* הסכם
pad *v* לרפד
padding *n* ריפוד
paddle *v* לשוט
padlock *n* מנעול
pagan *adj* פגאני
page *n* דף
pail *n* דלי
pain *n* כאב, מכאוב
painful *adj* כואב
painkiller *n* משכך כאבים
painless *adj* ללא כאבים
paint *v* לצבוע
paint *n* צבע
paintbrush *n* מכחול
painter *n* צבעי
painting *n* תמונה
pair *n* זוג, צמד
pajamas *n* פיג'מה
pal *n* ידיד
palace *n* ארמון
palate *n* חך
pale *adj* חיוור
paleness *n* חיוורון
palm *n* דקל, כף יד
palpable *adj* ממשי
paltry *adj* פעוט
pamper *v* לפנק
pamphlet *n* חוברת
pan *n* מחבט
pancreas *n* לבלב
pander *v* לעודד, לנצל
pang *n* כאב פתאומי
panic *n* פאניקה
panorama *n* פנורמה, נוף
panther *n* פנתר
pantry *n* ארון

121 **passage**

pants *n* מכנסיים
pantyhose *n* גרביונים
papacy *n* אפיפיורות
paper *n* נייר
paperclip *n* אטב נייר
paperwork *n* ניירת
parable *n* משל
parachute *n* מצנח
parade *n* מצעד
paradise *n* גן עדן
paradox *n* סתירה
paragraph *n* פסקה
parakeet *n* תוכון
parallel *n* מקביל
paralysis *n* שיתוק
paralyze *v* לשתק
parameters *n* גבולות
paramount *adj* גדול ביותר
paranoid *adj* פרנויד
parasite *n* פרזיט
paratrooper *n* צנחן
parcel *n* חבילה
parcel post *n* חבילת דואר
parched *adj* צמא
parchment *n* קלף
pardon *v* לסלוח
pardon *n* סליחה, חנינה
parenthesis *n* מרחאות
parents *n* הורים
parish *n* קהילה
parishioner *n* חבר בקהילה
parity *n* שוויון
park *v* לחנות
park *n* חניה
parking *n* חניה
parliament *n* פרלמנט
parochial *adj* קרתני, צר אופק
parrot *n* תוכי
parsley *n* פטרוזיליה
parsnip *n* גזר לבן
part *v* להפריד, לחלק
part *n* חלק
partial *adj* חלקי
partially *adv* חלקית
participate *v* להשתתף
participation *n* שיתוף
participle *n* משתתף
particle *n* חלקיק
particular *adj* מיוחד
particularly *adv* במיוחד
parting *n* פרידה
partisan *n* פרטיזן
partition *n* חלוקה
partly *adv* בחלקו
partner *n* שותף
partnership *n* שותפות
partridge *n* חוגלה
party *n* מסיבה
pass *n* מעבר
pass *v* לעבור
pass around *v* להעביר
pass away *v* למות
pass out *v* להתעלף
passage *n* מעבר

P

passenger 122

passenger *n* נוסע
passer-by *n* עובר אורח
passion *n* תשוקה
passionate *adj* תשוקתי
passive *adj* פאסיבי
passport *n* דרכון
password *n* צופן
past *adj* קודם
paste *v* להדביק
paste *n* דבק
pasteurize *v* לפסטר
pastime *n* תחביב
pastor *n* רועה, מנהיג רוחני
pastoral *adj* פסטורלי
pastry *n* בצק
pasture *n* אחוז
pat *n* טפיחה
patch *v* לטלא
patch *n* טלאי
patent *n* פטנט
patent *adj* פטנט
paternity *n* אבהות
path *n* שביל, דרך
pathetic *adj* פתטי
patience *n* סבלנות
patient *adj* סבלני
patio *n* מרפסת
patriarch *n* פטריארך
patrimony *n* נחלת אבות
patriot *n* פטריוט
patriotic *adj* פטריוטי
patrol *n* סיור
patron *n* פטרון, תומך
patronage *n* פטרונות
patronize *v* חסדנות
pattern *n* תבנית
pavement *n* מדרכה
pavilion *n* ביתן
paw *n* רגל
pawn *v* למשכן
pawnbroker *n* משכונאי
pay *n* תשלום
pay *iv* לשלם
pay back *v* להחזיר
pay off *v* להחזיר תשלום
payable *adj* לתשלום
paycheck *n* תלוש משכורת
payee *n* מקבל תשלום
payment *n* תשלום
payroll *n* רשימת שכר
payslip *n* תלוש משכורת
pea *n* אפונה
peace *n* שלום
peaceful *adj* שלו
peach *n* אפרסק
peacock *n* טווס
peak *n* פסגה
peanut *n* בוטן
pear *n* אגס
pearl *n* פנינה
peasant *n* איכר
pebble *n* אבן קטנה
peck *v* לנקר
peck *n* ניקור

P

123 persistent

peculiar *adj* מוזר
pedagogy *n* פדגוגיה
pedal *n* דוושה
pedantic *adj* פדנטי
pedestrian *n* הולך רגל
peel *v* לקלף
peel *n* קליפה
peep *v* לציץ
peer *n* להביט
pelican *n* סקנאי
pellet *n* גלולה
pen *n* עט
penalize *v* להעניש
penalty *n* עונש
penance *n* חרטה
penchant *n* נטיה
pencil *n* עפרון
pendant *n* תליון
pending *adj* תלוי ועומד
pendulum *n* מטוטלת
penetrate *v* לחדור
penguin *n* פינגווין
penicillin *n* פניצילין
peninsula *n* חצי אי
penitent *n* חוזר בתשובה
penniless *adj* חסר פרוטה
penny *n* סנט
pension *n* פנסיה
pentagon *n* מחומש
pent-up *adj* סגור, מסוגר
people *n* אנשים
pepper *n* פלפל
per *pre* ל-
perceive *v* לתפוס
percent *adv* אחוז
percentage *n* אחוז
perception *n* הבחנה
perennial *adj* רב שנתי
perfect *adj* מושלם
perfection *n* שלמות
perforate *v* לחורר
perforation *n* חור
perform *v* להופיע
performance *n* הופעה
perfume *n* בושם
perhaps *adv* אולי
peril *n* סכנה
perilous *adj* מסוכן
perimeter *n* היקף
period *n* תקופה, נקודה
perish *v* להשמיד
perishable *adj* בר השמדה
perjury *n* עדות שקר
permanent *adj* קבוע
permeate *v* לחלחל
permission *n* רשות
permit *v* להרשות
pernicious *adj* ממאיר
perpetrate *v* לבצע
persecute *v* לתבוע
persevere *v* להתמיד
persist *v* להתמיד
persistence *n* התמדה
persistent *adj* מתמיד

P

person 124

person *n* בן אדם
personal *adj* אישי
personality *n* אישיות
personify *v* להאניש
personnel *n* כח אדם
perspective *n* פרספקטיבה
perspiration *n* זיעה
perspire *v* להזיע
persuade *v* לשכנע
persuasion *n* שכנוע
persuasive *adj* משכנע
pertain *v* להיות שייך
pertinent *adj* רלוונטי
perturb *v* להדאיג
perverse *adj* סוטה
pervert *v* סוטה
pervert *adj* סוטה
pessimism *n* פסימיות
pessimistic *adj* פסימי
pest *n* נודניק
pester *v* להציק
pesticide *n* קוטל חרקים
pet *n* חיית מחמד
petal *n* עלה כותרת
petite *adj* קטנה
petition *n* עצומה
petrified *adj* מבועט
petroleum *n* נפט
pettiness *n* קטנוניות
petty *adj* קטנוני
pew *n* מושב
phantom *n* רוח רפאים
pharmacist *n* רוקח
pharmacy *n* בית מרקחת
phase *n* שלב
pheasant *n* פסיון
phenomenon *n* תופעה
philosopher *n* פילוסוף
philosophy *n* פילוסופיה
phobia *n* פוביה
phone *n* טלפון
phone *v* לטלפן
phoney *adj* מזויף
phosphorus *n* זרחני
photo *n* צילום
photocopy *n* צילום
photograph *v* לצלם
photographer *n* צלם
photography *n* צילום
phrase *n* משפט
physically *adj* פיזית
physician *n* רופא
physics *n* פיזיקה
pianist *n* פסנתרן
piano *n* פסנתרן
pick *v* לבחור, לקטוף
pick up *v* להרים
pickpocket *n* כייס
pickup *n* איסוף
picture *n* תמונה
picture *v* תמונה
picturesque *adj* ציורי
pie *n* פאי
piece *n* חתיכה

P

125 **platform**

piecemeal *adv* קצת
pier *n* מזח
pierce *v* לנקב
piercing *n* ניקוב
piety *n* אדיקות
pig *n* חזיר
pigeon *n* יונה
piggy bank *n* קופה קטנה
pile *v* לערום
pile *n* ערימה
pile up *v* לערום
pilfer *v* לגנוב
pilgrim *n* צליין
pilgrimage *n* עליה לרגל
pill *n* כדור
pillage *v* לבזוז
pillar *n* עמוד
pillow *n* כר
pillowcase *n* ציפית
pilot *n* טייס
pimple *n* אבעבועה
pin *n* סיכה
pincers *n* מלקחיים
pinch *v* לצבות
pinch *n* צביתה
pine *n* אורן
pineapple *n* אננס
pink *adj* ורוד
pinpoint *v* לאתר במדויק
pint *n* פיינט
pioneer *n* חלוץ
pious *adj* אדוק
pipe *n* צינור, מקטרת
pipeline *n* קו צינור
piracy *n* שודד ים
pirate *n* שודד ים
pistol *n* אקדח
pit *n* בור
pitch-black *adj* עלטה גמורה
pitchfork *n* קלשון
pitfall *n* מכשול
pitiful *adj* מעורר רחמים
pity *n* רחמים
placard *n* כרזה
placate *v* לרצות
place *n* מקום
placid *adj* שלו
plague *n* מגפה
plain *n* שפלה
plain *adj* פשוט
plainly *adv* ברור
plaintiff *n* תובע
plan *v* לתכנן
plan *n* תוכנית
plane *n* מטוס, שפלה
planet *n* כוכב
plant *v* לשתול
plant *n* צמח
plaster *n* אגד מדבק, גבס
plaster *v* לגבס
plastic *n* פלסטיק
plate *n* צלחת
plateau *n* מישור
platform *n* במה

P

platinum 126

platinum *n* פלטינום
platoon *n* מחלקה
plausible *adj* סביר
play *v* לשחק
play *n* הצגה, מחזה
player *n* שחקן
playful *adj* משעשע
playground *n* גן שעשועים
plea *n* תחינה
plead *v* להתחנן
pleasant *adj* נעים
please *v* בבקשה
pleasing *adj* מהנה
pleasure *n* תענוג
pleat *n* כפל
pleated *adj* קפלים
pledge *v* להישבע
pledge *n* שבועה
plentiful *adj* בשפע
plenty *n* רב
pliable *adj* גמיש
pliers *n* צבט
plot *v* לקשור, לזמום
plot *n* חלקה, משימה
plow *v* לחרוש
ploy *n* תכסיס
pluck *v* לתלוש
plug *v* לפקוק
plug *n* פקק
plum *n* שזיף
plumber *n* שרברב
plumbing *n* צנרת
plummet *v* ליפול מטה
plump *adj* שמנמן
plunder *v* גזל
plunge *v* לצלול
plunge *n* צלילה, נפילה
plural *n* רבים
plus *adv* ועוד
plush *adj* מפואר
plutonium *n* פלוטוניח
pneumonia *n* דלקת ריאות
pocket *n* כיס
poem *n* שיר
poet *n* משורר
poetry *n* שירה
poignant *adj* נוגה
point *n* נקודה
point *v* להצביע על
pointed *adj* מחודד
pointless *adj* חסר תועלת
poise *n* תנוחה
poison *v* להרעיל
poison *n* רעל
poisoning *n* הרעלה
poisonous *adj* רעיל
Poland *n* פולין
polar *adj* של הקוטב
pole *n* קוטב, עמוד
police *n* משטרה
policeman *n* שוטר
policy *n* מדיניות
Polish *adj* פולני
polish *n* צחצוח

P

pothole

polish *v* לצחצח
polite *adj* מנומס
politeness *n* נימוסים
politician *n* פוליטיקאי
politics *n* פוליטיקה
poll *n* סקר
pollen *n* אבקה
pollute *v* לזהם
pollution *n* זיהום
polygamy *n* פוליגמיה
pomegranate *n* רימון
pomposity *n* יהירות
pond *n* בריכת מים
ponder *v* לתהות
pontiff *n* אפיפיור
pool *n* בריכה
pool *v* לרכז
poor *n* עני
poorly *adv* גרוע
popcorn *n* פופקורן
Pope *n* אפיפיור
poppy *n* פרג
popular *adj* פופולרי
popularize *v* לפשט
populate *v* לאכלס
population *n* אוכלוסיה
porcelain *n* פורצלין
porch *n* מרפסת
porcupine *n* קיפוד
pore *n* נקב
pork *n* בשר חזיר
porous *adj* נקבובי
port *n* נמל
portable *adj* נייד
portent *n* סימן לבאות
porter *n* סבל
portion *n* חלק
portrait *n* ציור עצמי
portray *v* לתאר
Portugal *n* פורטוגל
Portuguese *adj* פורטוגזי
pose *v* להציג תנוחה
posh *adj* מהודר
position *n* מיקום
positive *adj* חיובי, בטוח
possess *v* להחזיק
possession *n* רכוש, בעלות
possibility *n* אפשרות
possible *adj* אפשרי
post *n* דואר
post office *n* בית הדואר
postage *n* משלוח דואר
postcard *n* גלויה
poster *n* כרזה
posterity *n* דורות הבאים
postman *n* דוור
postmark *n* חותמת דואר
postpone *v* לדחות
postponement *n* דחיה
pot *n* סיר
potato *n* תפוח אדמה
potent *adj* חזק
potential *adj* יכולת
pothole *n* בור

P

poultry *n* עוף
pound *v* להלום
pound *n* ליברה
pour *v* למזוג
poverty *n* עוני
powder *n* אבקה
power *n* כוח
powerful *adj* חזק
powerless *adj* חסר ישע
practical *adj* פרקטי
practice *v* להתמחות
practise *v* להתאמן
practising *adj* מתאמן
pragmatist *adj* מעשי
prairie *n* ערבה
praise *v* לשבח
praise *n* שבח
praiseworthy *adj* ראוי לשבח
prank *n* בדיחה
prawn *n* סרטן
pray *v* להתפלל
prayer *n* תפילה
preach *v* להטיף
preacher *n* מטיף
preaching *n* להטיף
preamble *n* מבוא
precarious *adj* לא יציב
precaution *n* זהירות
precede *v* להתקדם
precedent *n* תקדים
preceding *adj* מקדים
precept *n* עדות
precious *adj* יקר
precipice *n* פי תהום
precipitate *v* לזרז
precise *adj* מדויק
precision *n* דיוק
precocious *adj* מבוכר
precursor *n* מבשר
predecessor *n* קודם
predicament *n* מצב קשה
predict *v* לנבא
prediction *n* נבואה
predilection *n* העדפה
predisposed *adj* נטייה
predominate *v* להיות הרוב
preempt *v* להקדים
prefabricate *v* קדם יצור
preface *n* הקדמה
prefer *v* להעדיף
preference *n* העדפה
prefix *n* קידומת
pregnancy *n* הריון
pregnant *adj* בהריון
prehistoric *adj* פרה-היסטורי
prejudice *n* דעה קדומה
preliminary *adj* ראושני
prelude *n* הקדמה
premature *adj* מוקדם
premeditate *v* לתכנן מראש
premeditation *n* תכנון מראש
premier *adj* ראשי
premise *n* הנחת יסוד
premises *n* חצרים

P

129 prison

premonition *n* תחושה מוקדמת
preoccupation *n* עיסוק
preoccupy *v* להעסיק את הדעת
preparation *n* הכנה
prepare *v* להתכונן
preposition *n* מילת יחס
prerequisite *n* תנאי מוקדם
prerogative *n* זכות
prescribe *v* לרשום
prescription *n* מרשם
presence *n* נוכחות
present *adj* נוכחי
present *v* להעניק
presentation *n* מצגת
preserve *v* לשמור, לשמר
preside *v* לכהן
presidency *n* נשיאות
president *n* נשיא
press *n* מכבש
press *v* ללחוץ
pressing *adj* לוחץ
pressure *v* להפעיל לחץ
pressure *n* לחץ
prestige *n* יוקרה
presume *v* להניח
presumption *n* הנחת יסוד
presuppose *v* להניח מראש
presupposition *n* הנחה מראש
pretend *v* להעמיד פנים
pretense *n* טוענת שווא
pretension *n* יומרה
pretty *adj* יפה
prevail *v* לגבור
prevalent *adj* נפוץ
prevent *v* למנוע
prevention *n* מניעה
preventive *adj* מונע
preview *n* תצוגה מקדימה
previous *adj* קודם
previously *adv* קודם
prey *n* טרף
price *n* מחיר
pricey *adj* יקר
prick *v* לדקור
pride *n* גאווה
priest *n* כומר
priestess *n* כוהנת
priesthood *n* כהונה
primacy *n* עליונות
primarily *adv* בראש ובראשונה
prime *adj* ראשוני
primitive *adj* פרימיטיבי
prince *n* נסיך
princess *n* נסיכה
principal *adj* עיקרי
principle *n* עקרון
print *v* להדפיס
print *n* דפוס
printer *n* מדפסת
printing *n* הדפסה
prior *adj* קודם
priority *n* עדיפות
prism *n* פריזמה
prison *n* בית סוהר, כלא

P

prisoner *n* אסיר
privacy *n* פרטיות
private *adj* פרטי
privilege *n* זכות יתר
prize *n* פרס
probability *n* סבירות
probable *adj* סביר
probe *v* לבדוק
probing *n* בוּ ק
problem *n* בעיה
problematic *adj* בעייתי
procedure *n* תהליך, פרוצדורה
proceed *v* להתקדם
proceedings *n* מהלכים
proceeds *n* מקדים
process *v* לעבד
process *n* תהליך
procession *n* תהלוכה
proclaim *v* להצהיר
proclamation *n* הצהרה
procrastinate *v* להתמהמה
procreate *v* להוליד, ליצור
procure *v* להשיג
prod *v* לדרבן
prodigious *adj* מפליא
prodigy *n* פלא
produce *v* ליצר
produce *n* תוצרת
product *n* מוצר
production *n* יצור
productive *adj* יצרני
profane *adj* חולין, חילוני
profess *v* להתיימר
profession *n* מקצוע
professional *adj* מקצוען
professor *n* פרופסור
proficiency *n* בקיאות
proficient *adj* בקיא
profile *n* פרופיל
profit *v* להרוויח
profit *n* רווח
profitable *adj* רווחי
profound *adj* עמוק
program *n* תכנית
programmer *n* מתכנת
progress *v* להתקדם
progress *n* התקדמות
progressive *adj* מתקדם
prohibit *v* לאסור
prohibition *n* איסור
project *v* להקרין, להשליך
project *n* פרוייקט
projectile *n* קלע
prologue *n* הקדמה
prolong *v* להאריך
promenade *n* טיילת
prominent *adj* בולט
promiscuous *adj* מופקר
promise *n* הבטחה
promote *v* לקדם
promotion *n* קידום
prompt *adj* פקודה
prone *adj* נוטה
pronoun *n* כינוי

P

131 public

pronounce *v* לבטא
proof *n* הוכחה
propaganda *n* תעלומה
propagate *v* להפיץ
propel *v* להניע
propensity *n* נטיה
proper *adj* נאות
properly *adv* כיאות
property *n* נכס
prophecy *n* נבואה
prophet *n* נביא
proportion *n* פרופורציה
proposal *n* הצעה
propose *v* להציע
proposition *n* הצעה
prose *n* פרוזה
prosecute *v* לתבוע
prosecutor *n* תובע
prospect *n* תחזית, נקודת מבט
prosper *v* לשגשג
prosperity *n* שגשוג
prosperous *adj* משגשג
prostate *n* ערמונית
prostrate *adj* להשתטח
protect *v* להגן
protection *n* הגנה
protein *n* חלבון
protest *v* למחות
protest *n* מחאה
protocol *n* פרוטוקול
prototype *n* אב-טיפוס
protract *v* להאריך
protracted *adj* מוארך
protrude *v* לבלוט
proud *adj* גאה
proudly *adv* בגאווה
prove *v* להוכיח
proven *adj* מוכח
proverb *n* משל
provide *v* לספק
providence *n* השגחה עליונה
providing that *c* ובלבד
province *n* מחוז
provision *n* אספקה
provisional *adj* זמני
provocation *n* גירוי
provoke *v* לגרות
prow *n* חרטום
prowl *v* לשחר לטרף
proximity *n* קירוב
proxy *n* בא כוח, הרשאה
prudence *n* זהירות
prudent *adj* זהיר
prune *v* לגזום
prune *n* שזיף
prurient *adj* תאוותן
pseudonym *n* שם בדוי
psychiatrist *n* פסיכיאטר
psychiatry *n* פסיכיאטריה
psychic *adj* מדיום, רוחני
psychology *n* פסיכולוגיה
psychopath *n* פסיכופט
puberty *n* גיל ההתבגרות
public *adj* ציבורי

P

publication *n* הוצאה לאור
publicity *n* פרסום
publicly *adv* בפומבי
publish *v* להוציא לאור
publisher *n* מוציא לאור
pudding *n* פודינג
puerile *adj* ילדותי
puff *n* נשוף
puffed *adj* נשוף
pull *v* למשוך
pull ahead *v* להתקדם
pull down *v* להרוס
pull out *v* לצאת מ-, להוציא
pulley *n* גלגלת
pulp *n* עיסה
pulpit *n* דוכן
pulsate *v* לפעום
pulse *n* דופק
pulverize *v* לכתוש
pump *v* לשאוב
pump *n* משאבה
pumpkin *n* דלעת
punch *v* להרביץ
punch *n* מכה
punctual *adj* בזמן
puncture *n* לנקוב
punish *v* להעניש
punishable *adj* בר ענישה
punishment *n* עונש
pupil *n* תלמיד
puppet *n* בובה
puppy *n* גור

purchase *v* לקנות
purchase *n* קניה
pure *adj* טהור
puree *n* פירה
purgatory *n* עולם הטיהור
purge *n* טהור
purge *v* לטהר
purification *n* טיהור
purify *v* לטהר
purity *n* טהרה
purple *adj* סגול
purpose *n* תכלית
purposely *adv* בכוונה
purse *n* ארנק
pursue *v* לרדוף
pursuit *n* מרדף
pus *n* מוגלה
push *v* לדחוף
pushy *adj* נדחף
put *iv* לשים
put aside *v* לשים בצד
put away *v* לשמור
put off *v* לדחות
put out *v* לשלם
put up *v* לתלות
put up with *v* לסבול
putrid *adj* רקוב
puzzle *n* תצרף
puzzling *adj* לא ברור
pyramid *n* פירמידה
python *n* פיתון

Q

quagmire *n* ביצה
quail *n* שלו
quake *v* לרעוד
qualify *v* להגיע לתוצאה
quality *n* מאפיין
qualm *n* נקיפות מצפון
quandery *n* תעלומה?
quantity *n* כמות
quarrel *v* להתווכח
quarrel *n* ויכוח
quarrelsome *adj* וכחני
quarry *n* מחצבה
quarter *n* רבע
quarterly *adj* רבעוני
quarters *n* מגורים, רבעים
quash *v* למעוך, לבטל
queen *n* מלכה
queer *adj* הומוסקסואל
quell *v* לעצור
quench *v* להרוות
quest *n* מסע
question *v* לשאול
question *n* שאלה
questionable *adj* מוטל בספק
questionnaire *n* שאלון
queue *n* תור
quick *adj* מהיר
quicken *v* לזרז
quickly *adv* במהירות
quicksand *n* חול טובעני
quiet *adj* שקט
quietness *n* שקט
quilt *n* פוך
quit *iv* להפסיק
quite *adv* די
quiver *v* לרעוד
quiz *v* חידון
quotation *n* ציטוט
quote *v* לצטט
quotient *n* מכסה

R

rabbi *n* רב
rabbit *n* ארנב
rabies *n* כלבת
raccoon *n* דביבון
race *v* להתחרות
race *n* מירוץ, גזע
racism *n* גזענות
racist *adj* גזעני
racket *n* מחבט, מהומה
racketeering *n* סחיטה
radar *n* מכ"ם
radiation *n* קרינה
radiator *n* מקרן, רדיאטור
radical *adj* קיצוני
radio *n* רדיו

radish *n* צנונית
radius *n* רדיוס
raffle *n* הגרלה
raft *n* רפסודה
rag *n* סמרטוט
rage *n* כעס
ragged *adj* מרופט
raid *n* פשיטה
raid *v* לפשוט
raider *n* פושט
rail *n* מסילה
railroad *n* מסילת רכבת
rain *n* גשם
rain *v* לרדת גשם
rainbow *n* קשת בענן
raincoat *n* מעיל גשם
rainfall *n* מטר
rainy *adj* גשום
raise *n* עליה במשכורת
raise *v* להרים
raisin *n* צימוק
rake *n* מגרפה
rally *n* מפגן
ram *n* איל
ram *v* להלום
ramification *n* הסתעפות
ramp *n* רמפה
rampage *v* להשתולל
rampant *adj* משתולל
ranch *n* חווה
rancor *n* משטמה
randomly *adv* באקראי
range *n* טווח
rank *n* דרגה
rank *v* לדרג
ransack *v* לחטט
rape *v* לאנוס
rape *n* אונס
rapid *adj* מהיר
rapist *n* אנס
rapport *n* הבנה
rare *adj* נדיר
rarely *adv* נדיר
rascal *n* בן בליעל
rash *n* פריחה
raspberry *n* פטל
rat *n* עכברוש
rate *n* תעריף
rather *adv* ליתר דיוק
ratification *n* אשרור
ratify *v* לאשרר
ratio *n* יחס
ration *v* לקצוב
ration *n* קצובה
rational *adj* הגיוני
rationalize *v* ליעל
rattle *v* טרטור, רעשן
ravage *v* להרוס
ravage *n* הרס
raven *n* עורב
ravine *n* נחל
raw *adj* נע
ray *n* קרן
raze *v* לגלח

R

135 **recognition**

razor *n* סכין גילוח
reach *v* להגיע
reach *n* טווח יד
react *v* להגיב
reaction *n* תובה
read *iv* לקרוא
reader *n* קורא
readiness *n* מוכנות
reading *n* קריאה
ready *adj* מוכן
real *adj* אמיתי
realism *n* ריאליזם
reality *n* מציאות
realize *v* להבין
really *adv* באמת
realm *n* ממלכה
realty *n* מציאות
reap *v* לקצור
reappear *v* להופיע מחדש
rear *v* להרים
rear *n* אחורי, לגדל
rear *adj* אחורי
reason *v* לטעון, לנמק
reason *n* סיבה
reasonable *adj* שקול
reasoning *n* שוקל דעת
reassure *v* להרגיע
rebate *n* הנחה
rebel *v* למרוד
rebel *n* מורד
rebellion *n* מרד
rebirth *n* לידה מחדש
rebound *v* לחזור
rebuff *v* להדוף
rebuff *n* הדיפה
rebuild *v* לבנות מחדש
rebuke *v* לנזוף
rebuke *n* נזיפה
rebut *v* לסתור
recall *v* לזכור
recant *v* לחזור בן
recap *v* לסכם
recapture *v* לכבוש מחדש
recede *v* לסגת
receipt *n* קבלה
receive *v* לקבל
recent *adj* לאחרונה
reception *n* קבלה
receptionist *n* פקיד קבלה
receptive *adj* פתוח
recess *n* הפסקה
recession *n* שפל
recharge *v* להטעין
recipe *n* מתכון
reciprocal *adj* הדדי
recital *n* מופע
recite *v* לדקלם
reckless *adj* לא זהיר
reckon *v* לחשב
reckon on *v* לסמוך
reclaim *v* לתבוע מחדש
recline *v* להישען
recluse *n* מתבודד
recognition *n* זיהוי

R

recognize *v* לזהות, להכיר
recollect *v* להיזכר
recollection *n* זכרון
recommend *v* להמליץ
recompense *v* לגמול
recompense *n* שמול
reconcile *v* להשלים
reconsider *v* לשקול מחדש
reconstruct *v* לשחזר
record *v* להקליט
record *n* רשומה
recorder *n* מקליט
recording *n* הקלטה
recount *n* לספור
recoup *v* לקבל בחזרה
recourse *v* לפנות
recourse *n* פניה
recover *v* להחלים
recovery *n* החלמה
recreate *v* מחדש
recreation *n* נופש
recruit *v* לגייס
recruit *n* מגוייס
recruitment *n* גיוס
rectangle *n* מלבן
rectangular *adj* מלבני
rectify *v* לתקן
rector *n* כומר
rectum *n* פי טבעת
recuperate *v* להבריא
recur *v* לחזור חלילה
recurrence *n* הישנות
recycle *v* לשחזר
red *adj* אדום
red tape *n* ביורוקרטיה
redden *v* להאדים
redeem *v* לפדות
redemption *n* פדיון
red-hot *adj* חם לוהט
redo *v* לעשות שוב
redouble *v* להגדיל
redress *v* להלביש שוב
reduce *v* לצמצם
redundant *adj* מיותר
reed *n* קנה סוף
reef *n* שונית
reel *n* גליל
reelect *v* לבחור שנית
reenactment *n* לשחזר
reentry *n* כניסה מחדש
refer to *v* להפנות
referee *n* שופט
reference *n* המלצה
referendum *n* משאל עם
refill *v* למלא מחדש
refinance *v* לתקצב
refine *v* לזקק
refinery *n* מזקקה
reflect *v* להשקיף
reflection *n* השקפה
reflexive *adj* תגובתי
reform *v* לשפר
reform *n* תקנה
refrain *v* למנוע

R

137 **relegate**

refresh *v* לרענן
refreshing *adj* מרענן
refreshment *n* כיבוד
refrigerate *v* לקרר
refuel *v* לתדלק
refuge *n* מקלט
refugee *n* פליט
refund *v* להחזיר כסף
refund *n* החזר כספים
refurbish *v* ללטש
refusal *n* סירוב
refuse *v* לסרב
refuse *n* זבל
refute *v* להפריך
regain *v* לקבל בחזרה
regal *adj* מלכותי
regard *v* להביט על
regarding *pre* בקשר ל
regardless *adv* ללא קשר
regards *n* דרישת שלום
regeneration *n* התחדשות
regent *n* מולך
regime *n* משטר
regiment *n* גדוד
region *n* איזור
regional *adj* איזורי
register *v* לרשום, להירשם
registration *n* הרשמה
regret *v* להתחרט
regret *n* חרטה
regrettable *adj* מצער
regularity *n* תדירות
regularly *adv* בתדירות
regulate *v* לווסת
regulation *n* תקנה, ויסות
rehabilitate *v* לשקם
rehearsal *n* חזרה
rehearse *v* לערוך חזרה
reign *v* למלוך
reign *n* מלוכה
reimburse *v* להחזיר כסף
reimbursement *n* החזר כספים
rein *v* לרסן
rein *n* רסן
reindeer *n* איל צפון
reinforce *v* לתחזק
reinforcements *n* תגבור
reiterate *v* לשנן, לשנות
reject *v* לדחות
rejection *n* דחיה
rejoice *v* לשמוח
rejoin *v* לצרף מחדש
rejuvenate *v* להצעיר
relapse *n* הרעה
related *adj* קשור
relationship *n* קשר, יחס
relative *adj* יחסי
relative *n* קרוב משפחה
relax *v* להירגע
relax *n* הרגעה
relaxing *adj* מרגיע
relay *v* להעביר
release *v* לשחרר
relegate *v* להוריד

R

relent *v* להתרכך
relentless *adj* חסר רחמים
relevant *adj* רלוונטי
reliable *adj* אמין
reliance *n* הסתמכות
relic *n* שריד
relief *n* פורקן
relieve *v* להקל, להחליף
religion *n* דת
religious *adj* דתי
relinquish *v* לנטוש
relish *v* להתענג
relive *v* לחיות מחדש
relocate *v* למקם מחדש
relocation *n* מיקום מחדש
reluctant *adj* רצון
reluctantly *adv* בעל כורחו
rely on *v* לסמוך על
remain *v* להישאר
remainder *n* שארית
remaining *adj* שנשאר
remains *n* שאריות
remake *v* ליצור מחדש
remark *v* להעיר
remark *n* הערה
remarkable *adj* ראוי לציון
remarry *v* להינשא בשנית
remedy *v* ריפוי
remedy *n* מרפא
remember *v* לזכור
remembrance *n* אזכרה
remind *v* להזכיר
reminder *n* אזכור
remission *n* הפוגה
remit *v* למחול, להפחית
remittance *n* משלוח
remnant *n* שריד
remodel *v* לעצב מחדש
remorse *n* חרטה
remorseful *adj* מתחרט
remote *adj* רחוק
removal *n* הסרה
remove *v* להוציא
remunerate *v* לשלם שכר
renew *v* לחדש
renewal *n* חידוש
renounce *v* להתכחש
renovate *v* לשפץ
renovation *n* שיפוץ
renowned *adj* בעל שם
rent *v* לשכור
rent *n* השכרה
reorganize *v* ארגון מחדש
repair *v* לתקן
reparation *n* תיקון
repatriate *v* לחזור למולדת
repay *v* להחזיר כסף
repayment *n* החזר כספים
repeal *v* לבטל חוק
repeal *n* ביטול חוק
repeat *v* לחזור שנית
repel *v* להדוף
repent *v* לחזור בתשובה
repentance *n* חזרה בתשובה

R

139 **resounding**

repetition *n* חזרה על
replace *v* להחליף
replacement *n* תחליף
replay *n* משחק חוזר
replenish *v* חידוש מלאי
replete *adj* מלא
replica *n* העתק
replicate *v* לשכפל
reply *v* לענות
reply *n* תשובה
report *v* לדווח
report *n* דין וחשבון
reportedly *adv* לכאורה
reporter *n* עיתונאי
repose *v* לנוח
repose *n* מנוחה
represent *v* לייצג
repress *v* לדכא
repression *n* דיכוי
reprieve *n* ארכה, דחיה
reprint *v* להדפיס מחדש
reprint *n* הדפס
reprisal *n* תגמול
reproach *v* להוכיח
reproach *n* תוכחה
reproduce *v* לרבות
reproduction *n* שעתוק
reptile *n* זוחל
republic *n* רפובליקה
repudiate *v* להתכחש
repugnant *adj* דוחה
repulse *v* הדיפה
repulse *n* להדוף
repulsive *adj* דוחה
reputation *n* מוניטין
reputedly *adv* על פי השמועה
request *v* לבקש
request *n* בקשה
require *v* לדרוש
requirement *n* תנאי, דרישה
rescue *v* להציל
rescue *n* הצלה
research *v* לחקור
research *n* מחקר
resemblance *n* דמיון
resemble *v* להיות דומה
resent *v* להתרעם
resentment *n* תרעומת
reservation *n* הזמנה
reserve *v* לשמור
reservoir *n* מאגר
reside *v* לגור
residence *n* מגורים
residue *n* שארית
resign *v* להיפטר
resignation *n* התפטרות
resilient *adj* מתאושש מהר
resist *v* להתנגד
resistance *n* התנגדות
resolute *adj* תקיף
resolution *n* החלטה
resolve *v* לפתור
resort *v* נופש
resounding *adj* צלצלני

R

resource 140

resource *n* משאב
respect *v* לכבד
respect *n* כבוד
respectful *adj* מכובד
respective *adj* עוקב
respiration *n* נשימה, הנשמה
respite *n* הפסקה
respond *v* להשיב, לענות
response *n* תשובה
responsibility *n* אחריות
responsible *adj* אחראי
responsive *adj* משתף פעולה
rest *v* לנוח
rest *n* מנוחה
rest room *n* שירותים
restaurant *n* מסעדה
restful *adj* נינוח
restitution *n* החזרה
restless *adj* חסר מנוחה
restoration *n* שחזור
restore *v* לשחזר
restrain *v* לרסן
restraint *n* רסן
restrict *v* להגביל
result *n* תוצאה
resume *v* להמשיך
resumption *n* המשך
resurface *v* לצוף על פני השטח
resurrection *n* תחייה
resuscitate *v* להחיות
retain *v* לשמור
retaliate *v* לנקום
retaliation *n* תגמול
retarded *adj* מפגר
retention *n* החזקה, השארות
retire *v* לצאת לגמלאות
retirement *n* גמלאות
retract *v* לקחת בחזרה
retreat *v* לסגת
retreat *n* נסיגה
retrieval *n* שליפה
retrieve *v* לשלוף
retroactive *adj* בדיעבד
return *v* להחזיר
return *n* חזרה, החזר
reunion *n* איגוד מחדש
reveal *v* לגלות
revealing *adj* מגלה
revel *v* להתהולל, לשמוח
revelation *n* התגלות
revenge *v* להתנקם, לנקום
revenge *n* נקמה
revenue *n* הכנסה
reverence *n* יראה
reversal *n* הפיכה
reverse *n* אחורה
reversible *adj* הפיך
revert *v* לחזור
review *v* לסקור
review *n* סקירה
revise *v* לשנות
revision *n* שינוי
revive *v* להחיות
revoke *v* לבטל

R

141 **robbery**

revolt *v* למרוד
revolt *n* מרד
revolting *adj* מגעיל, דוחה
revolve *v* לסובב, להסתובב
revolver *v* אקדח
revue *n* הצגה סטירית
revulsion *n* סלידה
reward *v* לגמול
reward *n* גמול
rewarding *adj* לתגמל
rheumatism *n* שגרון
rhinoceros *n* קרנף
rhyme *n* חרוז
rhythm *n* קצב
rib *n* צלע
ribbon *n* סרט
rice *n* אורז
rich *adj* עשיר
rid of *iv* להיפטר מ-
riddle *n* חידה
ride *iv* לרכב
ridge *n* רכס
ridicule *v* לגחך
ridicule *n* גיחוך
ridiculous *adj* מגוחך
rifle *n* רובה
rift *n* קרע
right *adv* נכון, צודק
right *adj* ימני, נכון
right *n* זכות
rigid *adj* נוקשה
rigor *n* קשיות
rim *n* שפה
ring *iv* לטלפן
ring *n* טבעת
ringleader *n* מנהיג
rinse *v* לשטוף
riot *v* ליצור מהומה
riot *n* מהומה
rip *v* לקרוע
rip apart *v* לקרוע לגזרים
rip off *v* לגנוב, לשדוד
ripe *adj* בשל
ripen *v* להבשיל
ripple *n* גל
rise *iv* לעלות, לקום
risk *v* להסתכן
risk *n* סיכון
risky *adj* מסוכן
rite *n* טקס
rival *n* יריב
rivalry *n* יריבות
river *n* נהר
rivet *v* מסמר
riveting *adj* למסמר
road *n* כביש
roam *v* לנדוד
roar *v* לשאוג
roar *n* שאגה
roast *v* לצלות
roast *n* צלי
rob *v* לשדוד
robber *n* שודד
robbery *n* שוד

R

robe *n* גלימה, חלוק
robust *adj* חזק
rock *n* אבן, סלע
rocket *n* טיל
rocky *adj* סלעי
rod *n* מוט
rodent *n* מכרסם
roll *v* לגלגל
romance *n* סיפור אהבה
roof *n* גג
room *n* חדר
roomy *adj* מרווח
rooster *n* תרנגול
root *n* שורש
rope *n* חבל
rosary *n* שרשרת תפילה
rose *n* ורד
rosy *adj* ורדרד
rot *v* להירקב
rot *n* רקוב
rotate *v* לסובב
rotation *n* סבב
rotten *adj* רקוב
rough *adj* מחושפש
round *adj* עגול
roundup *n* לאסוף
rouse *v* להעיר
rousing *adj* מעיר
route *n* דרך
routine *n* שגרה
row *v* לחתור
row *n* שורה, מריבה
rowdy *adj* קולני
royal *adj* מלכותי
royalty *n* מלכותי
rub *v* לשפשף
rubber *n* גומי
rubbish *n* זבל, שטויות
rubble *n* הריסות
ruby *n* אבן אודם
rudder *n* הגה באוניה
rude *adj* גס
rudeness *n* גסות
rudimentary *adj* בסיסי
rug *n* שטיח
ruin *v* להרוס
ruin *n* הרס
rule *v* למלוך
rule *n* חוק
ruler *n* סרגל
rum *n* רום
rumble *v* לרעום
rumble *n* רעם
rumor *n* שמועה
run *iv* לרוץ, לנהל
run away *v* לברוח
run into *v* להיתקל ב-
run out *v* נגמר
run over *v* לדרוס
run up *v* להריץ
runner *n* רץ
runway *n* מסלול נחיתה
rupture *n* קרע
rupture *v* לקרוע

R

143 **sanity**

rural *adj* כפרי
ruse *n* תכסיס
rush *v* למהר, להזדרז
Russia *n* רוסיה
Russian *adj* רוסי
rust *v* להחליד
rust *n* חלודה
rustic *adj* כפרי
rust-proof *adj* עמיד בחלודה
rusty *adj* חלוד
ruthless *adj* חסר רחמים
rye *n* שיפון

S

sabotage *v* לחבל
sabotage *n* חבלה
sack *v* לפטר
sack *n* שק
sacrament *n* כלי קודש
sacred *adj* קדוש
sacrifice *n* קורבן
sacrilege *n* חילול הקודש
sad *adj* עצוב
sadden *v* להעציב
saddle *n* אוכף
sadist *n* סדיסט
sadness *n* עצב
safe *adj* בטוח
safeguard *n* מתקן בטיחות
safety *n* בטיחות
sail *v* לשוט
sail *n* מפרש
sailboat *n* מפרשית
sailor *n* מלח
saint *n* קדוש
salad *n* סלט
salary *n* משכורת
sale *n* מכירה
sale slip *n* קבלה
salesman *n* מוכר
saliva *n* ריר
salmon *n* סלמון
saloon *n* בר
salt *n* מלח
salty *adj* מלוח
salvage *v* לחלץ, להציל
salvation *n* גאולה
same *adj* אותו, דומה
sample *n* דוגמה
sanctify *v* לקדש
sanction *v* לאשר
sanction *n* סנקציה
sanctity *n* קדושה
sanctuary *n* מקלט
sand *n* חול
sandal *n* סנדל
sandpaper *n* נייר זכוכית
sandwich *n* כריך
sane *adj* שפוי
sanity *n* שפיות

S

sap *n* צוף
sap *v* למצוץ
saphire *n* ספיר
sarcasm *n* סרקסטיות
sarcastic *adj* סרקסטי
sardine *n* סרדין
satanic *adj* סטני
satellite *n* לווין
satire *n* סאטירה
satisfaction *n* סיפוק
satisfactory *adj* מספק
satisfy *v* לספק
saturate *v* להרוות
Saturday *n* שבת
sauce *n* רוטב
saucepan *n* סיר
saucer *n* צלוחית
sausage *n* נקניק
savage *adj* פרא אדם
savagery *n* פראות
save *v* להציל, לחסוך
savings *n* חסכונות
savior *n* מושיע
savor *v* טעם
saw *iv* לנסר
saw *n* מסור
say *iv* להגיד
saying *n* אימרה
scaffolding *n* פיגום
scald *v* לנזוף
scale *v* לתפס
scale *n* משקל
scalp *n* קרקפת
scam *n* משימה, מירמה
scan *v* לסרוק
scandal *n* שערוריה
scandalize *v* לעורר שערוריה
scapegoat *n* שעיר לעזאזל
scar *n* צלקת
scarce *adj* נדיר
scarcely *adv* בקושי
scarcity *n* מחסור
scare *v* להפחיד
scare *n* פחד
scare away *v* להבריח
scarf *n* צעיף
scary *adj* מפחיד
scatter *v* לפזר
scenario *n* תרחיש
scene *n* סצנה
scenery *n* נוף
scenic *adj* ציורי
scent *n* ניחוח
sceptic *adj* סקפטי
schedule *v* לוח זמנים
schedule *n* לוח זמנים
scheme *n* תוכנית
schism *n* קרע
scholar *n* תלמיד
scholarship *n* מילגה
school *n* בית ספר
science *n* מדע
scientific *adj* מדעי
scientist *n* מדען

scissors *n* מספריים
scoff *v* ללגלג
scold *v* לגעור
scolding *n* גערה
scooter *n* קטנוע
scope *n* טווח
scorch *v* לשרוף
score *n* ציון
score *v* לכבוש
scorn *v* ללעוג
scornful *n* מלא בוז
scorpion *n* עקרב
scoundrel *n* נבל
scour *v* למרק
scourge *n* שוט
scout *n* גשש
scramble *v* לטרוף
scrambled *adj* טרוף
scrap *n* גרוטאה
scrap *v* לגרוט
scrape *v* לגרד
scratch *v* לשרוט
scratch *n* שריטה
scream *v* לצעוק
scream *n* צעקה
screech *v* לצרוח
screen *n* רשת
screen *v* מסך
screw *v* להבריג
screw *n* בורג
screwdriver *n* מברג
scribble *v* קשקוש
script *n* תסריט
scroll *n* מגילה
scrub *v* לקרצף
scruples *n* נקיפות מצפון
scrupulous *adj* מוקפד
scrutiny *n* בדיקה
scuffle *n* התכתשות
sculptor *n* פסל
sculpture *n* פסל
sea *n* ים
seafood *n* פירות ים
seagull *n* שחף
seal *v* לחתום
seal *n* כלב ים,
seal off *v* לאטום
seam *n* תפר
seamless *adj* חלקה
seamstress *n* תופרת
search *v* לחפש
search *n* חיפוש
seashore *n* חוף ים
seasick *adj* חולה ים
seaside *adj* חוף ים
season *n* עונה
seasonal *adj* עונתי
seasoning *n* תיבול
seat *n* כסא
seated *adj* יושב
secede *v* לפרוש
secluded *adj* מתבודד
seclusion *n* התסגרות
second *n* שני

S

secondary *adj* משני
secrecy *n* סודיות
secret *n* סוד
secretary *n* מזכיר
secretly *adv* בסודיות
sect *n* כת
section *n* סעיף
sector *n* מגזר
secure *v* לאבטח
secure *adj* בטוח
security *n* אבטחה
sedate *v* לסמם
sedation *n* הרדמה
seduce *v* לפתות
seduction *n* פיתוי
see *iv* לראות
seed *n* זרע, גרעין
seedless *adj* חסר גרעינים
seedy *adj* מוזנח
seek *iv* לחפש
seem *v* להיראות
see-through *adj* שקוף
segment *n* קטע
segregate *v* לבודד
segregation *n* הפרדה
seize *v* לתפוס
seizure *n* תפיסה
seldom *adv* לעיתים רחוקות
select *v* לבחור
selection *n* בחירה
self-concious *adj* מודעות עצמית
self-esteem *n* הערכה עצמית
self-evident *adj* מובן מאליו
self-interest *n* אנוכיות
selfish *adj* אנוכי
selfishness *n* אנוכיות
self-respect *n* כבוד עצמי
sell *iv* למכור
seller *n* מוכר
sellout *n* מכירת חיסול
semblance *n* מראית עין
semester *n* סמסטר
seminary *n* סמינר
senate *n* סנאט
senator *n* סנאטור
send *iv* לשלוח
sender *n* שולח
senile *adj* סנילי
senior *adj* בכיר
seniority *n* ותק
sensation *n* תחושה
sense *v* לחוש
sense *n* חוש
senseless *adj* ללא היגיון
sensible *adj* הגיוני
sensitive *adj* רגיש
sensual *adj* חושני
sentence *v* לגזור דין
sentence *n* משפט
sentiment *n* רגש
sentimental *adj* סנטימנטלי
sentry *n* זקיף
separate *v* להפריד
separate *adj* מופרד

S

147 **shameless**

separation *n* הפרדה
September *n* ספטמבר
sequel *n* המשך
sequence *n* רצף
serenade *n* סרנדה
serene *adj* רגוע
serenity *n* רוגע
sergeant *n* סמל
series *n* סדרה
serious *adj* רציני
seriousness *n* רצינות
sermon *n* דרשה
serpent *n* נחש
serum *n* נסיוב
servant *n* משרת
serve *v* לשרת
service *n* שרות
service *v* לשרת
session *n* מושב
set *n* מערכת
set *iv* לערוך
set about *v* להתחיל ב -
set off *v* לצאת לדרך
set out *v* יצא
set up *v* להקים
setback *n* נסיגה
setting *n* מסגרת
settle *v* להשתקע
settle down *v* להתישב
settle for *v* להסתפק
settlement *n* יישוב
settler *n* מתנחל
setup *n* התקנה
seven *adj* שבע
seventeen *adj* שבע עשרה
seventh *adj* שביעי
seventy *adj* שבעים
sever *v* לנתק
several *adj* מספר
severance *n* ניתוק
severe *adj* חמור
severity *n* חומרה
sew *v* לתפור
sewage *n* ביוב
sewer *n* ביוב
sewing *n* תפירה
sex *n* סקס, מין
sexuality *n* מיניות
shabby *adj* עלוב
shack *n* צריף
shackle *n* חוליה בשרשרת
shade *n* צל
shadow *n* צללית
shady *adj* מוצלל
shake *iv* לנער
shaken *adj* מנוער
shaky *adj* רועד
shallow *adj* רדוד
sham *n* בלוף
shambles *n* בלגן
shame *v* לבייש
shame *n* בושה
shameful *adj* מביש
shameless *adj* חסר בושה

S

shape *v* לעצב
shape *n* צורה
share *v* לחלוק
share *n* מניה
shareholder *n* בעל מניה
shark *n* כריש
sharp *adj* חד
sharpen *v* לחדד, להשחיז
sharpener *n* מחדד, משחיז
shatter *v* לנפץ
shattering *adj* מרעיד, מנפץ
shave *v* לגלח
she *pro* היא
shear *iv* לגזור
shed *iv* לשפוך
sheep *n* צאן
sheets *n* סדינים
shelf *n* מדף
shell *n* מדף, שריון
shellfish *n* פירות ים
shelter *v* לתת מחסה
shelter *n* מחסה
shelves *n* מדפים
shepherd *n* רועה צאן
sherry *n* שרי
shield *v* להגן
shield *n* מגן
shift *n* משמרת
shift *v* להזיז
shine *iv* ברק
shiny *adj* מבריק
ship *n* ספינה
shipment *n* משלוח
shipwreck *n* אוניה טרופה
shipyard *n* מספנה
shirk *v* להשתמט
shirt *n* חולצה
shiver *v* לרעוד
shiver *n* רעידה
shock *v* להלום
shock *n* הלם
shocking *adj* מעורר הלם
shoddy *adj* זול
shoe *n* נעל
shoelace *n* שרוך
shoepolish *n* משחת נעליים
shoestore *n* חנות נעליים
shoot *iv* לירות
shoot down *v* ליירט
shop *v* לערוך קניות
shop *n* חנות
shoplifting *n* גנבה מחנויות
shopping *n* קניות
shore *n* חוף
short *adj* קצר
shortage *n* מחסור
shortcoming *n* חסרון
shortcut *n* קיצור דרך
shorten *v* לקצר
shorthand *n* קצרנות
shortlived *adj* בר חלוף
shortly *adv* תיכף
shorts *n* מכנסיים קצרים
shortsighted *adj* קצר-רואי

S

shot *n* יריה
shotgun *n* רובה ציד
shoulder *n* כתף
shout *v* לצעוק
shout *n* צעקה
shouting *n* צעקות
shove *v* לדחוף
shove *n* דחיפה
shovel *n* עת
show *iv* להראות
show off *v* להשוויץ
show up *v* להופיע
showdown *n* עמות מכריע
shower *n* מקלחת
shrapnel *n* רסיסים
shred *v* לפורר
shred *n* קרע
shrewd *adj* פיקח
shriek *v* לצרוח
shriek *n* צרחה
shrimp *n* שריפס
shrine *n* מקדש
shrink *iv* לצמצם
shroud *n* תכריך
shrouded *adj* עטוף גלימה
shrub *n* שיח
shrug *v* משיכת כתפיים
shudder *n* רעד
shudder *v* לרעוד
shuffle *v* לטרוף
shun *v* להמנע
shut *iv* סגור
shut off *v* לסגור
shut up *v* לסתום את הפה
shuttle *v* מעבורת
shy *adj*ביישן
shyness *n* ביישנות
sick *adj* חולה
sicken *v* להבחיל
sickening *adj* מבחיל
sickle *n* מגל
sickness *n* מחלה
side *n* צד
sideburns *n* פאות לחיים
sidestep *v* לעקוף
sidewalk *n* מדרכה
sideways *adv* הצידה
siege *n* מצור
siege *v* לשים מצור
sift *v* לסנן
sigh *n* אנחה
sigh *v* לאנח
sight *n* מראה
sightseeing *v* סיור
sign *v* לחתום
sign *n* שלט
signal *n* סימן
signature *n* חתימה
significance *n* משמעות
significant *adj* משמעותי
signify *v* לסמן
silence *n* שתיקה
silence *v* שתוק
silent *adj* שקט

S

silhouette 150

silhouette *n* צללית
silk *n* משי
silly *adj* טפשי
silver *n* כסף
silverplated *adj* מצופה כסף
silversmith *n* צורף
silverware *n* סכו"ם
similar *adj* דומה
similarity *n* דמיון
simmer *v* רתיחה
simple *adj* פשוט
simplicity *n* פשטות
simplify *v* לפשט
simply *adv* פשוט
simulate *v* לדמות
simultaneous *adj* סימולטני
sin *v* לחטוא
sin *n* חטא
since *c* היות ו-
since *pre* מאז
since then *adv* מאז
sincere *adj* כן
sincerity *n* כנות
sinful *adj* חוטא
sing *iv* לשיר
singer *n* זמר
single *n* יחיד
single *adj* יחיד
singlehanded *adj* לבד
singleminded *adj* לבד
singular *adj* יחיד
sinister *adj* מרושע
sink *iv* להטביע
sink in *v* לחלחל
sinner *n* חוטא
sip *v* ללגום
sip *n* לגימה
sir *n* אדוני
siren *n* אזעקה
sirloin *n* בשר המותן
sissy *adj* גבר נשי
sister *n* אחות
sister-in-law *n* גיסה
sit *iv* לשבת
site *n* אתר
sitting *n* ישיבה
situated *adj* ממוקם
situation *n* מצב
six *adj* שש
sixteen *adj* שש עשרה
sixth *adj* שישי
sixty *adj* שישים
sizable *adj* גדול למדי
size *n* גודל, מידה
size up *v* להעריך
skate *v* להחליק על מחלקים
skate *n* מחלקיים
skeleton *n* שלד
skeptic *adj* ספקן
sketch *v* סקיצה
sketch *n* סקיצה
sketchy *adj* שטחי
ski *v* סקי
skill *n* מיומנות

S

skillful *adj* מיומן
skim *v* לקפות
skin *v* לקלף עור
skin *n* עור
skinny *adj* רזה
skip *v* לדלג
skip *n* לדלג
skirmish *n* התנגשות
skirt *n* חצאית
skull *n* גולגולת
sky *n* שמיים
skylight *n* צוהר
skyscraper *n* גורד שחקים
slab *n* לוח
slack *adj* רפוי
slacken *v* לרופף
slacks *n* מכנסיים
slam *v* טריקה
slander *n* לשון הרע
slanted *adj* אלכסוני
slap *n* סטירה
slap *v* לסטור
slash *n* לוכסן
slash *v* לחתוך
slate *n* צפחה
slaughter *v* לשחוט
slaughter *n* שחיטה
slave *n* שפחה
slavery *n* עבדות
slay *iv* לקטול
sleazy *adj* קלוש ומטונף
sleep *iv* לישון
sleep *n* שינה
sleeve *n* שרוול
sleeveless *adj* בלי שרוולים
sleigh *n* מזחלת
slender *adj* רזה
slice *v* לפרוס
slice *n* פרוסה
slide *iv* לגלוש
slightly *adv* קצת
slim *adj* רזה
slip *v* להחליק
slip *n* דקיק
slipper *n* נעל בית
slippery *adj* חלק
slit *iv* חריץ
slob *adj* גס
slogan *n* סיסמה
slope *n* מדרון
sloppy *adj* מרושל
slot *n* חריץ
slow *adj* לאט
slow down *v* להאט
slow motion *n* הקרנה איטית
slowly *adv* לאט
sluggish *adj* נרפה
slum *n* שכונת עוני
slump *v* להתמוטט
slump *n* שפל
slur *v* להשמיץ
sly *adj* ערמומי
smack *n* סטירה, הרואין
smack *v* להחטיף, לסטור

small 152

small *adj* קטן
small print *n* אותיות קטנות
smallpox *n* אבעבועות
smart *adj* חכם
smash *v* לרסק
smear *n* מריחה
smear *v* למרוח
smell *iv* להריח
smelly *adj* מסריח
smile *v* לחייך
smile *n* חיוך
smith *n* נפח
smoke *v* לעשן
smoked *adj* מעושן
smoker *n* מעשן
smoking gun *n* אקדח מעשן
smooth *v* להחליק
smooth *adj* חלק
smoothly *adv* חלק
smoothness *n* חלק
smother *v* להחניק
smuggler *n* מבריח
snail *n* חילזון
snake *n* נחש
snapshot *n* תצלום
snare *v* ללכוד
snare *n* מלכודת
snatch *v* לחטוף
sneak *v* להתגנב
sneeze *v* להתעטש
sneeze *n* התעטשות
sniff *v* לרחרח
sniper *n* צלף
snitch *v* להלשין
snooze *v* לנמנם
snore *v* לנחור
snore *n* נחירה
snow *v* לרדת שלג
snow *n* שלג
snowfall *n* שלגון
snowflake *n* פתית שלג
snub *v* לסלוד
snub *n* סולד
soak *v* להשרות
soak in *v* להשרות
soak up *v* לספוג
soar *v* להמריא
sob *v* ליבב
sob *n* ליבב
sober *adj* מפוכח
so-called *adj* כביכול
sociable *adj* חברותי
socialism *n* סוציאליזם
socialist *adj* סוציאליסטי
socialize *v* להסתובב בחברה
society *n* חברה
sock *n* גרב
sod *n* אדמת עשב
soda *n* סודה
sofa *n* ספה
soft *adj* רך
soften *v* לרכך
softly *adv* בשקט, ברכות
softness *n* רכות

S

soggy *adj* ספוג
soil *v* ללכלך
soil *n* אדמה
soiled *adj* מלוכלך
solace *n* נחמה
solar *adj* השמש
solder *v* לרתך
soldier *n* חייל
sold-out *adj* אזלו
sole *n* כף רגל
sole *adj* בלעדי
solely *adv* אך ורק
solemn *adj* חגיגי
solicit *v* לשדל
solid *adj* מוצק
solidarity *n* סולידריות
solitary *adj* בודד
solitude *n* בדידות
soluble *adj* מסיס
solution *n* פתרון
solve *v* לפתור
solvent *adj* ממס
somber *adj* קודר
some *adj* כמה
somebody *pro* מישהו
someday *adv* ביום מן הימים
somehow *adv* איכשהו
someone *pro* מישהו
something *pro* משהו
sometimes *adv* לעתים
someway *adv* איכשהו
somewhat *adv* במידה מסוימת
son *n* בן
song *n* שיר
son-in-law *n* חתן
soon *adv* בקרוב
soothe *v* להרגיע
sorcerer *n* מכשף
sorcery *n* כישוף
sore *n* כאב
sore *adj* כואב
sorrow *n* צער
sorrowful *adj* עצוב
sorry *adj* מצטער
sort *n* מין
sort out *v* לברר
soul *n* נשמה
sound *n* קול
sound *v* להשמיע
sound out *v* לעמוד על טיבו
soup *n* מרק
sour *adj* חמוץ
source *n* מקור
south *n* דרום
southbound *adv* דרומה
southeast *n* דרום מזרח
southern *adj* דרומי
southerner *n* דרומי
southwest *n* דרום מערב
souvenir *n* מזכרת
sovereign *adj* שליט
sovereignty *n* ריבונות
sow *iv* לזרוע
spa *n* ספא

space *n* מרחב
space out *v* לרוח
spacious *adj* מרווח
spade *n* יעה
Spain *n* ספרד
span *v* להשתרע
span *n* משך
Spaniard *n* ספרדי
Spanish *adj* ספרדית
spank *v* לסטור
spanking *n* סטירה
spare *v* לחוס
spare *adj* עודף
spare part *n* חלק חלוף
sparingly *adv* במשורה
spark *n* זיק
spark off *v* להדליק את הניצוץ
spark plug *n* מצת
sparkle *v* לנצנץ
sparrow *n* דרור
sparse *adj* דליל
spasm *n* עוית
speak *iv* לדבר
speaker *n* רמקול
spear *n* חנית
spearhead *v* לעמוד בראש
special *adj* מיוחד
specialize *v* להתמחות
specialty *n* התמחות
species *n* מין
specific *adj* ספציפי
specimen *n* דגימה
speck *n* נקודה
spectacle *n* מחזה
spectator *n* צופה
speculate *v* לספסר
speculation *n* השערה
speech *n* נאום
speechless *adj* דומם
speed *iv* למהר
speed *n* מהירות
speedily *adv* במהירות
speedy *adj* מהיר
spell *iv* לאית
spell *n* קסם
spelling *n* איות
spend *iv* לבלות
spending *n* הוצאות
sperm *n* זרע
sphere *n* כדור
spice *n* תבלין
spicy *adj* חריף
spider *n* עכביש
spiderweb *n* קורי עכביש
spill *iv* לשפוך
spill *n* שפך
spin *iv* לסובב
spine *n* עמוד השדרה
spineless *adj* הפכפך
spinster *n* רוקה
spirit *n* רוח
spiritual *adj* רוחני
spit *iv* לירוק
spite *n* זדון

S

spiteful *adj* קנטרני
splash *v* להתיז
splendid *adj* נפלא
splendor *n* הדר
splint *n* סד
splinter *n* קיסם
splinter *v* לפצל
split *n* מפוצל
split *iv* לפצל
split up *v* להתפצל
spoil *v* לקלקל
spoils *n* שלל
sponge *n* ספוג
sponsor *n* נותן חסות
spontaneity *n* ספונטניות
spontaneous *adj* ספונטני
spooky *adj* מפחיד
spool *n* סליל
spoon *n* כפית
spoonful *n* כפית
sporadic *adj* מעת לעת
sport *n* ספורט
sportman *n* ספורטאי
sporty *adj* ספורטיבי
spot *v* למצוא
spot *n* נקודה
spotless *adj* ללא רבב
spotlight *n* זרקור
spouse *n* בן זוג
sprain *v* לנקוע
sprawl *v* להשתרע
spray *v* לרסס
spread *iv* התפשטות
spring *iv* לקפוץ
spring *n* אביב
springboard *n* מקפצה
sprinkle *v* לזרות
sprout *v* לנבוט
spruce up *v* לסדר
spur *v* לדרבן
spur *n* דרבן
spy *v* לרגל
spy *n* מרגל
squalid *adj* מטונף
squander *v* לבזבז
square *adj* מרובע
square *n* מרובע
squash *v* למעוך
squeak *v* לחרוק
squeaky *adj* חורק
squeamish *adj* עדין נפש
squeeze *v* לסחוט
squeeze in *v* להידחק
squeeze up *v* לסחוט את
squid *n* קלמארי
squirrel *n* סנאי
stab *v* דקירה
stab *n* דקירה
stability *n* יציבות
stable *adj* יציב
stable *n* יציב
stack *v* ערמה
stack *n* ערמה
staff *n* סגל

stage *n* שלב
stage *v* שלב
stagger *v* להתנודד
staggering *adj* מדהים
stagnant *adj* אדיש
stagnate *v* לדרוך במקום
stagnation *n* קפאון
stain *v* כתם
stain *n* כתם
stair *n* דרגה
staircase *n* גרם מדרגות
stairs *n* המדרגות
stake *n* יתד
stake *v* לתקוע יתד
stale *adj* מעופש
stalemate *n* תיקו
stalk *v* לעקוב אחרי
stalk *n* גבעול
stall *n* דוכן
stall *v* לדחות
stammer *v* לגמגם
stamp *v* בול
stamp *n* בול
stamp out *v* לחסל
stampede *n* מנוסת בהלה
stand *iv* לעמוד
stand *n* לעמוד
stand for *v* להחזיק מעמד
stand out *v* להתבלט
stand up *v* לקום
standard *n* תקן
standardize *v* לתקנן
standing *n* עומד
standpoint *n* נקודת מבט
standstill *adj* שביתה
staple *v* מצרך
staple *n* מצרך
stapler *n* מהדק
star *n* כוכב
starch *n* עמילן
starchy *adj* עמילני
stare *v* לנעוץ מבט
stark *adj* גמור
start *v* התחלה
start *n* התחלה
startle *v* להבהיל
startled *adj* מופתע
starvation *n* רעב
starve *v* להרעיב
state *n* מדינה
state *v* מדינה
statement *n* הצהרה
station *n* תחנה
stationary *adj* יציב
stationery *n* מכשירי כתיבה
statistic *n* סטטיסטיקה
statue *n* פסל
status *n* מצב
statute *n* חוק
staunch *adj* איתן
stay *v* להשאר
stay *n* להשאר
steady *adj* יציב
steak *n* סטייק

steal *iv* לגנוב
stealthy *adj* מתגנב
steam *n* קיטור
steel *n* פלדה
steep *adj* תלול
stem *n* גזע
stem *v* גזע
stench *n* צחנה
step *n* צעד
step down *v* להתפטר
step out *v* לצאת החוצה
step up *v* להגביר את
stepbrother *n* אח חורג
step-by-step *adv* צעד אחר צעד
stepdaughter *n* בת חורגת
stepfather *n* אב חורג
stepladder *n* סולם מדרגות
stepmother *n* אם חורגת
stepsister *n* אחות חורגת
stepson *n* בן חורג
sterile *adj* סטרילי
sterilize *v* לעקר
stern *n* חמור
stern *adj* חמור
sternly *adv* בחומרה
stew *n* נזיד
stewardess *n* דילת
stick *iv* מקל
stick around *v* להשאר במקום
stick out *v* לבלוט
stick to *v* מקל
sticker *n* מדבקה
sticky *adj* דביק
stiff *adj* נוקשה
stiffen *v* להקשיח
stiffness *n* קשיחות
stifle *v* להחניק
stifling *adj* מחניק
still *adj* עוד
still *adv* עוד
stimulant *n* ממריץ
stimulate *v* לגרות
stimulus *n* מנוף
sting *iv* עוקץ
sting *n* עוקץ
stinging *adj* הכשה
stingy *adj* קמצן
stink *iv* סרחון
stink *n* סרחון
stinking *adj* מסריח
stipulate *v* להתנות
stir *v* לבחוש
stir up *v* לעורר
stitch *v* לתפור
stitch *n* תפר
stock *v* לערום
stock *n* מניות
stocking *n* גרב
stockpile *n* מאגר
stockroom *n* מחסן סחורה
stoic *adj* סטואי
stomach *n* בטן
stone *n* אבן
stone *v* לסקול

S

stool 158

stool *n* שרפרף
stop *v* להפסיק
stop *n* להפסיק
stop by *v* לעצור
stop over *v* לעצור על
storage *n* אחסון
store *v* לאחסן
store *n* חנות
stork *n* חסידה
storm *n* סערה
stormy *adj* סוער
story *n* סיפור
stove *n* תנור
straight *adj* ישר
straighten out *v* לפלס
strain *v* לסנן
strain *n* זן
strained *adj* מתוח
strainer *n* מסננת
strait *n* מצר
stranded *adj* נטוש
strange *adj* מוזר
stranger *n* זר
strangle *v* לחנוק
strap *n* רצועה
strategy *n* אסטרטגיה
straw *n* קש
strawberry *n* תות שדה
stray *adj* תועה
stray *v* לתעות
stream *n* זרם
street *n* רחוב
streetcar *n* חשמלית
streetlight *n* רחוב
strength *n* כוח
strengthen *v* לחזק
strenuous *adj* מאומץ
stress *n* לחץ
stressful *adj* מלחיץ
stretch *n* למתוח
stretch *v* למתוח
stretcher *n* אלונקה
strict *adj* קפדן
stride *iv* פסיעה
strife *n* מדון
strike *n* שביתה
strike *iv* שביתה
strike back *v* להחזיר מהלומה
strike out *v* לפסול
strike up *v* לפתוח
striking *adj* מרשים
string *n* חוט
stringent *adj* מחמיר
strip *n* רצועה
strip *v* לפשוט
stripe *n* פס
striped *adj* מפוספס
strive *iv* לשאוף
stroke *n* שבץ
stroll *v* להתהלך
strong *adj* חזק
structure *n* מבנה
struggle *v* להיאבק
struggle *n* מאבק

S

stub *n* בדל
stubborn *adj* עקשן
student *n* סטודנט
study *v* לחקור
stuff *n* דברים
stuff *v* למלא
stuffing *n* מלית
stuffy *adj* מחניק
stumble *v* למעוד
stun *v* להמם
stunning *adj* מדהים
stupendous *adj* כביר
stupid *adj* מטופש
stupidity *n* טפשות
sturdy *adj* חסון
stutter *v* לגמגם
style *n* סגנון
subdue *v* להכניע
subdued *adj* מאופק
subject *v* להכניע, לחשוף
subject *n* נושא
sublime *adj* נשגב
submerge *v* לצלול
submissive *adj* כנוע
submit *v* להגיש
subpoena *v* לזמן לדין
subpoena *n* הזמנה לדין
subscribe *v* להירשם
subscription *n* מנוי
subsequent *adj* לאחר מכן
subsidiary *adj* חברת בת
subsidize *v* לסבסד
subsidy *n* סבסוד
subsist *v* להתקים
substance *n* חומר
substandard *adj* בתת
substantial *adj* ממשי
substitute *v* תחליף
substitute *n* תחליף
subtitle *n* כתובית
subtle *adj* עדין
subtract *v* לחסר
subtraction *n* חסור
suburb *n* פרבר
subway *n* רכבת תחתית
succeed *v* להצליח
success *n* הצלחה
successful *adj* מוצלח
successor *n* יורש
succulent *adj* עסיסי
succumb *v* להכנע
such *adj* כזה
suck *v* למצוץ
sucker *adj* פתי
sudden *adj* פתאום
suddenly *adv* פתאום
sue *v* לתבוע
suffer *v* לסבול
suffer from *v* סובלים
suffering *n* סבל
sufficient *adj* מספיק
suffocate *v* לחנוק
sugar *n* סוכר
suggest *v* להציע

suggestion 160

suggestion *n* הצעה
suggestive *adj* מרמז
suicide *n* התאבדות
suit *n* חליפה
suitable *adj* מתאים
suitcase *n* המזוודה
sullen *adj* קודר
sulphur *n* גופרית
sum *n* סכום
sum up *v* לסכם
summarize *v* לסכם
summary *n* תקציר
summer *n* קיץ
summit *n* פסגה
summon *v* לזמן
sumptuous *adj* מפואר
sun *n* שמש
sunblock *n* חוסם שמש
sunburn *n* כלף
Sunday *n* יום ראשון
sundown *n* השקיעה
sunglasses *n* משקפי שמש
sunken *adj* שקוע
sunny *adj* שמשי
sunrise *n* זריחה
sunset *n* שקיעת השמש
superb *adj* נפלא
superfluous *adj* מיותר
superior *adj* מעולה
superiority *n* עליונות
supermarket *n* סופרמרקט
superpower *n* מעצמה
supersede *v* לבוא במקום
superstition *n* הזיה
supervise *v* לפקח
supervision *n* השגחה
supper *n* ארוחת ערב
supple *adj* גמיש
supplier *n* ספק
supplies *n* אספקה
supply *v* אספקה
support *v* תמיכה
supporter *n* תומך
suppose *v* להניח
supposing *c* בהנחה ש -
supposition *n* השערה
suppress *v* לדכא
supremacy *n* עליונות
supreme *adj* עליון
surcharge *n* חיוב נוסף
sure *adj* בטוח
surely *adv* ללא ספק
surf *v* לגלוש
surface *n* משטח
surge *n* נחשול
surgeon *n* מנתח
surgical *adv* כירורגי
surname *n* שם משפחה
surpass *v* לעלות על
surplus *n* עודף
surprise *v* הפתעה
surprise *n* הפתעה
surrender *v* כניעה
surrender *n* כניעה

S

surround *v* להקיף
surroundings *n* וסביבתה
surveillance *n* השגחה
survey *n* סקר
survival *n* הישרדות
survive *v* לשרוד
survivor *n* ניצול
susceptible *adj* רגיש
suspect *v* חשוד
suspect *n* חשוד
suspend *v* להשעות
suspenders *n* כתפות
suspense *n* מתח
suspension *n* השעיה
suspicion *n* חשד
suspicious *adj* חשוד
sustain *v* לתמוך
sustenance *n* מזון
swallow *v* לבלוע
swamp *n* בצה
swamped *adj* מוצפת
swan *n* ברבור
swap *v* החלפה
swap *n* החלפה
swarm *n* נחיל
sway *v* להתנדנד
swear *iv* לקלל
sweat *n* להזיע
sweat *v* להזיע
sweater *n* סוודר
Sweden *n* שבדיה
Sweedish *adj* שבדי
sweep *iv* לטאטא
sweet *adj* מתוק
sweeten *v* להמתיק
sweetheart *n* מותק
sweetness *n* מתיקות
sweets *n* דברי מתיקה
swell *iv* להתנפח
swelling *n* נפיחות
swift *adj* מהיר
swim *iv* לשחות
swimmer *n* שחין
swimming *n* שחיה
swindle *v* רמאות
swindle *n* רמאות
swindler *n* רמאי
swing *iv* לנדנד
swing *n* נדנדה
Swiss *adj* שוויצרי
switch *v* מתג
switch *n* מתג
switch off *v* לכבות
switch on *v* להדליק
Switzerland *n* שוויץ
swivel *v* חח
swollen *adj* נפוח
sword *n* חרב
swordfish *n* דג החרב
syllable *n* הברה
symbol *n* סמל
symbolic *adj* סמלי
symmetry *n* סימטריה
sympathize *v* לרחוש אהדה

S

sympathy *n* אהדה
symphony *n* סימפוניה
symptom *n* סימפטום
synagogue *n* בית כנסת
synchronize *v* לסנכרן
synod *n* מועצה
synonym *n* שם נרדף
synthesis *n* סינתזה
syphilis *n* עגבת
syringe *n* מזרק
syrup *n* סירופ
system *n* מערכת
systematic *adj* שיטתי

T

table *n* שולחן
tablecloth *n* מפה
tablespoon *n* כף
tablet *n* לוח
tack *n* כוון
tackle *v* להתמודד
tact *n* טקט
tactful *adj* מנומס
tactical *adj* טקטי
tactics *n* טקטיקה
tag *n* תג
tail *n* זנב
tail *v* לזנוב
tailor *n* להתאים
tainted *adj* מוכתם
take *iv* לקחת
take apart *v* לפרק
take away *v* לסלק
take back *v* לחזור בו
take in *v* לקלוט
take off *v* להמריא
take out *v* להוציא
take over *v* להשתלט על
tale *n* סיפור
talent *n* כשרון
talk *v* לדבר
talkative *adj* פטפטני
tall *adj* גבוה
tame *v* מאולף
tangent *n* משיק
tangerine *n* מנדרינה
tangible *adj* מוחשי
tangle *n* סבך
tank *n* טנק
tantamount to *adj* שקול כנגד
tantrum *n* התפרצות זעם
tap *n* ברז
tap into *v* לנצל את
tape *n* סרט
tape recorder *n* רשמקול
tapestry *n* גובלן
tar *n* זפת
tarantula *n* עקרבות
tardy *adv* מפגר
target *n* יעד

S

163 **tepid**

tariff *n* תעריף
tarnish *v* להכתים
tart *n* טארט
tartar *n* אבנית שנים
task *n* משימה
taste *v* טעם
taste *n* טעם
tasteful *adj* בטעם טוב
tasteless *adj* חסר טעם
tasty *adj* טעים
tavern *n* בית מרזח
tax *n* מס
tea *n* תה
teach *iv* ללמד
teacher *n* מורה
team *n* נבחרת
teapot *n* קומקום
tear *iv* דמעה
tear *n* דמעה
tearful *adj* דומע
tease *v* להקניט
teaspoon *n* כפית
technical *adj* טכני
technicality *n* נקודה טכנית
technician *n* טכנאי
technique *n* טכניקה
technology *n* טכנולוגיה
tedious *adj* משעמם
tedium *n* שעמום
teenager *n* מתבגר
teeth *n* שיניים
telegram *n* מברק
telepathy *n* טלפתיה
telephone *n* טלפון
telescope *n* טלסקופ
televise *v* לשדר
television *n* טלוויזיה
tell *iv* לספר
teller *n* קופאי
telling *adj* מספר
temper *n* מזג
temperature *n* טמפרטורה
tempest *n* סערה
temple *n* בית מקדש
temporary *adj* זמני
tempt *v* לפתות
temptation *n* פיתוי
tempting *adj* מפתה
ten *adj* עשר
tenacity *n* עקשנות
tenant *n* חוכר
tendency *n* מגמה
tender *adj* מכרז
tenderness *n* רוך
tennis *n* טניס
tenor *n* טנור
tense *adj* מתוח
tension *n* מתח
tent *n* אוהל
tentacle *n* זרוע
tentative *adj* הססני
tenth *n* עשירית
tenuous *adj* קלוש
tepid *adj* פושר

T

term *n* מונח
terminate *v* לסיים
terminology *n* מינוח
termite *n* טרמיט
terms *n* תנאי
terrace *n* טרסה
terrain *n* פני השטח
terrestrial *adj* יבשתי
terrible *udj* נורא
terrific *adj* נורא
terrify *v* להפחיד
terrifying *adj* מפחיד
territory *n* שטח
terror *n* טרור
terrorism *n* טרור
terrorist *n* מחבל
terrorize *v* להטיל אימה
terse *adj* תמציתי
test *v* מבחן
test *n* מבחן
testament *n* שבועה
testify *v* להעיד
testimony *n* עדות
text *n* טקסט
textbook *n* לימוד
texture *n* מרקם
thank *v* להודות
thankful *adj* אסיר תודה
thanks *n* תודה
that *adj* כי
thaw *v* הפשרה
thaw *n* הפשרה
theater *n* תאטרון
theft *n* גנבה
theme *n* נושא
themselves *pro* עצמם
then *adv* אז
theologian *n* תאולוג
theology *n* תאולוגיה
theory *n* תאוריה
therapy *n* תרפיה
there *adv* שם
therefore *adv* לכן
thermometer *n* מדחום
thermostat *n* תרמוסטט
these *adj* אלה
thesis *n* תזה
they *pro* הם
thick *adj* עבה
thicken *v* לעבות
thickness *n* עובי
thief *n* גנב
thigh *n* ירך
thin *adj* רזה
thing *n* דבר
think *iv* לחשוב
thinly *adv* דק
third *adj* שלישי
thirst *v* צמא
thirsty *adj* צמא
thirteen *adj* שלוש עשרה
thirty *adj* שלושים
this *adj* זה
thorn *n* קוץ

T

thorny *adj* קוצי
thorough *adj* יסודי
those *adj* אלה
though *c* אף
thought *n* מחשבה
thoughtful *adj* מתחשב
thousand *adj* אלף
thread *v* להעביר חוט
thread *n* פתיל
threat *n* איום
threaten *v* לסכן
three *adj* שלוש
thresh *v* לדוש
threshold *n* סף
thrifty *adj* חסכן
thrill *v* להרטיט
thrill *n* רטט
thrive *v* לשגשג
throat *n* גרון
throb *n* לפעום
throb *v* לפעום
thrombosis *n* פקקת
throne *n* כס
throng *n* קהל
through (thru) *pre* (דרך (דרך
throw *iv* לזרוק
throw away *v* להשליך
throw up *v* להקיא
thug *n* בריון
thumb *n* אגודל
thumbtack *n* נעץ
thunder *n* רעם
thunderbolt *n* חזיז
thunderstorm *n* סופת רעמים
Thursday *n* יום חמישי
thus *adv* כך
thwart *v* לסכל
thyroid *n* תריס
tickle *v* לדגדג
tickle *n* לדגדג
ticklish *adj* רגיש לדגדוג
tidal wave *n* גל הרסני
tide *n* גאות
tidy *adj* מסודר
tie *v* עניבה
tie *n* עניבה
tiger *n* נמר
tight *adj* הדוק
tighten *v* להדק
tile *n* אריח
till *adv* עד
till *v* לעבד
tilt *v* להטות
timber *n* עץ
time *n* זמן
time *v* לקבוע זמן
timeless *adj* נצחי
timely *adj* בעתו
times *n* פי
timetable *n* לוח זמנים
timid *adj* נחבא אל הכלים
timidity *n* הססנות
tin *n* פח
tiny *adj* זעיר

T

tip *n* טיפ
tiptoe *n* קצות הבהונות
tired *adj* עייף
tiredness *n* עייפות
tireless *adj* לא יודע לאות
tiresome *adj* משעמם
tissue *n* רקמה
title *n* כותרת
to *pre* אל
toad *n* קרפדה
toast *v* טוסט
toast *n* טוסט
toaster *n* טוסטר
tobacco *n* טבק
today *adv* היום
toddler *n* פעוט
toe *n* אצבע
toenail *n* ציפורן
together *adv* יחד
toil *v* לעמול
toilet *n* שירותים
token *n* אסימון
tolerable *adj* נסבל
tolerance *n* סובלנות
tolerate *v* לסבול
toll *n* אגרה
toll *v* אגרה
tomato *n* עגבניה
tomb *n* קבר
tombstone *n* מצבה
tomorrow *adv* מחר
ton *n* טון
tone *n* טון
tongs *n* צבת
tongue *n* לשון
tonic *n* טוניק
tonight *adv* הערב
tonsil *n* שקד
too *adv* גם
tool *n* כלי
tooth *n* שן
toothache *n* כאב שנים
toothpick *n* קיסם
top *n* ראש
topic *n* נושא
topple *v* להפיל
torch *n* לפיד
torment *v* לענות
torment *n* לענות
torrent *n* מבול
torrid *adj* לוהט
torso *n* טורסו
tortoise *n* צב
torture *v* לענות
torture *n* לענות
toss *v* לזרוק
total *adj* סך הכל
totalitarian *adj* טוטליטרי
totality *n* מכלול
touch *n* לגעת
touch *v* לגעת
touch on *v* לגעת ב
touch up *v* לשפץ
touching *adj* נגיעה

T

tough *adj* קשה
toughen *v* להקשיח
tour *n* סיור
tourism *n* התיירות
tourist *n* תייר
tournament *n* טורניר
tow *v* לגרור
tow truck *n* לגרר
towards *pre* לקראת
towel *n* מגבת
tower *n* מגדל
towering *adj* מתנשא
town *n* עיר
town hall *n* בניין העירייה
toxic *adj* רעיל
toxin *n* רעלן
toy *n* צעצוע
trace *v* לחפש
track *n* מסלול
track *v* לאתר
traction *n* גרירה
tractor *n* טרקטור
trade *n* מסחר
trade *v* לסחור
trademark *n* סימן מסחרי
trader *n* סוחר
tradition *n* מסורת
traffic *n* תנועה
traffic *v* לסחור
tragedy *n* טרגדיה
tragic *adj* טרגי
trail *v* שובל
trail *n* שובל
trailer *n* הקרוואן
train *n* רכבת
train *v* לאלף
trainee *n* חניך
trainer *n* מאמן
training *n* הכשרה
trait *n* תכונה
traitor *n* בוגד
trajectory *n* מסלול
tram *n* חשמלית
trample *v* לרמוס
trance *n* טרנס
tranquility *n* רוגע
transaction *n* עסקה
transcend *v* לעלות על
transcribe *v* לתעתק
transfer *v* להעביר
transfer *n* להעביר
transform *v* לשנות
transformation *n* השינוי
transfusion *n* ערוי
transient *adj* חולף
transit *n* מעבר
transition *n* מעבר
translate *v* לתרגם
translator *n* מתרגם
transmit *v* לשדר
transparent *adj* שקוף
transplant *v* להשתיל
transport *v* להוביל
trap *n* מלכודת

trash *n* אשפה
trash can *n* פח אשפה
traumatic *adj* טראומטי
traumatize *v* טראומה
travel *v* נסיעה
traveler *n* נוסע
tray *n* מגש
treacherous *adj* בוגדני
treachery *n* בגידה
tread *iv* לדרוך
treason *n* בגידה
treasure *n* אוצר
treasurer *n* גזבר
treat *v* לטפל
treat *n* לטפל
treatment *n* טיפול
treaty *n* אמנה
tree *n* עץ
tremble *v* לרעוד
tremendous *adj* עצום
tremor *n* רעד
trench *n* חפירה
trend *n* מגמה
trendy *adj* אפנתי
trespass *v* לעבור גבול
trial *n* משפט
triangle *n* משולש
tribe *n* שבט
tribulation *n* פורענות
tribunal *n* בית דין
tribute *n* מס
trick *v* לעבוד על
trick *n* טריק
trickle *v* לטפטף
tricky *adj* ערמומי
trigger *v* הדק
trigger *n* הדק
trim *v* מטופח
trimester *n* שליש
trimmings *n* קישוטים
trip *n* טיול
trip *v* טיול
triple *adj* משולש
tripod *n* חצובה
triumph *n* נצחון
triumphant *adj* מנצח
trivial *adj* קטנוני
trivialize *v* להקטין את
trolley *n* עגלה
troop *n* גדוד
trophy *n* פרס
tropic *n* חוג
tropical *adj* טרופי
trouble *n* צרה
trouble *v* להפריע
troublesome *adj* מדאיג
trousers *n* מכנסיים
trout *n* פורל
truce *n* הפסקת אש
truck *n* משאית
trucker *n* נהג משאית
trumped-up *adj* שווא עד
trumpet *n* חצוצרה
trunk *n* תא המטען

trust *v* אמון
trust *n* אמון
truth *n* אמת
truthful *adj* דובר אמת
try *v* לנסות
tub *n* אמבטיה
tuberculosis *n* שחפת
Tuesday *n* יום שלישי
tuition *n* הדרכה
tulip *n* צבעוני
tumble *v* נפילה
tummy *n* בטן
tumor *n* גידול
tumult *n* המולה
tumultuous *adj* רועש
tuna *n* טונה
tune *n* מנגינה
tune *v* לכונן
tune up *v* לכונן
tunic *n* ירכית
tunnel *n* מנהרה
turbine *n* טורבינה
turbulence *n* מערבולת
turf *n* טורף
Turk *adj* טורקי
Turkey *n* טורקיה
turmoil *n* מהומה
turn *n* לפנות
turn *v* לפנות
turn back *v* לחזור
turn down *v* לדחות
turn in *v* ללכת לישון
turn off *v* לכבות
turn on *v* להדליק
turn out *v* לצאת
turn over *v* להתהפך
turn up *v* להופיע
turret *n* צריח
turtle *n* צב
tusk *n* ניב
tutor *n* מורה
tweezers *n* מלקטת
twelfth *adj* שנים עשר
twelve *adj* שתים עשרה
twentieth *adj* עשרים
twenty *adj* עשרים
twice *adv* פעמים
twilight *n* בין השמשות
twin *n* תאום
twinkle *v* לנצנץ
twist *v* לעקם
twist *n* לעקם
twisted *adj* מפותל
twister *n* טורנאדו
two *adj* שני
tycoon *n* איל ההון
type *n* סוג
type *v* לכתוב במכונה
typical *adj* טיפוסי
tyranny *n* עריצות
tyrant *n* רודן

U

ugliness *n* מכוערות
ugly *adj* מכוער
ulcer *n* כיב
ultimate *adj* מוחלט
ultimatum *n* אולטימטום, התראה
ultrasound *n* אולטראסאונד, תת קולי
umbrella *n* מטריה
umpire *n* שופט
unable *adj* יכול
unanimity *n* תמימות דעים
unarmed *adj* חמושים
unassuming *adj* צנוע
unattached *adj* פנוי
unavoidable *adj* בלתי נמנע
unaware *adj* לא מודע
unbearable *adj* בלתי נסבל
unbeatable *adj* ללא תחרות
unbelievable *adj* לא יאומן
unbiased *adj* משוחד
unbroken *adj* רצוף
unbutton *v* לפתוח כפתור
uncertain *adj* לא בטוח
uncle *n* דוד
uncomfortable *adj* לא נוח
uncommon *adj* נדיר
unconscious *adj* חסר הכרה
uncover *v* לחשוף
undecided *adj* לא החלטי
undeniable *adj* לא מוטל בספק
under *pre* תחת
undercover *adj* חשאי
underdog *n* מקופח
undergo *v* לעבור
underground *adj* תת קרקעי
underlie *v* להוות בסיס ל -
underline *v* לשים דגש
underlying *adj* בסיסי
undermine *v* לחתור
underneath *pre* מתחת
underpass *n* מעבר תחתי
understand *v* להבין
understandable *adj* מובן
understanding *adj* הבנה
undertake *v* להתחייב
underwear *n* תחתונים
underwrite *v* לבטח
undeserved *adj* לא ראוי
undesirable *adj* בלתי רצוי
undisputed *adj* ללא עוררין
undo *v* לבטל
undoubtedly *adv* בלי ספק
undress *v* להתפשט
undue *adj* מופרז
unearth *v* לחשוף
uneasiness *n* נוחות
uneasy *adj* לא נוח
uneducated *adj* לא מחונך
unemployed *adj* מובטל
unemployment *n* אבטלה
unending *adj* נצחי
unequal *adj* לא שווים

171 **unpredictable**

unequivocal *adj* חד משמעי
uneven *adj* לא ישר
uneventful *adj* משעמם
unexpected *adj* לא צפוי
unfailing *adj* נאֱמן
unfair *adj* לא הוגן
unfairly *adv* לא הוגן
unfairness *n* הגינות
unfaithful *adj* בוגד
unfamiliar *adj* זר
unfasten *v* להתיר
unfavorable *adj* שלילי
unfit *adj* לא כשיר
unfold *v* להתפתח
unforeseen *adj* צפוי
unforgettable *adj* בלתי נשכח
unfounded *adj* חסר שחר
unfriendly *adj* לא ידידותי
unfurnished *adj* מרוהטת
ungrateful *adj* כפוי טובה
unhappiness *n* אומללות
unhappy *adj* אומלל
unharmed *adj* ללא פגע
unhealthy *adj* חולני
unheard-of *adj* חסר תקדים של
unhurt *adj* ללא פגע
unification *n* איחוד
uniform *n* מדים
uniformity *n* אחידות
unify *v* להאחיד
unilateral *adj* חד צדדי
union *n* האיגוד
unique *adj* ייחודי
unit *n* יחידה
unite *v* להתאחד
unity *n* אחדות
universal *adj* אוניברסלי
universe *n* יקום
university *n* אוניברסיטה
unjust *adj* לא צודק
unjustified *adj* לא מוצדק
unknown *adj* לא ידוע
unlawful *adj* לא חוקי
unleaded *adj* נטול עופרת
unleash *v* להתיר
unless *c* אלא אם כן
unlike *adj* שונה
unlikely *adj* סביר
unlimited *adj* בלתי מוגבל
unload *v* לפרוק
unlock *v* לפתוח
unlucky *adj* ביש מזל
unmarried *adj* פנוי
unmask *v* לחשוף
unmistakable *adj* לטעות
unnecessary *adj* מיותר
unnoticed *adj* בלי משים
unoccupied *adj* פנוי
unofficially *adv* באופן לא רשמי
unpack *v* לפרוק
unpleasant *adj* לא נעים
unplug *v* להוציא את התקע
unpopular *adj* פופולרי
unpredictable *adj* צפוי

U

unprofitable 172

unprofitable *adj* רווחי
unprotected *adj* לא מוגנים
unravel *v* לפענח
unreal *adj* לא ממשי
unrealistic *adj* לא מציאותי
unreasonable *adj* לא סביר
unrelated *adj* קשור
unreliable *adj* לא מהימן
unrest *n* אי שקט
unsafe *adj* מסוכן
unselfish *adj* אנוכי
unspeakable *adj* מחריד
unstable *adj* לא יציב
unsteady *adj* לא יציב
unsuccessful *adj* מוצלח
unsuitable *adj* לא מתאים
unsuspecting *adj* תמימים
untie *v* להתיר
until *pre* עד
untimely *adj* בטרם עת
untouchable *adj* מנודה
untrue *adj* כוזב
unusual *adj* יוצא דופן
unveil *v* לחשוף
unwillingly *adv* בעל כרחו
unwind *v* להתפרק
unwise *adj* לא נבון
unwrap *v* לגולל
upbringing *n* גדול
upcoming *adj* צפויים
update *v* לעדכן
upgrade *v* שדרוג
upheaval *n* מהפך
uphill *adv* במעלה ההר
uphold *v* לאשר
upholstery *n* רפדות
upkeep *n* בדק בית
upon *pre* על
upper *adj* עליון
upright *adj* זקוף
uprising *n* התקוממות
uproar *n* תשואות
uproot *v* לעקור
upset *v* להדאיג
upside-down *adv* הפוך
upstairs *adv* למעלה
uptight *adj* עצבני
up-to-date *adj* עדכני
upturn *n* מפנה לטובה
upwards *adv* כלפי מעלה
urban *adj* עירוני
urge *n* דחף
urge *v* לדרבן
urgency *n* דחיפות
urgent *adj* דחוף
urinate *v* להשתין
urine *n* שתן
urn *n* מיחם
us *pro* לנו
usage *n* השימוש
use *v* להשתמש
use *n* שימוש
used to *adj* פעם
useful *adj* מועיל

U

usefulness *n* תועלת
useless *adj* חסר תועלת
user *n* משתמש
usher *n* סדרן
usual *adj* רגיל
usurp *v* לחמוס
utensil *n* תשמיש
uterus *n* רחם
utilize *v* לנצל
utmost *adj* מלוא
utter *v* מוחלט

V

vacancy *n* מקום פנוי
vacant *adj* פנוי
vacate *v* לפנות
vacation *n* חופשה
vaccinate *v* לחסן
vaccine *n* חיסון
vacillate *v* להרהר
vagrant *n* נווד
vague *adj* מטושטש
vain *adj* יהיר
vainly *adv* לשווא
valiant *adj* אמיץ
valid *adj* בתוקף
validate *v* לאשר
validity *n* תקיפות
valley *n* עמק
valuable *adj* יקר
value *n* ערך
valve *n* שסתום
vampire *n* ערפד
van *n* טנדר
vandal *n* משחית
vandalism *n* ונדליזם
vandalize *v* להשחית
vanguard *n* חיל חלוץ
vanish *v* להיעלם
vanity *n* יהירות
vanquish *v* להביס
vaporize *v* לאדות
variable *adj* משתנה
varied *adj* מגוון
variety *n* מגוון
various *adj* שונים
varnish *v* לצפות
varnish *n* ברק
vary *v* לגוון
vase *n* אגרטל
vast *adj* עצום
veal *n* עגל
veer *v* לסטות
vegetable *v* ירק
vegetarian *v* צמחייה
vegetation *n* צמחוני
vehicle *n* רכב
veil *n* רעלה
vein *n* וריד

V

velocity 174

velocity *n* מהירות
velvet *n* קטיפה
venerate *v* להעריץ
vengeance *n* נקמה
venison *n* בשר צבי
venom *n* רעל
vent *n* מוצא
ventilate *v* לאוורר
ventilation *n* איוורור
venture *v* להסתכן
venture *n* יזמה
verb *n* פועל
verbally *adv* בעל פה
verbatim *adv* מילולית
verdict *n* גזר דין
verge *n* קצה
verification *n* אישור
verify *v* לאשר
versatile *adj* גמיש
verse *n* פסוק
versed *adj* בקי
version *n* גירסה
versus *pre* נגד
vertebra *n* חוליה
very *adv* מאד
vessel *n* כלי
vest *n* אפוד
vestige *n* שמץ
veteran *n* ותיק
veterinarian *n* וטרינר
veto *v* וטו
viaduct *n* גשר דרכים
vibrant *adj* זוהר
vibrate *v* לרעוד
vibration *n* רעידה
vice *n* חטא
vicinity *n* איזור
vicious *adj* אכזרי
victim *n* קורבן
victimize *v* לרדוף
victor *n* מנצח
victorious *adj* מנצח
victory *n* נצחון
view *n* מבט
view *v* להביט, לראות
viewpoint *n* נקודת מבט
vigil *n* ערות
village *n* כפר
villager *n* כפרי
villain *n* רשע
vindicate *v* להצדיק
vindictive *adj* נוקם
vine *n* גפן
vinegar *n* חומץ
vineyard *n* כרם
violate *v* לחלל
violence *n* אלימות
violent *adj* אלים
violet *n* סיגלית
violin *n* כנור
violinist *n* כנר
viper *n* נחש ארסי
virgin *n* בתולה
virginity *n* בתולות

V

175 waitress

virile *adj* גברי
virility *n* גבריות
virtue *n* מידה טובה
virtually *adv* למעשה
virtuous *adj* מוסרי
virulent *adj* מידבק
virus *n* וירוס
visibility *n* ראיה
visible *adj* ברור
vision *n* חזון
visit *n* ביקור
visit *v* לבקר
visitor *n* מבקר
visual *adj* חזותי
visualize *v* לדמיין
vital *adj* חיוני
vitality *n* חיוניות
vitamin *n* ויטמין
vivacious *adj* מלא חיים
vivid *adj* חי
vocabulary *n* אוצר מלים
vocation *n* שליחות
vogue *n* מודה
voice *n* קול
void *adj* חסר תוקף
volatile *adj* נדיף
volcano *n* הר געש
volleyball *n* כדור עף
voltage *n* וולטאג'
volume *n* וליום
volunteer *n* מתנדב
vomit *v* להקיא
vomit *n* קיא
vote *v* לבחור
vote *n* בחירה
voting *n* בחירה
vouch for *v* לערוב על
voucher *n* שובר
vow *v* לנדור נדר
vowel *n* תנועה
voyage *n* מסע
voyager *n* נוסע
vulgar *adj* וולגרי
vulgarity *n* וולגריות
vulnerable *adj* פגיע
vulture *n* עושק

W

wafer *n* ופל
wag *v* לקשקש
wage *n* שכר
wagon *n* עגלה
wail *v* להתייפח
wail *n* התייפחות
waist *n* מותניים
wait *v* לחכות
waiter *n* מלצר
waiting *n* מלצרות
waitress *n* מלצרית

W

waive *v* לוותר על
wake up *iv* להתעורר
walk *v* ללכת
walk *n* הליכה
walkout *n* שביתה
wall *n* קיר
wallet *n* ארנק
walnut *n* אגוז
walrus *n* סוס ים
waltz *n* ולס
wander *v* לנדוד
wanderer *n* נווד
wane *v* לדעוך
want *v* לרצות
war *n* מלחמה
ward *n* מחלקה
warden *n* סוהר
wardrobe *n* ארון בגדים
warehouse *n* מחסן
warfare *n* לחימה
warm *adj* חמים, פושר
warm up *v* לחמם
warmth *n* חום
warn *v* להזהיר
warning *n* אזהרה
warp *v* לעקם
warped *adj* עקום
warrant *v* להצדיק
warrant *n* צו חיפוש
warranty *n* תעודת אחריות
warrior *n* לוחם
warship *n* ספינת מלחמה
wart *n* יבלת
wary *adj* זהיר
wash *v* לשטוף, לרחוץ
washable *adj* ניתן לרחצה
wasp *n* צרעה
waste *v* לבזבז
waste *n* זבל, בזבוז
waste basket *n* פח זבל
wasteful *adj* בזבזני
watch *n* שעון
watch *v* להסתכל
watch out *v* לשמור, להיזהר
watchful *adj* זהיר
watchmaker *n* שען
water *n* מים
water *v* להשקות
water down *v* למהול במים
waterfall *n* מפל
waterheater *n* דוד
watermelon *n* אבטיח
waterproof *adj* חסין מים
watershed *n* נקודת הפרדה
watertight *adj* אטום
watery *adj* מימי
watt *n* ווט
wave *n* גל
waver *v* להרהר
wavy *adj* גלי
wax *n* שעווה
way *n* דרך
way in *n* דרך פנימה
way out *n* דרך החוצה

whine

we *pro* אנחנו, אנו
weak *adj* חלש
weaken *v* להחליש
weakness *n* חולשה
wealth *n* עושר
wealthy *adj* עשיר
weapon *n* נשק
wear *n* שחיקה
wear *iv* ללבוש
wear down *v* להתיש
wear out *v* להישחק
weary *adj* עייף
weather *n* מזג אוויר
weave *iv* לארוג
web *n* רשת, קורים
web site *n* אתר
wed *iv* להתחתן עם
wedding *n* חתונה
wedge *n* יתד
Wednesday *n* יום רביעי
weed *n* עשב בר
weed *v* לנכש עשבים
week *n* שבוע
weekday *adj* יום חול
weekend *n* סופשבוע
weekly *adv* שבועי
weep *iv* ליילל
weigh *v* לשקול
weight *n* משקל
weird *adj* מוזר
welcome *v* לקבל
welcome *n* קבלת פנים
weld *v* לרתך
welder *n* רתך
welfare *n* רווחה
well *n* באר
well-known *adj* מוכר
well-to-do *adj* עשיר
west *n* מערב
westbound *adv* מערבה
western *adj* מערבי
westerner *adj* מערבי
wet *adj* רטוב
whale *n* לוויתן
wharf *n* מזח
what *adj* מה
whatever *adj* איזה שהוא
wheat *n* חיטה
wheel *n* גלגל
wheelbarrow *n* מריצה
wheelchair *n* כסא גלגלים
wheeze *v* לנשום בכבדות
when *adv* כש-, כאשר
whenever *adv* כאשר
where *adv* איפה
whereabouts *n* מיקום
whereas *c* הואיל ו-
whereupon *c* ואז
wherever *c* במקום כלשהו
whether *c* אם
which *adj* אשר
while *c* כאשר
whim *n* גחמה
whine *v* ליילל

W

whip *v* לצלוף
whip *n* שוט
whirl *v* לסובב
whirlpool *n* מערבלת
whiskers *n* שפם
whisper *v* ללחוש
whisper *n* לחש
whistle *v* לשרוק
whistle *n* שריקה
white *adj* לבן
whiten *v* להלבין
whittle *v* לגלף
who *pro* מי ש
whoever *pro* מי ש
whole *adj* מלא, שלם
wholehearted *adj* בכל הלב
wholesale *n* בסיטונות
wholesome *adj* בריא
whom *pro* אשר
why *adv* מדוע
wicked *adj* רשע
wickedness *n* רשע
wide *adj* רחב
widely *adv* בהיקף נרחב
widen *v* להרחיב
widespread *adj* נרחב
widow *n* אלמנה
widower *n* אלמן
width *n* רוחב
wield *v* להפעיל
wife *n* אשה
wig *n* פיאה נכרית
wiggle *v* להתנודד
wild *adj* בר
wild boar *n* חזיר בר
wilderness *n* שממה
wildlife *n* חיות בר
will *n* רצון
willfully *adv* בכוונה תחילה
willing *adj* נכון
willingly *adv* ברצון
willingness *n* נכונות
willow *n* עץ ערבה
wily *adj* ערמומי
wimp *adj* חנון
win *iv* לזכות
wind *n* רוח
wind *iv* לסובב
wind up *v* לגלול
winding *adj* מתפתל
windmill *n* טחנת רוח
window *n* חלון
windpipe *n* קנה-נשימה
windshield *n* שמשיה
windy *adj* סוער
wine *n* יין
winery *n* יקב
wing *n* כנף
wink *n* קריצה
wink *v* לקרוץ
winner *n* מנצח
winter *n* חורף
wipe *v* לנגב
wipe out *v* להשמיד

wire *n* תיל
wireless *adj* אל-חוטי
wisdom *n* חכמה
wise *adj* נבון
wish *v* לבקש משאלה
wish *n* משאלה
wit *n* שנינות
witch *n* מכשפה
witchcraft *n* כישופים
with *pre* עם
withdraw *v* לסגת
withdrawal *n* נסיגה
withdrawn *adj* נסוג
wither *v* לנבול
withhold *iv* לעכב
within *pre* מבפנים
without *pre* מבחוץ
withstand *v* לעמוד בפני
witness *n* עד
witty *adj* שנון
wives *n* נשים
wizard *n* מכשף
wobble *v* להתנדנד
woes *n* צרות
wolf *n* זאב
woman *n* אשה
womb *n* רחם
women *n* נשים
wonder *v* לתהות
wonder *n* פלא
wonderful *adj* נהדר
wood *n* עץ
wooden *adj* מעץ
wool *n* צמר
woolen *adj* מצמר
word *n* מילה
wording *n* ניסוח
work *n* עבודה
work *v* לעבוד
work out *v* לברר
workable *adj* בר-ביצוע
workbook *n* חוברת
worker *n* פועל
workshop *n* בית מלאכה
world *n* עולם
worldly *adj* מכיר עולם
worldwide *adj* ברחבי העולם
worm *n* תולעת
worn-out *adj* בלוי
worrisome *adj* מדאיג
worry *v* לדאוג
worry *n* דאגה
worse *adj* גרוע יותר
worsen *v* להחמיר
worship *n* להתפלל
worst *adj* הכי גרוע
worthless *adj* חסר ערך
worthwhile *adj* שווה
worthy *adj* ראוי
would-be *adj* כביכול
wound *n* פציעה
wound *v* לפצוע
woven *adj* ארוג
wrap *v* לעטוף

W

wrap up 180

wrap up *v* לסיים
wrapping *n* עטיפה
wrath *n* זעם
wreath *n* זר
wreck *v* להרוס
wreckage *n* הריסה
wrench *n* למשוך בכח
wrestle *v* להיאבק
wrestler *n* מתאבק
wrestling *n* היאבקות
wretched *adj* עלוב
wring *iv* לסחוט
wrinkle *v* לקמט
wrinkle *n* קמט
wrist *n* פרק כף היד
write *iv* לכתוב
write down *v* לרשום
writer *n* מחבר
writhe *v* להתפתל
writing *n* כתיבה
written *adj* נכתב
wrong *adj* לא נכון

X

X-mas *n* חג המולד
X-ray *n* רנטגן

Y

yacht *n* יאכטה
yam *n* בטטה
yard *n* חצר
yarn *n* צמר
yawn *n* פיהוק
yawn *v* לפהק
year *n* שנה
yearly *adv* שנתי
yearn *v* להשתוקק
yeast *n* שמרים
yell *v* לצעוק
yellow *adj* צהוב
yes *adv* כן
yesterday *adv* אתמול
yet *c* אך
yield *v* לפנות דרך
yield *n* רווח
yoke *n* עול
yolk *n* חלמון
you *pro* אתה
young *adj* צעיר
youngster *n* צעיר
your *adj* שלך
yours *pro* שלך
yourself *pro* בעצמיך
youth *n* נוער
youthful *adj* צעיר

W

181 zoology

Z

zap *v* לתת מכת חשמל
zeal *n* קנאות, התלהבות
zealous *adj* קנאי, מתלהב
zebra *n* זברה
zero *n* אפס
zest *n* התלהבות
zinc *n* אבץ
zip code *n* קוד דואר
zipper *n* ריצ'רץ'
zone *n* איזור
zoo *n* גן חיות
zoology *n* זואולוגיה

Z

Hebrew-English

Abbreviations

a - article
n - noun
e - exclamation
pro - pronoun
adj - adjective
adv - adverb
v - verb
pre - preposition
c - conjunction

א

father *n* אב
prototype *n* אב-טיפוס
stepfather *n* אב חורג
ancestor *n* אב קדמון
dad *n* אבא
fatherhood, paternity *n* אבהות
fatherly *adj* אבהי
buckle *n* אבזם
security *n* אבטחה
watermelon *n* אבטיח
unemployment *n* אבטלה
spring *n* אביב
indigent *adj* אביון
gadget *n* אביזר
knight *n* אביר
gallant *adj* אבירי
but *c* אבל
mourning *n* אבל
stone, rock *n* אבן
ruby *n* אבן אודם
limestone *n* אבן גיר
milestone *n* אבן דרך
gem *n* אבן חן
cornerstone *n* אבן פנה
pebble *n* אבן קטנה
cobblestone *n* אבן ריצוף
curb *n* אבן שפה
tartar *n* אבנית שנים
absolute *adj* אבסולוטי
absurd *adj* אבסורד
abstract *adj* אבסטרקטי
blister, pimple *n* אבעבועה
smallpox *n* אבעבועות
chicken pox *n* אבעבועות רוח
zinc *n* אבץ
dust *n* אבק
gunpowder *n* אבק שרפה
pollen, powder *n* אבקה
plaster *n* אגד מדבק
legend *n* אגדה
fellowship *n* אגודה
thumb *n* אגודל
nut, walnut *n* אגוז
lake *n* אגם
pear *n* אגס
fee, toll *n* אגרה
toll *v* אגרה
boxing *n* אגרוף
vase *n* אגרטל
red *adj* אדום
lord; mister *n* אדון
sir *n* אדוני
devout, pious *adj* אדוק
kind, gracious *adj* אדיב
kindness *n* אדיבות
fumes *n* אדים
piety *n* אדיקות
mighty *adj* אדיר
indifferent; stagnant *adj* אדיש
apathy *n* אדישות
earth, soil, land *n* אדמה

אדמירל *n* admiral
אדמת עשב *n* sod
אדנות *n* lordship
אדנית *n* flowerpot
אדריכל *n* architect
אדריכלות *n* architecture
אהבה *n* love
אהדה *n* sympathy
אהוב *adj* beloved
אהיל *n* lampshade
או *c* nor, or
אואזיס *n* oasis
אובייקט *n* object
אובססיה *n* obsession
אוגוסט *n* August
אודות *pre* about
אודיסיאה *n* odyssey
אוהב *adj* loving
אוהל *n* tent
אווז *n* goose
אווזים *n* geese
אוויר *n* air
אווירה *n* atmosphere
אוזניות *n* earphones
אוטו *n* auto
אוטובוס *n* bus
אוטומתי *adj* automatic
אוטופסיההמוות *n* autopsy
אויב *n* enemy, foe
אוכל *n* food
אוכלוסיה *n* population
אוכמנית *n* blackberry
אוכף *n* saddle
אולטימטום *n* ultimatum
אולטראסאונד *n* ultrasound
אולי *adv* maybe, perhaps
אולימפיאדה *n* olympics
אולם *n* auditorium
אולם התעמלות *n* gymnasium
אולם ריקודים *n* ballroom
אולמוס *n* elm
אומה *n* nation
אומלל *adj* unhappy
אומללות *n* unhappiness
אומץ *n* guts
אומץ *n* bravery
אומץ לב *n* courage
אוניברסיטה *n* university
אוניברסלי *adj* universal
אוניה טרופה *n* shipwreck
אונס *n* rape
אונקיה *n* ounce
אוסף *n* collection
אופה *n* baker
אופטי *adj* optical
אופטימי *adj* optimistic
אופטימיזם *n* optimism
אופטיקאי *n* optician
אופי *n* character
אופיום *n* opium
אופנה *n* fashion
אופנוע *n* motorcycle
אופניים *n* bicycle
אופנתי *adj* fashionable

אזעקה *n* alarm, siren
אזרח *n* citizen
אזרח *adj* civic, civil
אזרחות *n* citizenship
אח *n* fireplace
אח חורג *n* stepbrother
אחד *adj* one
אחד עשר *adj* eleven
אחדות *n* unity
אחווה *n* brotherhood
אחוז *adv* percent
אחוז *n* percentage
אחוז טירוף *adj* frenzied
אחוזה *n* estate, mansion
אחור *n* rear
אחורה *adv* back
אחורה *n* reverse
אחורי *adj* rear
אחות *n* nurse, sister
אחות חורגת *n* stepsister
אחידות *n* uniformity
אחיזה *n* grasp, grip
אחיין *n* nephew
אחיינית *n* niece
אחים *n* brethren
אחסון *n* storage
אחר *adj* another, other
אחר *adv* else
אחראי *adj* accountable
אחרון *adj* last, latest
אחרון *adv* lastly
אחרי *pre* after

אופק *n* horizon
אופקי *adj* horizontal
אופרה *n* opera
אוצר *n* treasure
אוצר מלים *n* vocabulary
אוקטובר *n* October
אור *n* light
אורבה *n* manger
אורגניזם *n* organism
אורגניסט *n* organist
אורז *n* rice
אורח *n* guest
אורך *n* length
אורך חיים *n* lifestyle
אורן *n* pine
אורנגוטן *n* orangutan
אורתודוכסי *adj* orthodox
אושר *n* bliss
אות *n* indication
אות רישית *n* capital letter
אותו *adj* same
אותיות קטנות *n* small print
אז *adv* then
אזהרה *n* warning
אזור *n* district
אזיקים *n* handcuffs
אזכור *n* reminder
אזכרה *n* remembrance
אזלו *adj* sold-out
אזמל *n* chisel
אזן *n* ear
אזניות *n* headphones

א
אחריות

אחריות *n* commitment
אחרת *adv* otherwise
אטב נייר *n* paperclip
אטום *adj* airtight
אטיקט *n* etiquette
אטמוספרי *adj* atmospheric
אי *n* island, isle
אי-יכולת *n* inability
אי-יציבות *n* instability
אי-מוסריות *n* immorality
אי-נוחות *n* discomfort
אי-צדק *n* injustice
אי-ציות *n* disobedience
אי-רשמיות *n* informality
אי-שביעות-רצון *adj* discontent
אי-שביעות-רצון *n* displeasure
אי-שימוש *n* disuse
אי-שלמות *n* imperfection
אי אמון *n* distrust
אי אפשרות *n* impossibility
אי כשירות *n* incompetence
אי נאמנות *n* infidelity
אי פעם *adv* ever
אי שקט *n* unrest
איבה *n* grudge
איבר *n* limb, organ
איגוד *n* association
איגוד מחדש *n* reunion
איגרת חוב *n* bond
אידאלי *adj* ideal
אידיאולוגיה *n* ideology
אידיוט *n* idiot, jerk
אידיוטי *adj* idiotic
איה *n* buzzard
איוורור *n* ventilation
איום *adj* grisly
איום *n* threat
איום ונורא *adj* dreadful
איור *n* illustration
איות *n* spelling
איזה שהוא *adj* whatever
איזון *n* balance
איזור *n* region, zone, area
איזורי *adj* regional
איזשהו *adj* any
איחוד *n* unification
איטליה *n* Italy
איטליק *adj* italics
איטלקי *adj* Italian
איכות *n* caliber
איכר *n* peasant
איכשהו *pro* anyhow
איכשהו *adv* somehow
איל *n* ram
איל ההון *n* tycoon
איל צפון *n* reindeer
אילם *adj* dumb
אימה *n* fright, horror
אימהי *adj* maternal
אימון *n* drill, exercise
אימוץ *n* adoption
אימות *n* confirmation
אימפולסיבי *adj* impulsive
אימפריאלי *adj* imperial

אישי *adj* personal
אישיות *n* personality
איתן *adj* staunch
אך *c* yet
אך ורק *adv* solely
אכזבה *n* disappointment
אכזרי *adj* cruel, vicious
אכזריות *n* cruelty
אכיל *adj* edible
אכן *adv* indeed
אל *pre* to
אל-חוטי *adj* wireless
אל מול *pre* against
אלא אם כן *c* unless
אלגברה *n* algebra
אלגנטי *adj* elegant
אלה *n* club
אלה *adj* these, those
אלהות *n* deity
אלהי *adj* divine
אלוהים *n* God
אלומיניום *n* aluminum
אלון *n* oak
אלונקה *n* stretcher
אלוף *n* ace, champion
אלוף משנה *n* colonel
אלחוטי *adj* cordless
אליל *n* idol
אלילה *n* goddess
אלים *adj* violent
אלימות *n* violence
אליפטי *adj* oval

אימפריאליזם *n* imperialism
אימרה *n* saying
אינטואיציה *n* intuition
אינטימי *adj* intimate
אינטימיות *n* intimacy
אינטנסיבי *adj* intensive
אינסופי *adj* endless
אינסטינקט *n* instinct
אינפוזיה *n* infusion
אינפלציה *n* inflation
אינץ' *n* inch
אינקוויזיציה *n* inquisition
איסוף *n* pickup
איסור *n* prohibition
איסלמי *adj* Islamic
איפה *adv* where
איפור *n* makeup
איצטגנין *n* astrologer
איקון *n* icon
אירוני *adj* ironic
אירוניה *n* irony
אירוסין *n* engagement
אירוע *n* happening
אירוע קודם *n* antecedent
אירופאי *adj* European
אירופה *n* Europe
אירי *adj* Irish
אירלנד *n* Ireland
אירציונלי *adj* deranged
איש *n* man
איש עסקים *n* businessman
אישור *n* approval, confirmation

אמן *n* artisan, artist
אמנה *n* accord, treaty
אמנות *n* art, craft
אמנותי *adj* artistic
אמפיבי *adj* amphibious
אמפיתיאטרון *n* amphitheater
אמצע *n* middle
אמצע היום *n* midday
אמצע הקיץ *n* midsummer
אמצעים *n* means
אמרה *n* hem
אמריקאי *adj* American
אמת *n* truth
אנאלפביתי *adj* illiterate
אנגינה *n* angina
אנגלי *adj* English
אנגליה *n* England
אנגליקני *adj* Anglican
אנדרטה *n* monument
אנוכי *n* egoist
אנוכי *adj* selfish
אנוכיות *n* selfishness
אנורמלי *adj* abnormal
אנורמליות *n* abnormality
אנושות *n* humankind
אנושי *adj* human, mortal
אנושיות *n* mortality
אנחה *n* moan, sigh
אנחנו *pro* we
אנטומיה *n* anatomy
אנטיביוטיקה *n* antibiotic
אנטנה *n* antenna

אלכוהול *n* booze
אלכוהולי *adj* alcoholic
אלכוהוליזם *n* alcoholism
אלכסוני *adj* diagonal
אלמוני *adj* anonymous
אלמוניות *n* anonymity
אלמן *n* widower
אלמנה *n* widow
אלמנך *n* almanac
אלסטי *adj* elastic
אלף *adj* thousand
אלף בית *n* alphabet
אלקטרוני *adj* electronic
אלרגי *adj* allergic
אלרגיה *n* allergy
אם *c* if, whether
אם חורגת *n* stepmother
אמ"ש *adv* last night
אמא *n* mom, mother
אמבולנס *n* ambulance
אמבטיה *n* bath, tub
אמהות *n* maternity
אמון *v* trust
אמון *n* trust
אמונה *n* belief, faith
אמוניה *n* ammonia
אמונים *n* allegiance
אמורפי *adj* amorphous
אמין *adj* believable
אמינות *n* authenticity
אמיץ *adj* brave, valiant
אמיתי *adj* authentic, real

א
אפרודיזיאק

אספקה *n* supplies
אספקה *v* supply
אספרגוס *n* asparagus
אסתטי *adj* aesthetic
אף *n* nose
אף *c* though
אף אחד *pro* nobody
אף אחד מ- *adv* neither
אף אחד מ- *pre* none
אף על פי כן *adv* nevertheless
אף על פי כן *c* nonetheless
אף פעם *adv* never
אפוד *n* vest
אפוטרופוס *n* custodian
אפוטרופסות *n* custody
אפונה *n* pea
אפוסטולי *adj* apostolic
אפור *adj* gray
אפייני *adj* characteristic
אפילו *adj* even
אפילו אם *c* even if
אפילו יותר *c* even more
אפיפיור *n* pontiff, Pope
אפיפיורות *n* papacy
אפליה *n* discrimination
אפנתי *adj* trendy
אפס *n* zero
אפקט *n* effect
אפקטיבי *adj* effective
אפקטיביות *n* effectiveness
אפר *n* ash, cinder
אפרודיזיאק *adj* aphrodisiac

אני *pro* I
אניית-קרב *n* battleship
אנימציה *n* animation
אנלוגיה *n* analogy
אנמי *adj* anemic
אנמיה *n* anemia
אננס *n* pineapple
אנס *n* rapist
אנציקלופדיה *n* encyclopedia
אנרגיה *n* energy
אנרכיסט *n* anarchist
אנשובי *n* anchovy
אנשים *n* folks, people
אסון *n* calamity
אסור *adj* illicit
אסטמה *n* asthma
אסטמתי *adj* asthmatic
אסטרולוגיה *n* astrology
אסטרונאוט *n* astronaut
אסטרונום *n* astronomer
אסטרונומי *adj* astronomic
אסטרונומיה *n* astronomy
אסטרטגיה *n* strategy
אסימון *n* token
אסיפה *n* assembly
אסיר *n* captive
אסיר תודה *adj* grateful
אסכלה *n* broiler
אסם *n* barn
אספירין *n* aspirin
אספלט *n* asphalt
אספסוף *n* mob

chick *n* אפרוח
aperitif *n* אפריטיף
April *n* אפריל
peach *n* אפרסק
grayish *adj* אפרפר
option *n* אפשרות
possible *adj* אפשרי
finger, toe *n* אצבע
aristocracy *n* אצולה
aristocrat *n* אציל
noble *adj* אציל
nobility *n* אצילות
beside *pre* אצל
gun, pistol *n* אקדח
smoking gun *n* אקדח מעשן
academic *adj* אקדמי
academy *n* אקדמיה
aquarium *n* אקווריום
ecology *n* אקולוגיה
acoustic *adj* אקוסטי
accordion *n* אקורדיון
exotic *adj* אקזוטי
climate *n* אקלים
climatic *adj* אקלימי
ecstasy *n* אקסטזה
ecstatic *adj* אקסטטי
acre *n* אקר
chimney *n* ארבה
four *adj* ארבע
fourteen *adj* ארבע-עשרה
forty *adj* ארבעים
organization *n* ארגון

reorganize *v* ארגון מחדש
bronze *n* ארד
woven *adj* ארוג
meal *n* ארוחה
breakfast *n* ארוחת בוקר
dinner, supper *n* ארוחת ערב
lunch *n* ארוחת צהריים
lengthy, long *adj* ארוך
aromatic *adj* ארומטי
closet, pantry *n* ארון
wardrobe *n* ארון בגדים
casket, coffin *n* ארון מתים
event *n* ארוע
artichoke *n* ארטישוק
fabric, cloth *n* אריג
lion *n* אריה
tile *n* אריח
archaeology *n* ארכאולוגיה
archaic *adj* ארכאי
crank *n* ארכבה
reprieve *n* ארכה
archbishop *n* ארכיבישוף
archive *n* ארכיון
palace *n* ארמון
rabbit *n* ארנב
hare *n* ארנבת
purse, wallet *n* ארנק
casual *adj* ארעי
countenance *n* ארשת
arthritis *n* ארתריטיס
fire *n* אש
crossfire *n* אש צולבת

אשד *n* cascade
אשה *n* wife, woman
אשכול *n* bunch
אשכולית *n* grapefruit
אשליה *n* illusion
אשם *n* culpability
אשם *adj* guilty
אשמה *n* blame, guilt
אשפה *n* litter, trash
אשר *adj* which
אשר *pro* whom
אשרא *n* credit
אשרור *n* ratification
אתגר *n* challenge
אתה *pro* you
אתיאיזם *n* atheism
אתיאיסט *n* atheist
אתמול *adv* yesterday
אתר *n* site, web site

ב

ב- *pre* at, in
בא *adj* forthcoming
בא כוח *n* proxy
באדיבות *adv* kindly
באויר *n* midair
באומץ *adv* bravely
באופן הפוך *adv* conversely
באופן מילולי *adv* literally
באיחור *adj* overdue
באמת *adv* really
באקראי *adv* randomly
באר *n* well
בבירור *adv* clearly
בבקשה *v* please
בגאווה *adv* proudly
בגד *n* garment
בגדים *n* clothes
בגט *n* baguette
בגידה *n* betrayal
בגלל *c* because
בגלל *pre* because of
בגרות *n* maturity
בד *n* material
בדולח *n* crystal
בדידות *n* loneliness
בדיון *n* fiction
בדיחה *n* prank, joke
בדיעבד *adj* retroactive
בדיקה *n* scrutiny
בדל *n* butt, stub
בדק בית *n* upkeep
בדרך כלל *adv* ordinarily
בדרל כלל *adv* normally
בהיקף נרחב *adv* widely
בהיר *adj* clear, light
בהירות *n* brightness, clarity
בהמה *n* beast
בהנחה ש- *c* supposing
בהרחבה *adv* broadly
בהריון *adj* pregnant

initially *adv* בהתחלה
doll, puppet *n* בובה
traitor *n* בוגד
unfaithful *adj* בוגד
treacherous *adj* בוגדני
graduate *v* בוגר
mature *adj* בוגר
alone, lonesome *adj* בודד
lonely *adv* בודד
probing *n* בודק
gleam *n* בוהק
contempt, disdain *n* בוז
blunt *adj* בוטה
peanut *n* בוטן
botany *n* בוטניקה
stamp *v* בול
stamp *n* בול
log *n* בול עץ
nightingale *n* בולבול
prominent *adj* בולט
ostentatious *adj* בולט לעין
mason *n* בונה
bonus *n* בונוס
bunker *n* בונקר
bubble *n* בועה
mud *n* בוץ
muddy, murky *adj* בוצי
canoe *n* בוצית
morning *n* בוקר
ignorant *adj* בור
pit, pothole *n* בור
bolt, screw *n* בורא

bourgeois *adj* בורגני
ignorance *n* בורות
arbiter *n* בורר
arbitration *n* בוררות
shame *n* בושה
perfume *n* בושם
hereby *adv* בזאת
wasteful *adj* בזבזני
gingerly *adv* בזהירות
duly *adv* בזמן
punctual *adj* בזמן
lately *adv* בזמן האחרון
furiously *adv* בזעם
sternly *adv* בחומרה
hurriedly *adv* בחופזה
outside *adv* בחוץ
overseas *adv* בחוץ לארץ
guy *n* בחור
gal *n* בחורה
choice, vote *n* בחילה
voting *n* בחירה
election *n* בחירות
partly *adv* בחלקו
hastily *adv* בחפזה
busily *adv* בחריצות
certain, safe *adj* בטוח
concrete *n* בטון
confidence *n* בטחון
yam *n* בטטה
safety *n* בטיחות
madly *adv* בטירוף
idle, null *adj* בטל

195 בית מרזח
ב

בימת צופים grandstand *n*
בין between *pre*
בין השמשות twilight *n*
בין ערביים dusk *n*
בינוני mediocre *adj*
בינוניות mediocrity *n*
בינתיים meantime *adv*
ביס morsel *n*
ביסקוויט biscuit *n*
ביצה bog, quagmire *n*
ביקור visit *n*
בירה beer *n*
בירית garter *n*
ביש מזל misfortune *n*
ביש מזל unlucky *adj*
בישול cooking *n*
בישופות diocese *n*
בית home, house *n*
בית בושת brothel *n*
בית דין tribunal *n*
בית הדואר post office *n*
בית הקול larynx *n*
בית השחי armpit *n*
בית חולים hospital *n*
בית חרושת factory *n*
בית יציקה foundry *n*
בית יתומים orphanage *n*
בית כנסת synagogue *n*
בית מחוקקים legislature *n*
בית מלאכה workshop *n*
בית מקדש temple *n*
בית מרזח tavern *n*

בטלן drifter *n*
בטן stomach *n*
בטנה lining *n*
בטעם טוב tasteful *adj*
בטרם עת untimely *adj*
ביאה coming *n*
ביבליוגרפיה bibliography *n*
ביגוד clothing *n*
בידוד insulation *n*
בידור amusement *n*
ביוב sewage *n*
ביוגרפיה biography *n*
ביודעין knowingly *adv*
ביולוגי biological *adj*
ביולוגיה biology *n*
ביום מן הימים someday *adv*
ביוקר dearly *adv*
ביורוקרטיה bureaucracy, red tape *n*
ביותר exceedingly *adv*
ביזה booty *n*
ביטוח insurance *n*
ביטוי expression *n*
ביטול annulment *n*
ביטול חוק repeal *n*
בייחוד notably *adv*
בייסבול baseball *n*
בייקון bacon *n*
ביישן shy *adj*
ביישנות shyness *n*
בילט-אין built-in *adj*
ביליארד billiards *n*

בליטה *n* bulge
בלם *n* brake
בלנדר *n* blender
בלעדי *adj* sole
בלש *n* detective
בלתי-מוסרי *adj* amoral
בלתי אנושי *adj* inhuman
בלתי אפשרי *adj* impossible
בלתי גמיש *adj* inflexible
בלתי הגיוני *adj* illogical
בלתי הולם *adj* inappropriate
בלתי הפיך *adj* irreversible
בלתי חוקי *adj* illegal
בלתי חק *adj* illegitimate
בלתי יציב *adj* borderline
בלתי מוגבל *adj* unlimited
בלתי מוסרי *adj* immoral
בלתי מנוצח *adj* invincible
בלתי מספיק *adj* insufficient
בלתי מתאים *adj* inadequate
בלתי נמנע *adj* inevitable
בלתי נסבל *adj* intolerable
בלתי נסלח *adj* inexcusable
בלתי נפרד *adj* inseparable
בלתי נראה *adj* invisible
בלתי נשכח *adj* memorable, unforgettable
בלתי סביר *adj* improbable
בלתי פורמלי *adj* informal
בלתי קריא *adj* illegible
בלתי רצוי *adj* undesirable
במאי *n* director

בית מרקחת *n* drugstore
בית משפט *n* courthouse
בית סוהר *n* jail, prison
בית ספר *n* school
בית קברות *n* cemetery
ביתי *adj* domestic
ביתן *n* booth, pavilion
בכבד ראש *adv* gravely
בכוונה *adv* purposely
בכוונה תחילה *adv* willfully
בכוח *adv* forcibly
בכי *n* cry, crying
בכיר *adj* senior
בכיר *n* elder
בכל אופן *c* however
בכל הלב *adj* wholehearted
בכנות *adv* frankly
בלאגן *n* mayhem
בלבול *n* mix-up
בלגי *adj* Belgian
בלגיה *n* Belgium
בלגן *n* mess, shambles
בלוט *n* acorn
בלוטה *n* gland
בלוי *adj* worn-out
בלון *n* balloon
בלונדיני *adj* blond
בלוף *n* sham
בלוק *n* block
בלי משים *adj* unnoticed
בלי ספק *adv* undoubtedly
בלי שרוולים *adj* sleeveless

בנוגע ל- *pre* concerning
בנוכחות *pre* before
בני אנוש *n* mankind
בני מעים *n* gut
בניין העירייה *n* town hall
בנין *n* building
בננה *n* banana
בנק *n* bank
בסדר *adv* okay
בסודיות *adv* secretly
בסופו של דבר *adv* eventually
בסיטונות *n* wholesale
בסיס *n* base, basis
בסיס צבאי *n* barracks
בסיסי *adj* basic, fundamental
בסך הכל *adj* altogether
בעבר *adv* formerly
בעדינות *adv* lightly
בעיה *n* problem
בעיטת פתיחה *n* kickoff
בעייתי *adj* problematic
בעיקר *adv* mainly
בעירה *n* combustion
בעל *n* owner, master
בעל בית *n* landlord
בעל ברית *adj* allied
בעל ברית *n* ally
בעל כורחו *adv* reluctantly
בעל כרחו *adv* unwillingly
בעל מניה *n* shareholder
בעל פה *adv* verbally
בעל שם *adj* renowned

במבוק *n* bamboo
במה *n* platform
במהופך *adv* backwards
במהירות *adv* quickly
במורד ההר *adv* downhill
במידה מסוימת *adv* somewhat
במיוחד *adv* especially
במעלה ההר *adv* uphill
במפורש *adv* expressly
במקום *adv* instead
במקום אחר *adv* elsewhere
במקום כלשהו *c* wherever
במקור *adv* originally
במקרה *adv* incidentally
במרירות *adv* bitterly
במשורה *adv* sparingly
במשך *pre* during
במשך הלילה *adv* overnight
בן *n* son
בן-ארצו *n* compatriot
בן-דוד *n* cousin
בן-כוכב *n* asteroid
בן-לויה *n* companion
בן-ערובה *n* hostage
בן אדם *n* human being
בן אלמות *adj* immortal
בן אצולה *adj* nobleman
בן ארץ *n* countryman
בן בליעל *n* rascal
בן זוג *n* spouse
בן חורג *n* stepson
בנאי *n* builder

בקושי *adv* barely, hardly
בקי *adj* versed
בקיא *adj* proficient
בקיאות *n* proficiency
בקיע *n* cavity
בקיע צר *n* crevice
בקיצור *adv* briefly
בקיצור *n* nut-shell
בקלה *n* cod
בקלות *adv* easily
בקעה *n* basin
בקר *n* cattle
בקרוב *adv* soon
בקשה *n* appeal, request
בקשיחות *adv* harshly
בקשר ל *pre* regarding
בקתה *n* chalet, cottage
בר *n* bar, saloon
בר *adj* wild
בר-ביצוע *adj* workable
בר-השגה *adj* attainable
בר-חלוף *adj* fleeting
בר השמדה *adj* perishable
בר חלוף *adj* shortlived
בר מזל *adj* fortunate
בר ענישה *adj* punishable
בראנץ' *n* brunch
ברבור *n* swan
ברביקיו *n* barbecue
ברברי *n* barbarian
ברברי *adj* barbaric
ברבריות *n* barbarism

בעל שעות *adj* opinionated
בעלות *n* ownership
בעלת בית *n* landlady
בעצמה *pro* herself
בעצמי *pro* myself
בעצמיך *pro* yourself
בעצמינו *pro* ourselves
בעתו *adj* timely
בעתיד *adv* hereafter
בפומבי *adv* publicly
בפנים *pre* inside
בצדק *adv* justly
בצה *n* swamp
בצורה *adv* closely
בצורה הדדית *adv* mutually
בצורה יפה *adv* nicely
בצורה מלאה *adv* fully
בצורה מסודרת *adv* neatly
בצורה עיוורת *adv* blindly
בצורה רועשת *adv* noisily
בצורה שיטתית *adj* methodical
בצורת *n* drought
בצחוק *adv* jokingly
בצירוף *adv* jointly
בצל *n* onion
בצניעות *adv* humbly
בצק *n* dough, pastry
בקבוק *n* bottle
בקול *adv* aloud
בקול רם *adj* loud
בקורת *n* criticism, inspection
בקורתי *adj* critical

ברק *v* shine
ברק *n* varnish
ברק. ליטוש *n* gloss
ברקת *n* emerald
בררן *adj* choosy
בשטף *adv* fluently
בשל *adj* ripe
בשם *adv* behalf (on)
בשם *n* initials
בשמחה *adv* joyfully
בשפע *adj* plentiful
בשקט *adv* softly
בשר *n* flesh, meat
בשר בקר *n* beef
בשר המותן *n* sirloin
בשר חזיר *n* pork
בשר טחון *n* mincemeat
בשר צבי *n* venison
בת *n* daughter
בת חורגת *n* stepdaughter
בת ים *n* mermaid
בתדירות *adv* regularly
בתוך *pre* amid, among
בתוך *adj* inside
בתולה *n* virgin
בתולות *n* virginity
בתוקף *adj* valid
בתקווה *adv* hopefully
בתת *adj* substandard

ברד *n* hail
ברדס *n* hood
ברוגז *adj* mad
ברוז *n* duck
ברוטאל *adj* brutal
ברוטאליות *n* brutality
ברונכיט *n* bronchitis
ברור *adj* clear, visible
ברור *adv* plainly
ברוש *n* cypress
ברז *n* faucet, tap
ברזל *n* iron
ברחבי העולם *adj* worldwide
בריא *adj* healthy
בריאות *n* health
בריון *n* mobster, thug
בריזה *n* breeze
בריח *n* bolt, latch
בריטי *adj* British
בריטניה *n* Britain
בריכה *n* pool
בריכת מים *n* pond
ברית *n* alliance
ברית מילה *n* circumcision
ברך *n* knee
ברכה *n* blessing
ברכות *n* greetings
ברמן *n* bartender
ברנדי *n* brandy
ברנש *n* fellow
ברצון *adv* willingly
ברצינות *adv* earnestly

ג

ג׳ונגל *n* jungle
ג׳וניור *adj* junior
ג׳וק *n* cockroach
ג׳ינס *n* jeans
ג׳ירף *n* giraffe
ג׳נטלמן *n* gentleman
גאה *adj* proud
גאווה *n* pride
גאולה *n* salvation
גאון *n* mastermind
גאות *n* tide
גב *n* back
גבה *n* brow, eyebrow
גבוה *adj* tall
גבוהה *adj* high
גבול *n* edge, border, boundary
גבולות *n* parameters
גבורה *n* heroism
גבינה *n* cheese
גביע *n* chalice
גבעה *n* hill
גבעול *n* stalk
גבר נשי *adj* sissy
גברי *adj* manly, virile
גבריות *n* manliness
גברים *n* men
גברת *n* lady, madam
גג *n* roof
גדה *n* brink
גדוד *n* battalion, troop
גדול *adj* big, large
גדול *n* upbringing
גדול ביותר *adj* paramount
גדול בנפח *adj* bulky
גדול למדי *adj* sizable
גדל והולך *adj* increasing
גדר *n* fence
גובה *n* altitude, height
גובלן *n* tapestry
גודל *n* size
גודש *n* glut
גוויה *n* carcass, corpse
גוון *n* diversity
גולגולת *n* skull
גומי *n* rubber
גומל חסד *n* benefactor
גון עור *n* complexion
גוסס *adj* dying
גוף *n* body
גוף האנייה *n* hull
גופיף *n* corpuscle
גופני *adj* carnal, bodily
גופרית *n* sulphur
גור *n* cub, puppy
גורד שחקים *n* skyscraper
גורילה *n* gorilla
גורל *n* destiny, fate
גורל מר *n* doom
גורלי *adj* fateful
גוש *n* lump, chunk
גז *n* gas

גליל
ג

גילוף *n* engraving
גימיק *n* gimmick
גינוי *n* condemnation
גינונים *n* decorum
גינקולוגיה *n* gynecology
גיס *n* brother-in-law
גיסה *n* sister-in-law
גיר *n* chalk
גירוד *n* itchiness
גירוי *n* provocation
גירוש *n* banishment, deportation
גירושין *n* divorce
גירסה *n* version
גישה *n* attitude, approach
גל *n* wave, ripple
גל הרסני *n* tidal wave
גל חום *n* heatwave
גלא *n* detector
גלגל *n* wheel
גלגלת *n* pulley
גלדיאטור *n* gladiator
גלוי *adj* apparent
גלוי-לב *adj* candid
גלויה *n* postcard
גלולה *n* pellet
גלון *n* gallon
גלוסר *n* glossary
גלוקוזה *n* glucose
גלות *n* exile
גלי *adj* wavy
גלידה *n* ice cream
גליל *n* reel

גזבר *n* treasurer
גזה *n* gauze
גזל *v* plunder
גזע *n* stem
גזע *v* stem
גזענות *n* racism
גזעני *adj* racist
גזר *n* carrot
גזר דין *n* verdict
גזר לבן *n* parsnip
גחלות *n* embers
גחמה *n* fad, whim
גיאוגרפיה *n* geography
גיאולוגיה *n* geology
גיאומטריה *n* geometry
גיבוי *n* backup
גיבור *n* hero
גיבורי *adj* heroic
גיבן *n* hunchback
גידול *n* growth, tumor
גידול ממאיר *n* malignancy
גיהוק *n* belch, burp
גיוס *n* recruitment
גיור *n* conversion
גיזר *n* geyser
גיחוך *n* ridicule
גיטרה *n* guitar
גיל *n* age
גיל ההתבגרות *n* puberty
גיל המעבר *n* menopause
גילוי *n* discovery
גילוי-לב *n* bluntness

גפרור *n* match
גראפי *adj* graphic
גרב *n* sock, stocking
גרביונים *n* pantyhose
גרדום *n* gallows
גרוטאה *n* scrap
גרוטסק *adj* grotesque
גרון *n* throat
גרוע *adj* lousy
גרוע *adv* poorly
גרוע יותר *adj* worse
גרוש *n* expulsion
גרושה *n* divorcee
גרזן *n* ax, hatchet
גריל *n* grill
גרילה *n* guerrilla
גרינלנד *n* Greenland
גרירה *n* traction
גרם *n* gram
גרם מדרגות *n* staircase
גרמני *adj* German
גרמניה *n* Germany
גרניט *n* granite
גרעון *n* atom
גרעינ *adj* atomic
גרעיני *adj* nuclear
גרש *n* apostrophe
גשום *adj* rainy
גשם *n* rain
גשם כבד *n* downpour
גשר *n* bridge
גשר דרכים *n* viaduct

גלים *n* cascade
גלימה *n* cloak, gown, robe
גלקסיה *n* galaxy
גלריה *n* gallery
גם *adv* also, too
גם (לא) *adv* either
גם לא *adj* neither
גמד *n* dwarf, midget
גמה *n* dent
גמול *n* reward
גמור *adj* stark
גמיש *adj* elastic, flexible
גמל *n* camel
גמלאות *n* retirement
גמלוני *adj* corpulent
גן *n* nursery, garden
גן חיות *n* zoo
גן עדן *n* heaven
גן שעשועים *n* playground
גנב *n* thief
גנבה *n* larceny, theft
גנבה מחנויות *n* shoplifting
גנטי *adj* genetic
גניחה *n* groan
גנן *n* gardener
גנרטור *n* generator
גנרי *adj* generic
גס *adj* lewd, crude, crass
גסות *n* rudeness
געגועים *n* longing
גערה *n* scolding
גפן *n* grapevine

גשש *n* scout

ד

דאגה *n* care, concern
דאודורנט *n* deodorant
דאר אוויר *n* airmail
דב *n* bear
דבורה *n* bee
דביבון *n* raccoon
דביק *adj* adhesive
דבק *n* glue
דבר *n* thing
דברי מתיקה *n* sweets
דברים *n* stuff
דבש *n* honey
דבשת *n* hump
דג *n* fish
דג החרב *n* swordfish
דגימה *n* specimen
דגל *n* flag, banner
דגן *n* grain, cereal
דה-לוקס *adj* de luxe
דהוי *adj* faded
דו-חודשי *adj* bimonthly
דו-לשוני *adj* bilingual
דו-ערכי *adj* ambivalent
דו-קרב *n* duel
דו-שיח *n* dialogue
דואג *adj* apprehensive
דואר *n* mail, post
דובדבן *n* cherry
דובר אמת *adj* truthful
דוברה *n* barge
דוגמה *n* example, instance, sample
דוגמטי *adj* dogmatic
דוד *n* waterheater
דוד-חימום *n* boiler
דודה *n* aunt
דוור *n* mailman
דוושה *n* pedal
דוחה *adj* foul, gross
דוכן *n* lectern, pulpit
דוכס *n* duke
דוכסית *n* duchess
דולפין *n* dolphin
דולר *n* buck, dollar
דום לב *n* cardiac arrest
דומה *adj* alike, similar
דומם *adj* speechless
דומע *adj* tearful
דופק *n* heartbeat, pulse
דוקטרינה *n* doctrine
דור *n* generation
דורות הבאים *n* posterity
דחוף *adj* urgent
דחיה *n* delay
דחיסה *n* boost
דחיפה *n* shove
דחיפות *n* urgency
דחיקה *n* hustle
דחף *n* impulse, urge

ד

די *adv* quite
דיאבטי *adj* diabetic
דיאגנוזה *n* diagnosis
דיאטה *n* diet
דיבה *n* calumny
דיבידנד *n* dividend
דיו *n* ink
דיון *n* hearing, debate
דיוק *n* accuracy
דייג *n* fisherman
דייר *n* occupant
דיכוי *n* oppression
דילמה *n* dilemma
דילת *n* stewardess
דימום *n* bleeding
דין וחשבון *n* report
דינוזאור *n* dinosaur
דינמי *adj* dynamic
דינמיט *n* dynamite
דיסק *n* disk
דיפלומה *n* diploma
דיפלומט *n* diplomat
דיפלומטי *adj* diplomatic
דיפלומטיה *n* diplomacy
דיקן *n* dean
דירה *n* apartment, flat
דכאון *n* depression
דל *adj* meager
דלי *n* bucket, pail
דליל *adj* sparse
דליפה *n* leak
דליק *adj* flammable

דלעת *n* pumpkin
דלפק *n* counter
דלק *n* fuel, gasoline
דלקת *n* inflammation
דלקת ריאות *n* pneumonia
דלת *n* door
דם *n* blood
דמה *n* dummy
דמוקרטיה *n* democracy
דמוקרטיה *adj* democratic
דמות *n* image
דמי *n* admission
דמי נסיעה *n* airfare, fare
דמיון *n* likeness
דמעה *v* tear
דמעה *n* tear
דנטלי *adj* dental
דעה קדומה *n* prejudice
דעת *n* opinion
דף *n* page
דפוס *n* print
דפיקה *n* knock
דצמבר *n* December
דק *adv* thinly
דקדוק *n* grammar
דקה *n* minute
דקורטיבי *adj* decorative
דקיק *n* slip
דקירה *v* stab
דקירה *n* stab
דקל *n* palm
דרבן *n* spur

degree, rank *n* דרגה
escalator *n* דרגנוע
south *n* דרום
southeast *n* דרום מזרח
southwest *n* דרום מערב
southbound *adv* דרומה
southern *adj* דרומי
sparrow *n* דרור
demand *n* דרישה
regards *n* דרישת שלום
route, way *n* דרך
through (thru) *pre* (דרך) דרך
way out *n* דרך החוצה
orally *adv* דרך הפה
way in *n* דרך פנימה
passport *n* דרכון
dramatic *adj* דרמטי
dragon *n* דרקון
homily, sermon *n* דרשה
lawn *n* דשא
manure *n* דשן
religion *n* דת
religious *adj* דתי

ה

eleventh *adj* האחד עשר
union *n* האיגוד
blackout *n* האפלה
extension *n* הארכה
accusation *n* האשמה
coming, next *adj* הבא
difference *n* הבדל
clarification *n* הבהרה
flash *n* הבזק
distinction *n* הבחנה
assurance *n* הבטחה
rapport *n* הבנה
understanding *adj* הבנה
countenance *n* הבעה
syllable *n* הברה
contraband *n* הברחה
increase *n* הגבלה
definition *n* הגדרה
helm *n* הגה
rudder *n* הגה באוניה
decent *adj* הגון
rational *adj* הגיוני
fairness *n* הגינות
immigration *n* הגירה
migrate *v* הגירה
bishop *n* הגמון
defense *n* הגנה
arrival *n* הגעה
lottery, raffle *n* הגרלה
attainment *n* הגשמה
echo *n* הד
emphasis *n* הדגשה
reciprocal *adj* הדדי
tight *adj* הדוק
elegance *n* הדור
layman *n* הדיוט

הוצאת דיבה *n* libel
הורים *n* parents
הוריקן *n* hurricane
הורמון *n* hormone
הורס *n* destroyer
הזדמנות *n* opportunity
הזיה *n* delusion
הזמנה *n* invitation
הזמנה לדין *n* subpoena
הזנה *v* feed
הזנחה *n* neglect
החדרה *n* insertion
החוצה *adv* out
החזקה *n* retention
החזר כספים *n* refund
החזרה *n* restitution
החלט *adj* decisive
החלטה *n* decision
החלטי *adj* definitive
החלמה *n* recovery
החלפה *v* swap
החלפה *n* swap
החמרה *n* aggravation
החרמה *n* confiscation
החשוב ביותר *adj* foremost
הטוב ביותר *adj* best
הטיה *n* declension
הטרדה *n* harassment
היא *adj* her
היא *pro* she
היאבקות *n* wrestling
היבט *n* aspect, facet

הדיפה *n* rebuff
הדיפה *v* repulse
הדפס *n* reprint
הדפסה *n* printing
הדק *v* trigger
הדק *n* trigger
הדר *n* splendor
הדרגתי *adj* gradual
הדרכה *n* guidance
ההיפך *adv* opposite
ההר *adv* downhill
הוא *pro* he
הואיל ו- *c* whereas
הוגן *adj* fair, impartial
הוד מלכותו *n* Highness
הודאה *n* admittance
הודות ל- *adv* owing to
הודעה *n* notification
הוכחה *n* proof
הולך רגל *n* pedestrian
הולם *adj* adequate
הולנד *n* Holland
הולנדי *adj* Dutch
הומה *adj* bustling
הומור *n* humor
הונאה *n* deception
הופעה *n* appearance
הופעת בכורה *n* debut
הוצאה כספית *n* expenditure
הוצאה לאור *n* publication
הוצאה מוכרת *adj* deductible
הוצאות *n* spending

ה

הכרות *n* acquaintance
הכרזה *n* decree
הכרחי *adj* necessary
הכרת תודה *n* gratitude
הכשה *adj* stinging
הכשרה *n* coronation
הלאה *adv* further
הלוואה *n* loan
הלוויה *n* funeral
הלחנה *n* composition
הליכה *n* walk
הלם *n* shock
הם *pro* they
המאה *adj* hundredth
המבורגר *n* hamburger
המדרגות *n* stairs
המולה *n* outcry, tumult
המום *adj* dazed
המון *n* crowd
המוני *adj* numerous
המזוודה *n* suitcase
המיספרה *n* hemisphere
המלצה *n* reference
המנון *n* anthem
המעי הגס *n* colon
המצאה *n* invention
המראה *n* lift-off
המרה *n* conversion
המשך *n* continuation, resumption
המשכיות *n* continuity
הנאה *n* enjoyment
הנהלה *n* management

היגיינה *n* hygiene
הידרדרות *n* decline
הידרולי *adj* hydraulic
היווצרות *n* formation
היום *adv* nowadays
היות *c* inasmuch as
היות ו- *c* since
הילוך *n* gear
הימור *n* bet
הימנעות *n* avoidance
היסוס *n* hesitation
היסטוריון *n* historian
היסטרי *adj* hysterical
היסטריה *n* hysteria
היעלמות *n* disappearance
היפותזה *n* hypothesis
היפך *n* opposite
היפנוזה *n* hypnosis
היקף *n* perimeter
היררכיה *n* hierarchy
הישנות *n* recurrence
הישרדות *n* survival
היתקלות *n* encounter
הכאה *n* beating
הכחשה *n* denial
הכי גרוע *adj* worst
הכל *pro* everything
הכמסה *n* admittance
הכנה *n* preparation
הכנסה *n* income
הכנסת אורחים *n* hospitality
הכרה *n* conciousness

הפגנת *adj* demonstrative
הפוגה *n* interlude, lull
הפוך *adv* inside out
הפוך *adj* opposite
הפחתה *n* decrease
הפיך *adj* reversible
הפיכה *n* reversal, coup
הפכפך *adj* fickle
הפלה *n* abortion
הפסד *n* loss
הפסקה *n* interval, recess
הפסקת אש *n* truce
הפעלה *n* activation
הפצה *n* circulation
הפצצה *n* bombing
הפרדה *n* segregation
הפרה *n* infraction
הפרעה *n* disturbance
הפשרה *v* thaw
הפשרה *n* thaw
הפתעה *v* surprise
הפתעה *n* surprise
הצבעה *n* ballot
הצגה *n* play
הצגה סטירית *n* revue
הצהרה *n* declaration
הצטיינות *n* excellence
הצטרפות *n* affiliation
הצידה *adv* aside
הצלה *n* rescue
הצלחה *n* success
הצעה *n* bid, offer

הנחה *n* rebate, discount
הנחה מראש *n* presupposition
הנחת יסוד *n* presumption
הנעלה *n* footwear
הסבה *n* endorsement
הסגרה *n* extradition
הסוואה *n* camouflage
הסחה *n* diversion
הסטוריה *n* history
הסכם *n* accord, pact
הסכמה *n* consent
הסכמה כללית *n* consensus
הססנות *n* indecision
הססני *adj* tentative
הסקה *n* heater
הסרה *n* removal
הסתה *n* incitement
הסתמכות *n* reliance
הסתננות *n* infiltration
הסתעפות *n* ramification
הסתערות *n* onslaught
העדפה *n* predilection
העדר *n* absence
העויה *n* grimace
הענות *n* compliance
הערב *adv* tonight
הערה *n* comment, remark
הערכה *n* appraisal
הערכה עצמית *n* self-esteem
הערצה *n* admiration
הערת שוליים *n* footnote
העתק *n* replica

השתפכות

הרצאה *n* lecture
הררי *adj* hilly
הרשמה *n* enrollment
הרשעה *n* conviction
הרתעה *n* deterrence
השבעה *n* oath
השג *n* accomplishment
השגה *n* attainment
השגחה *n* supervision
השגחה עליונה *n* providence
השוואתי *adj* comparative
השוואה *n* comparison
השימוש *n* usage
השינוי *n* transformation
השכרה *n* rent
השלמה *n* completion
השמדה *n* annihilation
השמטה *n* omission
השמש *adj* solar
השני *adj* latter
השעיה *n* suspension
השערה *n* speculation
השפלה *n* degradation
השפעה *n* influence
השקה *n* irrigation
השקיעה *n* sundown
השקעה *n* investment
השקפה *n* reflection
השקפת עולם *n* outlook
השראה *n* inspiration
השתמעות *n* implication
השתפכות *n* outpouring

הצפה *n* flooding
הצתה *n* arson
הקדמה *n* prologue
הקדשה *n* dedication
הקלטה *n* recording
הקצבה *n* allotment
הקרוואן *n* trailer
הקרנה איטית *n* slow motion
הקשר *n* context
הר *n* mountain
הר געש *n* volcano
הרבה *adv* lot, much
הרבה *adj* lots, many
הרגל *n* habit
הרגעה *n* relax
הרדמה *n* anesthesia
הרואין *n* heroin
הרחק *adv* afar, away
הריגה *n* manslaughter
הריון *n* pregnancy
הריסה *n* demolition
הריסות *n* rubble
הרכבה *n* graft
הרמה *n* elevation
הרמוניה *n* harmony
הרמז *n* allusion
הרמטי *adj* hermetic
הרס *n* destruction
הרסני *adj* destructive
הרעה *n* relapse
הרעלה *n* poisoning
הרפתקה *n* adventure

suicide *n* התאבדות
adjustment *n* התאמה
assimilation *n* התבוללות
apparition *n* התגלות
regeneration *n* התחדשות
beginning, start *n* התחלה
start *v* התחלה
evasion *n* התחמקות
consideration *n* התחשבות
wail *n* התייפחות
appreciation *n* התייקרות
tourism *n* התיירות
fusion *n* התכה
contraction *n* התכווצות
scuffle *n* התכתשות
enthusiasm *n* התלהבות
cohesion *n* התלכדות
flare-up *v* התלקחות
diligence *n* התמדה
breakdown *n* התמוטטות
specialty *n* התמחות
addiction *n* התמכרות
grievance *n* התמרמרות
defiance *n* התנגדות
collision *n* התנגשות
behavior *n* התנהגות
decadence *n* התנוונות
abstinence *n* התנזרות
apology *n* התנצלות
seclusion *n* התסגרות
awakening *n* התעוררות
sneeze *n* התעטשות

abuse *n* התעללות
insistence *n* התעקשות
intervention *n* התערבות
blast *n* התפוצצות
disintegration *n* התפוררות
dispersal *n* התפזרות
abdication *n* התפטרות
outburst, furor *n* התפרצות
tantrum *n* התפרצות זעם
dissolution *n* התפרקות
expansion *n* התפשטות
spread *v* התפשטות
development *n* התפתחות
progress *n* התקדמות
insurrection *n* התקוממות
installation *n* התקנה
attack *n* התקפה
approach *n* התקרבות
dispensation *n* התר
excitement *n* התרגשות
crash *n* התרסקות
alert *n* התרעה

ו

and *c* ו
whereupon *c* ואז
providing that *c* ובלבד
certainty *n* ודאות
hook *n* וו

ז

זאב *n* wolf
זבוב *n* fly
זבל *n* garbage, junk
זברה *n* zebra
זדון *n* malice
זדוני *adj* arbitrary
זה *adj* this
זה או זה *adj* either
זה את זה *adj* each other
זהב *n* gold
זהה *adj* identical
זהות *n* identity
זהיר *adj* careful, wary
זהירות *n* caution
זואולוגיה *n* zoology
זוג *n* couple, pair
זוג *adj* dual
זוהר *adj* bright
זוועה *n* atrocity
זוועתי *adj* atrocious, hideous
זוחל *n* reptile
זול *adj* cheap
זולת *adv* apart
זולת *pre* besides
זועם *adj* furious, livid
זחיות *n* euphoria
זחל *n* caterpillar
זיהוי *n* recognition
זיהום *n* contamination

ווט *n* watt
וולגרי *adj* vulgar
וולגריות *n* vulgarity
וולטאג' *n* voltage
ווליום *n* volume
וטו *v* veto
וטרינר *n* veterinarian
וידוי *n* confession
ויטמין *n* vitamin
ויכוח *n* dispute, quarrel
וילון *n* curtain, drape
וירוס *n* virus
ויתור *n* concession
וכחני *adj* quarrelsome
ולס *n* waltz
ונדליזם *n* vandalism
וסביבתה *n* surroundings
וסת *n* menstruation
ועדה *n* committee
ועוד *adv* plus
ועידה *n* conference
ופל *n* wafer
ורד *n* rose
ורדרד *adj* rosy
ורוד *adj* pink
וריד *n* vein
ושט *n* esophagus
ותיק *n* veteran
ותק *n* seniority
ותרני *adj* indulgent

זיוף *n* forgery
זוית *n* angle
זיכוי *n* acquittal
זיעה *n* perspiration
זיק *n* spark
זיקה *n* affinity
זיקוקי דינור *n* fireworks
זיקנה *n* old age
זירה *n* arena
זית *n* olive
זכוכית *n* glass
זכות *n* merit, right
זכות יוצרים *n* copyright
זכות יתר *n* privilege
זכיון *n* franchise
זכר *n* male
זכרון *n* memory
זללן *n* glutton
זמזום *n* buzz
זמזם *n* buzzer
זמין *adj* available
זמינות *n* availability
זמן *n* time
זמני *adj* provisional
זמר *n* singer
זן *n* strain
זנב *n* tail
זנגוויל *n* ginger
זעזוע *n* jolt
זעזוע-מוח *n* concussion
זעיר *adj* minor, tiny
זעם *n* fury, wrath
זפת *n* tar
זקוף *adj* erect, upright
זקיף *n* sentry
זקן *n* beard
זקן *adj* old
זר *n* alien, stranger
זר *adj* foreign, unfamiliar
זרבובית *n* nozzle
זרוע *n* arm, tentacle
זרחני *n* phosphorus
זריז *adj* agile, deft
זריחה *n* sunrise
זריקה *n* injection
זרם *n* flow, influx
זרניך *n* arsenic
זרע *n* sperm, seed
זרקור *n* spotlight

ח

חב *adj* liable
חבורה *n* gang
חבורתי *adj* jovial
חבות *n* liability
חבטה *n* bump
חביב *adj* amiable, likable
חבילה *n* parcel, package
חבילת דואר *n* parcel post
חבית *n* barrel, keg
חביתה *n* omelette

חבל *n* rope
חבלה *n* bruise
חבר *n* buddy
חבר בקהילה *n* parishioner
חבר לכיתה *n* classmate
חבר משבעים *n* jury
חברה *n* company, firm
חברות *n* membership
חברותי *adj* sociable
חברת בת *adj* subsidiary
חברת תעופה *n* airline
חג המולד *n* Christmas
חגורה *n* belt, cordon
חגיגה *n* festivity
חגיגי *adj* festive, solemn
חד *adj* sharp
חד-פעמי *adj* disposable
חד משמעי *adj* unequivocal
חד צדדי *adj* unilateral
חדגוני *adj* monotonous
חדגוניות *n* monotony
חדר *n* chamber, room
חדר-מתים *n* mortuary
חדר אוכל *n* dining room
חדר אמבטיה *n* bathroom
חדר הלבשה *n* locker room
חדר שינה *n* bedroom
חדש *adj* new
חדש לגמרי *adj* brand-new
חדשות *n* news
חוב *n* debt
חובב *adj* amateur

חובה *adj* compulsory
חובה *n* duty
חוברת *n* brochure
חוג *n* course
חוגה *n* dial
חוגלה *n* partridge
חודש *n* month
חודשי *adv* monthly
חווה *n* farm
חווה *n* ranch
חוזה *n* contract
חוזה שכירה *n* lease
חוזר בתשובה *n* penitent
חוט *n* string
חוטא *adj* sinful
חוטא *n* sinner
חוטף *n* kidnapper
חוכר *n* tenant
חול *n* sand
חול טובעני *n* quicksand
חולה *adj* ailing, ill, sick
חולה *n* invalid
חולה-חוץ *n* outpatient
חולה ים *adj* seasick
חוליגן *n* hooligan
חוליה *n* vertebra
חוליה בשרשרת *n* shackle
חולין *adj* profane
חולני *adj* unhealthy
חולף *adj* transient
חולצה *n* blouse, shirt
חולשה *n* weakness

חום *adj* brown
חום *n* warmth, heat
חומץ *n* vinegar
חומצה *n* acid
חומר *n* substance
חומר דליק *n* combustible
חומר ניקוי *n* cleanser
חומרה *n* severity
חומרי התססה *n* ferment
חומריות *n* materialism
חוסם שמש *n* sunblock
חוסר *n* lack
חוסר אהדה *n* dislike
חוסר איזון *n* imbalance
חוסר איפוק *n* incontinence
חוסר אמון *n* disbelief, mistrust
חוסר בטחון *n* insecurity
חוסר בשלות *n* immaturity
חוסר הגינות *n* indecency
חוסר הרמוניה *n* discord
חוסר כבוד *n* disrespect
חוסר נימוס *n* discourtesy
חוסר סבלנות *n* impatience
חוסר רגישות *adj* insensitive
חוסר שוויון *n* inequality
חוסר תועלת *n* futility
חוסר תחושה *n* numbness
חוף *n* beach, shore
חוף ים *n* coast
חוף ים *adj* seaside
חופי *adj* coastal
חופן *n* handful
חופש *n* liberty
חופשה *n* holiday
חופשי *adj* free
חופשי *n* freedom
חוצפה *n* audacity
חוק *n* law, rule
חוקה *n* constitution
חוקי *adj* lawful
חוקיות *n* legality
חוקר *n* explorer
חור *n* hole
חורבן *n* desolation
חורף *n* winter
חורק *adj* squeaky
חורש רעה *adj* malevolent
חוש *n* sense
חושני *adj* sensual
חושש *adj* afraid
חותמת דואר *n* postmark
חותן *n* father-in-law
חזה *n* chest
חזון *n* vision
חזור *n* courtship
חזותי *adj* visual
חזיה *n* bra
חזיון *n* mirage
חזיז *n* thunderbolt
חזיר *n* hog, pig
חזיר בר *n* boar
חזית *n* frontage
חזית הקדמית *n* front
חזית הקדמית *adv* head-on

חיית מחמד *n* pet
חייתי *adj* bestial
חייתיו *n* bestiality
חיכוך *n* friction
חיל הים *n* navy
חיל חלוץ *n* vanguard
חיל משמר *n* garrison
חיל פרשים *n* cavalry
חיל רגלים *n* infantry
חיל תותחנים *n* artillery
חילול הקודש *n* sacrilege
חילול השם *n* blasphemy
חילוקי דעות *n* disagreement
חילזון *n* snail
חימום *n* heating
חימוש *n* armaments
חינוכי *adj* educational
חיננית *n* daisy
חיסול *n* liquidation
חיסון *n* vaccine
חיפוש *n* search
חיפושית *n* beetle
חיצוני *adj* exterior, outer
חיק *n* bosom, lap
חיקוי *n* imitation
חירום *n* emergency
חישוב *n* calculation
חיתוך דיבור *n* articulation
חיתול *n* diaper
חך *n* palate
חכם *adj* smart
חכמה *n* wisdom

חזק *adj* forceful, strong
חזרה *n* return, rehearsal
חזרה בתשובה *n* repentance
חזרה על *n* repetition
חזרת *n* mumps
חח *v* swivel
חטא *n* sin, vice
חטטן *adj* nosy
חטיבה *n* abduction
חי *adj* alive, vivid
חיבה *n* affection
חיבוק *n* embrace, hug
חיבור *n* link
חידה *n* riddle
חידון *n* charade
חידון *v* quiz
חידוש *n* innovation
חידוש מלאי *v* replenish
חיה *n* animal
חיוב נוסף *n* surcharge
חיובי *adj* affirmative
חיוור *adj* pale
חיוורון *n* paleness
חיוך *n* smile
חיוני *adj* vital
חיוניות *n* vitality
חיות בר *n* wildlife
חיזר *n* alien
חיטה *n* wheat
חיידק *n* bacteria, germ
חייל *n* soldier
חיים *n* life

ח

חל בו-זמנית *adj* concurrent
חלב *n* milk
חלבון *n* egg white
חלבי *adj* milky
חלוד *adj* rusty
חלודה *n* rust
חלול *adj* hollow
חלום *n* dream
חלון *n* window
חלוץ *n* pioneer
חלוק *n* bathrobe
חלוקה *n* distribution
חליל *n* flute
חליפה *n* suit
חלל *n* cavity
חלמון *n* yolk
חלק *n* part, portion
חלק *adj* smooth
חלק *adv* smoothly
חלק חלוף *n* spare part
חלק קדמי *n* front
חלקה *n* plot
חלקי *adj* partial
חלקיק *n* fragment
חלקית *adv* partially
חלש *adj* feeble, frail
חם *adj* hot
חם לוהט *adj* red-hot
חמאה *n* butter
חמוד *adj* adorable
חמוץ *adj* sour, acute
חמור *n* donkey

חמוש *adj* armed
חמושים *adj* unarmed
חמות *n* mother-in-law
חמים *adj* cozy, warm
חמישה עשר *adj* fifteen
חמישי *adj* fifth
חמישים *adj* fifty
חממה *n* greenhouse
חמציות *n* acidity
חמצן *n* oxygen
חמקמק *adj* elusive
חמקני *adj* evasive
חמש *adj* five
חן *n* grace
חנון *adj* wimp
חנופה *n* adulation
חנות *n* shop, store
חנות נעליים *n* shoestore
חנות ספרים *n* bookstore
חניה *n* parking
חניה פרטית *n* driveway
חניך *n* apprentice
חניכה *n* inauguration
חנינה *n* amnesty
חנית *n* spear
חנני *adj* graceful
חנק *n* asphyxiation
חנקן *n* nitrogen
חסדנות *v* patronize
חסה *n* lettuce
חסון *adj* sturdy
חסור *n* subtraction

חקלאי

חסר תועלת *adj* pointless
חסר תוקף *adj* void
חסר תכלית *adj* aimless
חסר תקדים של *adj* unheard-of
חסר תקווה *adj* hopeless
חסרון *n* defect
חף מפשע *adj* blameless
חפוז *adj* hasty
חפזון *n* haste
חפירה *n* trench
חפצים *n* belongings
חפרפר *n* mole
חץ *n* arrow, dart
חצאית *n* skirt
חצאית מיני *n* miniskirt
חצבת *n* measles
חצובה *n* tripod
חצוף *adj* insolent
חצוצרה *n* trumpet
חצות *n* midnight
חצי *n* half
חצי-חצי *adv* fifty-fifty
חצי אי *n* peninsula
חצייה *n* crossing
חצר *n* courtyard
חצר אחורית *n* backyard
חצר המשק *n* farmyard
חצרים *n* premises
חקיקה *n* legislation
חקירה *n* inquest, inquiry
חקלאות *n* agriculture
חקלאי *adj* agricultural

חסיד נלהב *n* henchman
חסידה *n* stork
חסין *adj* immune
חסין מים *adj* waterproof
חסינות *n* immunity
חסכוני *adj* frugal
חסכוניות *n* frugality
חסכן *adj* thrifty
חסכונות *n* savings
חסר *adj* devoid
חסר אונים *adj* impotent
חסר בושה *adj* shameless
חסר בית *adj* homeless
חסר בסיס *adj* baseless
חסר גרעינים *adj* seedless
חסר הכרה *adj* unconscious
חסר חשיבות *adj* insignificant
חסר טעם *adj* tasteless
חסר יכולת *adj* incompetent
חסר ילדים *adj* childless
חסר ישע *adj* helpless
חסר לב *adj* heartless
חסר מנוחה *adj* restless
חסר מצפון *adj* godless
חסר משמעות *adj* meaningless
חסר נימוס *adj* disrespectful
חסר נסיון *adj* inexperienced
חסר סבלנות *adj* impatient
חסר ערך *adj* frivolous
חסר פרוטה *adj* penniless
חסר רחמים *adj* ruthless
חסר שחר *adj* unfounded

ח

farmer *n* חקלאי
crap *n* חרא
sword *n* חרב
anxious *adj* חרד
anxiety *n* חרדה
mustard *n* חרדל
rhyme *n* חרוז
industrious *adj* חרוץ
regret, remorse *n* חרטה
muzzle *n* חרטום
exception *n* חריג
deviation *n* חריגה
spicy *adj* חריף
groove, slot *n* חריץ
slit *v* חריץ
creak *n* חריקה
ban *n* חרם
disgrace *n* חרפה
insect *n* חרק
deaf *adj* חרש
deafness *n* חרשות
clandestine *adj* חשאי
arithmetic *n* חשבון
invoice *n* חשבונית
suspicion *n* חשד
distrustful *adj* חשדן
distrust *n* חשדנות
suspect *v* חשוד
suspect *n* חשוד
suspicious *adj* חשוד
incurable *adj* חשוך מרפא
bare, exposed *adj* חשוף
importance *n* חשיבות
darkness *n* חשיכה
hashish *n* חשיש
electricity *n* חשמל
electrician *n* חשמלאי
electric *adj* חשמלי
streetcar, tram *n* חשמלית
desire *n* חשק
misgivings *n* חששות
cat *n* חתול
wedding *n* חתונה
bit, piece *n* חתיכה
signature *n* חתימה
cut, incision *n* חתך
kitten *n* חתלתול
bridegroom *n* חתן

ט

caring *adj* טב לב-אדיב
hub, navel *n* טבור
massacre *n* טבח
baptism *n* טבילה
footprint *n* טביעת רגל
character *n* טבע
natural *adj* טבעי
nature *n* טבעי
ring *n* טבעת
tobacco *n* טבק
pure *adj* טהור

ח

טיט *n* clay
טיילת *n* promenade
טייס *n* aviator, pilot
טיל *n* missile, rocket
טינה *n* animosity
טיסה *n* flight
טיפ *n* tip
טיפה *n* drop
טיפול *n* care, treatment
טיפוס *n* climbing
טיפוסי *adj* typical
טירה *n* castle
טירוף *n* frenzy, madness
טכנאי *n* technician
טכנולוגיה *n* technology
טכני *adj* technical
טכניקה *n* technique
טל *n* dew
טלאי *n* patch
טלה *n* lamb
טלוויזיה *n* television
טלסקופ *n* telescope
טלף *n* hoof
טלפון *n* phone
טלפון סלולרי *n* cellphone
טלפתיה *n* telepathy
טמא *adj* impure
טמבל *adj* moron
טמפרטורה *n* temperature
טנדר *n* van
טנור *n* tenor
טניס *n* tennis

טהור *n* purge
טהרה *n* purity
טוב *adj* good
טוב לב *n* goodness
טובה *n* favor
טווח *n* range, scope
טווח יד *n* reach
טווס *n* peacock
טוטליטרי *adj* totalitarian
טון *n* ton
טונה *n* tuna
טוניק *n* tonic
טוסט *v* toast
טוסט *n* toast
טוסטר *n* toaster
טועה *adj* mistaken
טוענת שווא *n* pretense
טופס *n* form
טורבינה *n* turbine
טורנאדו *n* twister
טורניר *n* tournament
טורסו *n* torso
טורף *n* turf
טורקי *adj* Turk
טורקיה *n* Turkey
טחב *n* moss
טחנה *n* mill
טחנת רוח *n* windmill
טיהור *n* purification
טיוטה *n* draft
טיול *n* trip, outing
טיח *n* mortar

ט

טנק *n* tank
טעות *n* blunder, error
טעות בדפוס *n* misprint
טעים *adj* delicious
טעם *n* flavor, taste
טעם *v* savor, taste
טענה *n* allegation
טף *n* infant
טפטוף *n* drip, drizzle
טפיחה *n* pat
טפשות *n* stupidity
טפשי *adj* silly
טקט *n* tact
טקטי *adj* tactical
טקטיקה *n* tactics
טקס *n* ceremony, rite
טקסט *n* text
טראומה *v* traumatize
טראומטי *adj* traumatic
טרגדיה *n* tragedy
טרגי *adj* tragic
טרוף *adj* scrambled
טרופי *adj* tropical
טרור *n* terror
טרטור *v* rattle
טרי *adj* fresh
טריות *n* freshness
טריק *n* trick
טריקה *v* slam
טרמיט *n* termite
טרנס *n* trance
טרסה *n* terrace
טרף *n* prey
טרקטור *n* tractor

י

יאכטה *n* yacht
יבול *n* crop
יבלת *n* wart
יבש *adj* dry
יבשה *n* continent
יבשת *n* mainland
יבשתי *adj* terrestrial
יגואר *n* jaguar
ידוע לשמצה *adj* notorious
ידיד *n* crony, pal, mate
ידיד נאמן *n* confidant
ידידות *n* friendship
ידידות *adj* genial
ידידותי *adj* amicable
ידית *n* handle, knob
ידני *adj* manual
ידע *n* knowledge
יהדות *n* Judaism
יהודי *n* Jew
יהודי *adj* Jewish
יהיר *adj* arrogant
יהירות *n* arrogance
יהלם *n* diamond
יובל מאה *n* centenary
יוד *n* iodine

יושר *n* honesty
יותר *adv* further
יותר *adj* more
יותר רחוק *adv* farther
יזם *n* entrepreneur
יזמה *n* enterprise
יחד *adv* together
יחיד *n* single
יחיד *adj* singular
יחידה *n* unit
יחס *n* ratio
יחסי *adj* relative
יחף *adj* barefoot
ייאוש *n* despair, dismay
ייבוא *n* importation
ייחודי *adj* unique
יין *n* wine
ייסורים *n* anguish, agony
ייעוץ *n* consultation
ייצור *n* creature
יישוב *n* colonization
יישום *n* application
יכול *adj* unable
יכול להיות *v* may
יכולת *n* capability
יכולת *adj* potential
יכלת *n* ability
ילד *n* boy, child, kid
ילדה *n* girl
ילדות *n* boyhood
ילדותי *adj* childish
ילדים *n* children

יוון *n* Greece
יווני *adj* Greek
יוזמה *n* initiative
יולי *n* July
יום *n* day
יום-יומי *adj* everyday
יום הולדת *n* birthday
יום השנה *n* anniversary
יום חול *adj* weekday
יום חמישי *n* Thursday
יום ראשון *n* Sunday
יום רביעי *n* Wednesday
יום שישי *n* Friday
יום שלישי *n* Tuesday
יום שני *n* Monday
יומי *adv* daily
יומן *n* diary, journal
יומרה *n* pretension
יונה *n* dove, pigeon
יוני *n* June
יונק *n* mammal
יועץ *n* adviser
יופי *n* beauty
יוצא דופן *adj* unusual
יוצא מן הכלל *adj* exceptional
יוצר *n* creator
יוקרה *n* prestige
יורה *n* gunman
יורש *n* heir
יורשת *n* heiress
יושב *adj* seated
יושב ראש *n* chairman

יצירה *n* creation
יצירת מפת *n* masterpiece
יצירתי *adj* creative
יצירתיות *n* creativity
יצרני *adj* productive
יקב *n* winery
יקום *n* universe
יקר *adj* costly, dear
יראה *n* awe
ירוק *adj* green
ירושה *n* heritage, inheritance
ירח *n* moon
ירח דבש *n* honeymoon
יריב *n* adversary
יריבות *n* rivalry
יריד *n* decline
ירידה *n* descent
ירידת ערך *n* depreciation
יריה *n* shot
ירייה *n* gunfire
ירך *n* hip
ירכית *n* tunic
ירק *v* vegetable
ישור *n* alignment
ישיבה *n* sitting
ישיר *adj* direct
ישן *adj* asleep
ישר *adj* honest
ישרה *n* integrity
יתד *n* stake, wedge
יתום *n* orphan
יתוש *n* mosquito

ילוץ *n* constraint
יללה *n* howl
ים *n* sea, ocean
ימי *adj* marine
ימי קדם *n* antiquity
ימני *adj* right
ינואר *n* January
ינקות *n* infancy
ינשוף *n* owl
יסוד *n* foundation
יסודות *n* basics
יסודי *adj* fundamental
יסמין *n* jasmine
יעד *n* objective
יעה *n* spade
יעיל *adj* efficient
יעילות *n* efficiency
יעל *n* antelope
יען *n* ostrich
יער *n* forest
יפה *adj* beautiful
יפה *adv* fine
יפה-תואר *adj* good-looking
יפהפה *adj* gorgeous
יפן *n* Japan
יפני *adj* Japanese
יצא *v* set out
יצור *n* production
יציאה *n* exit
יציאה המונית *n* exodus
יציב *adj* stable
יציבות *n* constancy

י

יתר על כך *adv* moreover
יתרון *n* advantage

כ

כאב *n* ache, sore, pain
כאב *adj* hurt
כאב אזניים *n* earache
כאב בטן *n* colic
כאב פתאומי *n* pang
כאב ראש *n* headache
כאב שנים *n* toothache
כאוטי *adj* chaotic
כאן *adv* here
כאשר *adv* whenever
כאשר *c* while
כבד *adj* heavy
כבד *n* liver
כבדות *n* clumsiness
כבוד *n* dignity, honor
כבוד עצמי *n* self-respect
כביכול *adj* so-called
כביסה *n* laundry
כביר *adj* stupendous
כביש *n* road
כביש מהיר *n* freeway
כביש עוקף *n* bypass
כביש ראשי *n* highway
כבל *n* cable
כבר *adv* already

כבשן *n* furnace
כד *n* jug
כדומה *adv* likewise
כדור *n* ball, sphere
כדור בשר *n* meatball
כדור הארץ *n* globe
כדור עף *n* volleyball
כדור קטן *n* globule
כדורגל *n* football
כדורסל *n* basketball
כהה *adj* dark
כהונה *n* priesthood
כואב *adj* painful, sore
כובד *n* heaviness
כובע *n* cap, hat
כובש *n* conqueror
כוהנת *n* priestess
כוויה *n* burn
כווית-קור *n* frostbite
כוון *n* tack
כוונה *n* intention
כוורת *n* beehive
כוזב *adj* untrue
כוח *n* power, strength
כוכב *n* planet, star
כוכב שביט *n* comet
כוכבית *n* asterisk
כולל *adj* comprehensive
כולל *adv* inclusive
כולרה *n* cholera
כומר *n* chaplain, clergyman
כומר וידויים *n* confessor

כומתה *n* beret
כוננית *n* chest
כוננית ספרים *n* bookcase
כוס *n* cup
כועס *adj* angry, irate
כופר *n* agnostic
כופר *adj* heretic
כורה *n* miner
כורסה *n* armchair
כושר *n* aptitude
כושר המצאה *n* ingenuity
כותונת לילה *n* nightgown
כותנה *n* cotton
כותרת *n* heading, title
כזה *adj* such
כח *n* force
כח אדם *n* personnel
כח משיכה *n* gravity
כחול *adj* blue
כחול כהה *adj* navy blue
כי *adj* that
כיאות *adv* properly
כיב *n* ulcer
כיבוד *n* refreshment
כיבוש *n* conquest
כידון *n* bayonet
כיום *adv* currently
כיור *n* basin
כייס *n* pickpocket
כיכר *n* loaf
כימאי *n* chemist
כימי *adj* chemical

כימיה *n* chemistry
כינה *n* louse
כינוי *n* pronoun
כינור *n* fiddle
כינים *n* lice
כיס *n* pocket
כיס המרה *n* gall bladder
כיסו *n* coverup
כיסוי *n* coverage
כיסוי מיטה *n* bedspread
כיסוי עיניים *n* blindfold
כיסתה *n* cyst
כיף *n* fun
כיפה *n* dome
כיצד *adv* how
כירורגי *adv* surgical
כישוף *n* sorcery
כישופים *n* witchcraft
כיתה *n* classroom
כך *adv* thus
כל *adj* all, each
כל אחד *pro* anybody
כל אחד *adv* apiece
כל יכול *adj* almighty
כלב *n* dog
כלב ים *n* seal
כלב נהר *n* otter
כלב ציד *n* greyhound
כלביה *n* kennel
כלבת *n* rabies
כלה *n* bride
כלוב *n* cage

כ

כפפה

כניסה *n* entrance
כניסה מחדש *n* reentry
כניעה *v* surrender
כניעה *n* surrender
כנסיה *n* church
כנף *n* wing
כנר *n* violinist
כנרית *n* canary
כס *n* throne
כסא *n* chair, seat
כסא גלגלים *n* wheelchair
כסל *n* flank
כסף *n* money, silver
כספי *adj* financial
כספים *n* funds
כספית *n* mercury
כעס *n* anger, rage
כף *n* tablespoon
כף יד *n* hand
כף רגל *n* foot, sole
כפוי טובה *adj* ungrateful
כפול *adj* multiple
כפורי *adj* frosty
כפות הרגליים *n* feet
כפיה *n* compulsion
כפיות טובה *n* ingratitude
כפייה *n* coercion
כפייתי *adj* compulsive
כפירה *n* heresy
כפית *n* spoon
כפל *n* multiplication
כפפה *n* glove

כלום *n* nothing
כלי *n* appliance, tool
כלי זכוכית *n* glassware
כלי חרס *n* crockery
כלי טיס *n* aircraft
כלי קודש *n* sacrament
כליה *n* kidney
כלילי *adj* coronary
כלכלה *n* economy
כללי *n* general
כלם *pro* everybody
כלף *n* sunburn
כלפי חוץ *adj* outward
כלפי מטה *adv* down
כלפי מעלה *adv* upwards
כלפי פנים *adv* inwards
כמה *adj* some
כמו *adv* as
כמו *pre* like
כמובן *adv* obviously
כמוס *adj* occult
כמוסה *n* capsule
כמורה *n* clergy
כמות *n* quantity
כמעט *adv* almost
כן *adj* outspoken
כן *adv* yes
כןלב *adj* frank
כנגד *pre* against
כנוע *adj* docile
כנור *n* violin
כנות *n* frankness

כ

כפר *n* village
כפר קטן *n* hamlet
כפרה *n* atonement
כפרי *adj* rural, rustic
כפרי *n* villager
כפתור *n* button
כר *n* cushion, pillow
כרבולת *n* crest
כרגע *adv* now
כרוב *n* cabbage
כרובית *n* cauliflower
כרוז *n* herald
כרוז המכירה *n* auctioneer
כרונולוגיה *n* chronology
כרוני *adj* chronic
כרזה *n* placard, poster
כרטיס *n* card
כרטיסן *n* conductor
כריזמה *n* charisma
כריזמטי *adj* charismatic
כריך *n* sandwich
כריש *n* shark
כריתה *n* amputation
כרכרה *n* carriage
כרם *n* vineyard
כש- *adv* when
כשורה *adv* alright
כשיר *adj* competent
כשלון *n* failure
כשרון *n* talent
כת *n* caste, sect
כתב *n* correspondent
כתב יד *n* manuscript
כתב עת *n* magazine
כתבה *n* article
כתובית *n* subtitle
כתובת *n* inscription
כתיבה *n* writing
כתם *n* blot, stain
כתם *v* stain
כתף *n* shoulder
כתפות *n* suspenders
כתר *n* crown

ל

ל- *pre* per, for
לא *adv* not
לא אישי *adj* impersonal
לא בוגר *adj* indefinite
לא בטוח *adj* uncertain
לא ברור *adj* puzzling
לא דיסקרטי *adj* indiscreet
לא הגיוני *adj* irrational
לא הוגן *adj* unfair
לא הוגן *adv* unfairly
לא החלטי *adj* undecided
לא זהיר *adj* reckless
לא חוקי *adj* unlawful
לא יאומן *adj* unbelievable
לא ידוע *adj* unknown
לא ידידותי *adj* unfriendly

כ

לאטום 227

לא נעים distasteful *adj*
לא סביר unreasonable *adj*
לא עקבי inconsistent *adj*
לא צודק unjust *adj*
לא צפוי unexpected *adj*
לא קוהרנטי incoherent *adj*
לא ראוי undeserved *adj*
לא רלוונטי irrelevant *adj*
לא שווים unequal *adj*
לאבד misplace *v*
לאבחן diagnose *v*
לאבטח secure *v*
לאגור hoard *v*
לאדות vaporize *v*
לאהוב love *v*
לאוורר ventilate *v*
לאום nationality *n*
לאומי national *adj*
לאזן balance *v*
לאחד lump together *v*
לאחוז grasp, grip *v*
לאחל bid *v*
לאחסן store *v*
לאחר after *pre*
לאחר מכן afterwards *adv*
לאחר מכן subsequent *adj*
לאחרונה newly *adv*
לאחרונה recent *adj*
לאט slow *adj*
לאט slowly *adv*
לאט לאט little by little *adv*
לאטום seal off *v*

לא יודע לאות tireless *adj*
לא יעיל ineffective *adj*
לא יציב precarious *adj*
לא יצלח misfit *adj*
לא ישר dishonest *adj*
לא כשיר unfit *adj*
לא להבין misunderstand *v*
לא לחבב dislike *v*
לא לסמוך mistrust *v*
לא לתפקד malfunction *v*
לא לתפקד imprecise *adj*
לא מדויק inaccurate *adj*
לא מהימן unreliable *adj*
לא מוגנים unprotected *adj*
לא מודע unaware *adj*
לא מוטל בספק undeniable *adj*
לא מוצדק unjustified *adj*
לא מזיק harmless *adj*
לא מחונך uneducated *adj*
לא ממשי unreal *adj*
לא מסוגל incapable *adj*
לא מסיס insoluble *adj*
לא מעשי impractical *adj*
לא מעשן nonsmoker *n*
לא מציאותי unrealistic *adj*
לא מרוצה dissatisfied *adj*
לא מתאים unsuitable *adj*
לא נאמן disloyal *adj*
לא נבון unwise *adj*
לא נגיש inaccessible *adj*
לא נוח uneasy *adj*
לא נכון disagreeable *adj*

ל

לאייר *v* illustrate
לאית *v* spell
לאכול *v* consume, eat
לאכוף *v* enforce
לאכזב *v* disappoint
לאכל *v* corrode
לאכלס *v* populate
לאכסן *v* board
לאלף *v* domesticate
לאלץ *v* compel, coerce
לאלתר *v* improvise
לאמן *v* drill, coach
לאמץ *v* adopt
לאמת *v* confirm
לאנוס *v* rape
לאנח *v* sigh
לאסוף *v* collect, gather
לאסור *v* ban, forbid
לאפות *v* bake
לאפשר *v* enable
לארגן *v* organize
לארוב *v* lurk
לארוג *v* weave
לארוז *v* bundle, pack
לארח *v* accommodate
לאשפז *v* hospitalize
לאשר *v* approve, certify
לאשרר *v* ratify
לאתגר *v* challenge
לאתר *v* locate, track
לאתר במדויק *v* pinpoint
לב *n* heart

לבבי *adj* cordial
לבד *adj* singlehanded
לבדוק *v* probe, check
לבדוק היטב *v* double-check
לבדר *v* entertain
לבה *n* core
לבוא *v* come
לבוא בברית עם *v* ally
לבוא במקום *v* supersede
לבוא מ- *v* come from
לבודד *v* isolate
לבוש *n* apparel
לבזבז *v* lavish, waste
לבזוז *v* loot, pillage
לבחון *v* examine
לבחור *v* choose, pick
לבחור שנית *v* reelect
לבחוש *v* stir
לבטא *v* pronounce
לבטוח ב- *v* confide
לבטח *v* underwrite
לבטל *v* abort, annul
לבטל הפרדה *v* desegregate
לבטל חוק *v* repeal
לביאה *n* lioness
לבייש *v* disgrace, shame
לבכות *v* cry
לבלב *n* pancreas
לבלבל *v* bewilder
לבלבל *n* muddle
לבלוט *v* protrude
לבלוע *v* engulf, swallow

לגולל *v* unwrap
לגון *v* diversify
לגונה *n* lagoon
לגור *v* reside
לגור ב- *v* inhabit
לגזום *v* prune
לגזור *v* shear
לגזור דין *v* sentence
לגחך *v* ridicule
לגיון *n* legion
לגיטימי *adj* legitimate
לגייס *v* enlist, muster
לגייר *v* convert
לגימה *n* gulp , sip
לגלגל *v* roll
לגלול *v* wind up
לגלון *v* galvanize
לגלוש *v* boil over; slide
לגלות *v* display
לגלח *v* raze, shave
לגלף *v* carve, whittle
לגמגם *v* stammer
לגמול *v* reward
לגמוע *v* gulp
לגמור *v* conclude
לגמרי *adv* completely
לגמרי *adj* outright
לגנוב *v* steal, rip off
לגנות *v* denounce
לגעור *v* chide, scold
לגעת *n* touch
לגעת *v* touch

לבלות *v* spend
לבלף *v* bluff
לבן *adj* white
לבנה *n* brick
לבנות *v* build, construct
לבנות מחדש *v* rebuild
לבסס *v* base
לבעוט *v* kick
לבצע *v* do, execute
לבקר *v* call on, visit
לבקר בתדירות *v* frequent
לבקר חשבונות *v* audit
לבקש *v* appeal, request
לבקש משאלה *v* wish
לברוח *v* break out, flee
לברך *v* bless, greet
לבשל *v* herald
לגאול *v* deliver
לגבול *v* adjoin
לגבול ב- *v* border on
לגבור *v* prevail
לגבור על *v* beat
לגבות *v* charge
לגבס *v* plaster
לגבש *v* consolidate
לגדול *v* grow up
לגדול מ *v* outgrow
לגדוע *v* chop
לגדל *v* bring up; grow
לגהץ *v* iron
לגהק *v* belch, burp
לגוון *v* vary

לגעת ב *v* touch on
לגפף *v* fondle
לגרגר *v* gargle
לגרד *v* itch, scrape
לגרוט *v* scrap
לגרום *v* cause, inflict
לגרום למום *v* mutilate
לגרום למצוקה *v* distress
לגרום למרירות *v* embitter
לגרום נזק *v* damage
לגרור *v* haul, tow
לגרות *v* stimulate
לגרר *n* tow truck
לגרש *v* banish, expel
לדאוג *v* worry
לדאוג ל- *v* care for
לדבוק *v* cling
לדבק ב *v* adhere
לדבר *v* speak, talk
לדגדג *v* tickle
לדגדג *n* tickle
לדהור *v* gallop
לדהות *v* fade
לדווח *v* report
לדון *v* debate, discuss
לדוש *v* thresh
לדחוס *v* compress, cram
לדחוף *v* push, shove
לדחוק *v* displace
לדחות *v* delay, put off
לדכא *v* suppress
לדלג *v* skip

לדלג *n* skip
לדמות *v* simulate
לדמיין *v* imagine
לדמם *v* bleed
לדעוך *v* ebb, wane
לדעת *v* know
לדפוק *v* knock
לדקור *v* prick
לדקלם *v* recite
לדרבן *v* urge, spur
לדרג *v* rank
לדרוך *v* tread
לדרוך במקום *v* stagnate
לדרוס *v* run over
לדרוש *v* demand
לדרושוע *v* claim
להאדים *v* redden
להאדיר *v* dignify
להאחיד *v* unify
להאט *v* slow down
להאיץ *v* accelerate
להאיר *v* brighten
להאמין *v* believe
להאניש *v* personify
להאריך *v* extend
להאריך ימים *v* outlast
להאשים *v* charge, blame
להב *n* blade
להבה *n* flame
להבהב *v* flicker
להבהיל *v* startle
להבהיק *v* gleam

ל

להבהיר *v* clarify
להבחיל *v* sicken
להבחין *v* discern, detect
להבטיח *v* assure
להביא *v* bring
להביט *n* peer
להביט על *v* regard, view
להביך *v* baffle, confuse
להבין לא נכון *v* misconstrue
להביס *v* defeat, vanquish
להבריא *v* recuperate
להבריג *v* bolt, screw
להבריח *v* chase away
להבריש *v* brush
להבשיל *v* ripen
להגביה *v* heighten
להגביל *v* limit, restrict
להגביר *v* intensify
להגביר את *v* step up
להגדיל *v* augment, redouble
להגדיר *v* define
להגות *v* conceive
להגזים *v* exaggerate
להגיב *v* react
להגיד *v* say
להגיע *v* arrive, reach
להגיע לתוצאה *v* qualify
להגיש *v* hand in, submit
להגיש בקשה *v* apply for
להגיש תביעה *v* litigate
להגלות *v* banish, expel
להגן *v* defend

להגר *v* emigrate
להדאיב *v* grieve
להדאיג *v* perturb, upset
להדביק *v* glue, paste
להדגים *v* demonstrate
להדגיש *v* emphasize
להדהים *v* amaze
להדוף *v* fend, repel
להדיח *v* demote
להדליף *v* leak
להדליק *v* kindle, light
להדמים *v* immobilize
להדפיס *v* print
להדפיס מחדש *v* reprint
להדק *v* clinch
להדריך *v* guide
להוביל *v* lead
להודות *v* admit
להודיע *v* notify
להוות בסיס ל- *v* underlie
להוט *adj* avid
להוכיח *v* back up
להוליד *v* procreate
להוליך שולל *v* mislead
להונות *v* delude
להוסיף *v* add
להוסיף הערות *v* annotate
להועיל *v* benefit
להופיע *v* appear
להופיע במעורפל *v* loom
להופיע מחדש *v* reappear
להוציא *v* eject, oust

להוציא אוויר *v* deflate
להוציא כסף *v* disburse
להוציא לאור *v* publish
להוקיע *v* denounce
להוקיר *v* appreciate
להוריד *v* bring down, get down
להוריד מהפסים *v* derail
להוריש *v* bequeath
להזדרז *v* hurry up
להזהיר *v* warn
להזהיר מראש *v* forewarn
להזות *v* hallucinate
להזיז *v* budge, shift
להזיז בכח *v* manhandle
להזין *v* nourish
להזיע *v* sweat, perspire
להזיק *v* harm
להזכיר *v* remind
להזמין *v* invite
להזניח *v* neglect
להזריק *v* inject
להחביא *v* hide
להחוות *v* gesticulate
להחזיק *v* hold
להחזיק מעמד *v* hold out
להחזיר *v* return
להחזיר כסף *v* refund
להחזיר מכה *v* hit back
להחזיר תשלום *v* pay off
להחטיף *v* smack
להחיות *v* revive
להחליד *v* rust
להחליט *v* decide
להחלים *v* recover
להחליף *v* interchange
להחליק *v* glide
להחליק *v* slip
להחליש *v* weaken
להחמיא *v* flatter
להחמיר *v* aggravate
להחניק *v* smother, stifle
להחריד *v* appall
להחרים *v* ban, boycott
להחשיך *v* baptize
להטביע *v* sink
להטוטן *n* juggler
להטות *v* incline, tilt
להטות פעלים *v* conjugate
להטיל אימה *v* terrorize
להטיל בקורת *v* criticize
להטיל מום *v* maim, cripple
להטיל צל *v* overshadow
להטיף *v* exhort, preach
להטליא *v* darn
להטעין *v* recharge
להטריד *v* annoy, bother
להיאבק *v* combat, wrestle
להיאחז *v* cling
להיאחז ב- *v* hold on to
להיאנח *v* moan
להידחק *v* squeeze in
להיוולד *v* be born
להיוועץ *v* confer
להיות *v* be, become

להיפטר מ- *v* rid of
להיפרד *v* break up
להיראות *v* appear, seem
להירגע *v* calm down
להירקב *v* rot
להירשם *v* enroll, log in
להישאר *v* remain
להישבע *v* pledge
להישבר *v* break down
להישחק *v* wear out
להישען *v* lean, recline
להישען על *v* lean on
להיתקל ב- *v* run into
להיתקע *v* bog down
להכאיב *v* hurt
להכביד *v* burden
להכהות *v* deaden
להכות *v* batter, beat
להכחיש *v* deny
להכיל *v* comprise
להכיר *v* acknowledge
להכליל *v* generalize
להכניס *v* admit, let in
להכניע *v* overpower
להכעיס *v* displease
להכפיל *v* double
להכריז *v* announce
להכריז כקדוש *v* canonize
להכריח *v* force, obligate
להכריע *v* overwhelm
להכרית *v* eradicate
להכתיב *v* dictate

להיות איכפת *v* mind
להיות דומה *v* resemble
להיות הרוב *v* predominate
להיות חייב *v* must, owe
להיות חסר *v* lack
להיות מוכרח *v* have to
להיות מסוגל *v* can
להיות נוכח *v* attend
להיות צריך *v* need
להיות ראוי ל- *v* deserve
להיות שונה *v* differ
להיות שייך *v* pertain
להיזהר *v* beware
להיזכר *v* recollect
להיטות *n* eagerness
להייתקל ב- *v* bump into
להיכחד *v* die out
להיכנס *v* come in, enter
להיכנע *v* cave in, give in
להיכשל *v* go under, fail
להימלט *v* escape
להימנע *v* avoid
להימנע מלתת *v* hold back
להימשך ל- *v* gravitate
להינשא בשנית *v* remarry
להינתק *v* break away
להיסחף *v* drift
להיעלם *v* disappear
להיענות *v* comply
להיענות ל- *v* cater to
להיפגש עם *v* meet
להיפטר *v* resign

blot, tarnish v להכתים
crown v להכתיר
bleach, whiten v להלבין
clothe v להלביש
redress v להלביש שוב
lend, loan v להלוות
pound, batter v להלום
compose v להלחין
commend v להלל
chastise v להלקות
snitch v להלשין
dramatize v להמחיז
embody v להמחיש
hail v להמטיר
melt v להמיס
exchange v להמיר
recommend v להמליץ
daze, stun v להמם
shun v להמנע
depreciate v להמעיט בערך
devise, invent v להמציא
gamble v להמר
disobey v להמרות
soar, take off v להמריא
motivate v להמריץ
carry on v להמשיך
await v להמתין
sweeten v להמתיק
germinate v להנביט
bask v להנות
instruct v להנחות
dissuade v להניא

nod v להניד ראש
assume v להניח
presuppose v להניח מראש
propel v להניע
hoist v להניף
endorse v להסב
enlighten v להסביר
betray v להסגיר
clinch v להסדיר
camouflage v להסוות
encroach v להסיג גבול
avert v להסיט
bus v להסיע באוטובוס
deduce, infer v להסיק
incite v להסית
agree, assent v להסכים
escalate v להסלים
delegate v להסמיך
blus, flush v להסמיק
falter v להסס
get along v להסתדר
disapprove v להסתייג
culminate v להסתיים
conceal v להסתיר
watch v להסתכל
look through v להסתכל דרך
look at v להסתכל על
boil down to v להסתכם ב-
risk, venture v להסתכן
infiltrate v להסתנן
assail v להסתער
settle for v להסתפק

להעביר *v* convey, transfer
להעביר חוט *v* thread
להעגין *v* moor
להעדיף *v* prefer
להעיד *v* testify
להעיז *v* dare
להעיף *v* flip
להעיף מבט *v* glance
להעיר *v* comment
להעלות *v* conjure up
להעלות רעיון *v* conjure up
להעליב *v* affront, insult
להעמיד פנים *v* feign
להעמיס *v* load
להעמיק *v* deepen
להעניק *v* award, grant
להעניש *v* penalize
להעסיק *v* employ, hire
להעציב *v* sadden
להעריך *v* appreciate, appraise
להעריך לא נכון *v* misjudge
להערים *v* heap
להעריץ *v* admire, adore
להעשיר *v* enrich
להעתיק *v* copy
להפגין *v* exhibit
להפוך *v* overturn
להפוך ל- *v* become
להפוך להון *v* capitalize
להפוך לחוקי *v* legalize
להפוך למודרני *v* modernize
להפחיד *v* frighten

להפחית *v* decrease
להפחית עצמה *v* attenuate
להפיג *v* dispel
להפיל *v* overthrow
להפיץ *v* diffuse
להפיק *v* derive
להפלות *v* discriminate
להפנות *v* refer to
להפנט *v* hypnotize
להפסיד *v* lose
להפסיק *v* desist, cease
להפעיל *v* exert, wield
להפעיל לחץ *v* pressure
להפציץ *v* bomb
להפציר *v* beseech
להפקיד בידי *v* entrust
להפקיע *v* expropriate
להפקיר *v* abandon
להפרות *v* fertilize
להפריד *v* separate
להפריך *v* disprove
להפריע *v* distract, disturb
להפריש *v* exude
להפשיר *v* defrost
להצביע על *v* point
להצדיק *v* justify
להצטופף *v* crowd
להצטיין *v* excel
להצטלב *v* intersect
להצטנף *v* cuddle
להצטער *v* deplore
להצטרף *v* join

ל

להציג *v* display
להציג תנוחה *v* pose
להציל *v* rescue, save
להציע *v* offer, suggest
להציף *v* inundate
להציץ *v* glimpse
להציק *v* bother, annoy
להצית *v* ignite
להצליח *v* succeed
להצניח *v* commemorate
להצעיר *v* rejuvenate
להצריך *v* entail
להקדים *v* preempt
להקדיש *v* dedicate
להקה *n* band
להקטין *v* downsize
להקטין את *v* trivialize
להקיא *v* throw up, vomit
להקים *v* erect, set up
להקים מחנה *v* camp
להקיף *v* circle
להקיש *v* clash
להקל *v* alleviate, ease
להקליט *v* record
להקליק *v* click
להקנות *v* instil
להקניט *v* tease
להקסים *v* charm
להקפיא *v* freeze
להקפיץ *v* drop off
להקצות *v* assign
להקציב *v* allot

להקרין *v* project
להקריש *v* coagulate
להקשיב *v* listen
להקשיח *v* harden, stiffen
להראות *v* show
להרביץ *v* punch
להרגיז *v* enrage
להרגיל *v* accustom
להרגיע *v* ease, pacify
להרגיש *v* feel
להרהר *v* vacillate
להרוג *v* bring down
להרוויח *v* earn, profit
להרוות *v* quench
להרויח *v* gain
להרוס *v* demolish, mess up
להרות *v* conceive
להרחיב *v* broaden, widen
להרטיב *v* moisten
להרטיט *v* thrill
להריח *v* smell
להרים *v* boost, raise
להריע *v* acclaim
להריץ *v* run up
להרכיב *v* construct
להרעיב *v* starve
להרעיל *v* poison
להרעים *v* boom
להרקיב *v* decompose
להרשות *v* allow, let, permit
להרשות לעצמו *v* afford
להרשים *v* impress

להשתולל *v* mess around
להשתוקק *v* crave, yearn
להשתחוות *v* bow
להשתחרר *v* break free
להשתטח *adj* prostrate
להשתייך *v* belong
להשתיל *v* transplant
להשתין *v* urinate
להשתיק *v* muffle, muzzle
להשתלח *v* lash out
להשתלט על *v* take over
להשתמט *v* shirk
להשתמש *v* use
להשתנק *v* gasp
להשתעל *v* cough
להשתפן *v* chicken out
להשתקע *v* settle
להשתרע *v* span, sprawl
להשתתף *v* participate
להתאבל *v* mourn
להתאדות *v* evaporate
להתאחד *v* unite
להתאים *v* adapt, adjust
להתאכסן *v* lodge
להתאמן *v* practise
להתאמץ *v* exert
להתאסף *v* get together
להתאקלם *v* acclimatize
להתבולל *v* assimilate
להתבטא *v* articulate
להתבלט *v* stand out
להתגאות *v* boast

להרשיע *v* convict
להרתיח *v* exasperate
להרתיע *v* discourage
להשאר *v* stay
להשאר *n* stay
להשאר במקום *v* stick around
להשביע רצון *v* content
להשהות *v* delay
להשוויץ *v* show off
להשוות *v* compare
להשחית *v* corrupt
להשטיח *v* flatten
להשיב *v* respond
להשיג *v* gain, achieve
להשכיב *v* lay
להשליך *v* cast, dump
להשלים *v* complete
להשמיד *v* annihilate
להשמיט *v* leave out
להשמין *v* fatten
להשמיע *v* sound
להשמיץ *v* defame
להשעות *v* suspend
להשפיל *v* humiliate
להשפיע *v* impact, affect
להשקות *v* irrigate
להשקיט *v* hush up
להשקיע *v* invest
להשקיף *v* reflect
להשרות *v* soak
להשתדל *v* endeavor
להשתהות *v* linger

להתגבר *v* overcome
להתגעגע *v* miss
להתגרש *v* divorce
להתדלדל *v* dwindle
להתהדר *v* flaunt
להתהולל *v* dissipate
להתהלך *v* stroll
להתהפך *v* capsize
להתוודות *v* confess
להתווכח *v* argue, quarrel
להתחייב *v* undertake
להתחיל *v* begin
להתחיל ב - *v* set about
להתחלף *v* alternate
להתחמק *v* dodge
להתחנן *v* beg, plead
להתחנף *v* ingratiate
להתחפש *v* disguise
להתחרות *v* compete
להתחרט *v* regret
להתחרש *v* deafen
להתחשמל *v* electrocute
להתחתן *v* marry
להתחתן עם *v* wed
להתידד *v* befriend
להתיז *v* splash
להתיחס *v* concern
להתיימר *v* profess
להתייפח *v* wail
להתייצב *v* come forward
להתיסר *v* agonize
להתיר *v* untie

להתיש *v* exhaust
להתישב *v* settle down
להתכוון *v* intend
להתכוון ל- *v* mean
להתכונן *v* prepare
להתכונן ל- *v* brace for
להתכופף *v* crouch, duck
להתכחש *v* renounce
להתכנס *v* converge
להתכסות בכפור *n* frost
להתכתב *v* correspond
להתלבש *v* dress
להתלהב *v* enthuse
להתלונן *v* complain
להתלוצץ *v* joke
להתלקח *v* blaze
להתמגל *v* fester
להתמהמה *v* procrastinate
להתמודד *v* cope, tackle
להתמודד עם *v* face up to
להתמוטט *v* collapse
להתמוסס *v* dissolve
להתמחות *v* practice
להתמיד *v* persevere
להתמקד *v* get down to
להתמקד ב- *v* focus on
להתמקח *v* bargain
להתנגד *v* defy, oppose
להתנגש *v* clash, collide
להתנדנד *v* sway, wobble
להתנהג *v* act, behave
להתנודד *v* stagger

להתקבץ *v* cluster
להתקדם *v* advance
להתקהל *v* congregate
להתקיים *v* exist
להתקים *v* subsist
להתקין *v* install
להתקיף *v* attack
להתקל ב- *v* come across
להתראות *e* bye
להתרבות *v* breed
להתרברב *v* brag
להתרועע *v* associate
להתרורר *v* dwell
להתרחק *v* drift apart
להתרחש *v* come about
להתריס *v* counter
להתריע *v* alert
להתרכז *v* concentrate
להתרכך *v* relent
להתרסק *v* crash
להתרעם *v* resent
לובי *n* lobby
לובסטר *n* lobster
לוגיקה *n* logic
לוהט *adj* fervent
לוודא *v* ascertain
לווה *n* debtor
לווי *n* escort
לווין *n* satellite
לוויתן *n* whale
לווסת *v* regulate
לוותר *v* abdicate

להתנון *v* degenerate
להתנות *v* stipulate
להתנזר *v* abstain
להתנפח *v* swell
להתנפל *v* mob
להתנצל *v* apologize
להתנקם *v* revenge
להתנשא *v* condescend
להתנתק *v* log off
להתעורר *v* awake
להתעטש *v* sneeze
להתעכב *v* hang around
להתעלל *v* abuse
להתעלם *v* disregard
להתעלם מ- *v* ignore
להתעלף *v* faint
להתענג *v* relish
להתעקש *v* insist
להתערב *v* intercede
להתפוצץ *v* blow up
להתפורר *v* crumble
להתפטר *v* abdicate
להתפלל *n* worship
להתפצל *v* split up
להתפרס *v* deploy
להתפרע *v* misbehave
להתפרץ *v* burst, erupt
להתפרק *v* unwind
להתפשט *v* expand
להתפשר *v* compromise
להתפתח *v* evolve
להתפתל *v* writhe

ל

לוותר על *v* waive
לוז *n* hazelnut
לוח *n* blackboard, board
לוח זמנים *v* schedule
לוח שנה *n* calendar
לוחם *n* fighter
לוחם שוורים *n* bull fighter
לוחץ *adj* pressing
לויקמיה *n* leukemia
לוכסן *n* slash
לולאה *n* buttonhole, noose
לולין *n* acrobat
לזהור *v* glow
לזהות *v* identify
לזהם *v* defile, pollute
לזוז *v* move
לזוז קדימה *v* move forward
לזחול *v* crawl, creep
לזייף *v* falsify, forge
לזיף *v* counterfeit
לזכור *v* recall
לזכות *v* acquit
לזלול *v* gobble, guzzle
לזמום *v* connive
לזמזם *v* hum, buzz
לזמן *v* summon
לזמן לדין *v* subpoena
לזנוב *v* tail
לזנוח *v* forsake
לזנק *v* dash
לזעוק *v* clamor
לזקק *v* distill, refine

לזרום *v* flow
לזרוע *v* sow, throw
לזרות *v* sprinkle
לזרז *v* hasten
לח *adj* damp, humid
לחבב *v* care about
לחבוט *v* club
לחבול *v* bruise
לחבוש פצע *v* bandage
לחבות באלה *v* bludgeon
לחבל *v* embrace
לחבר *v* connect, link
לחגוג *v* celebrate
לחדד *v* sharpen
לחדול *v* desist
לחדור *v* penetrate
לחדש *v* renew
לחוך *n* graze
לחוס *v* spare
לחוף *adv* ashore
לחורר *v* perforate
לחוש *v* sense
לחות *n* humidity
לחזור *v* come back
לחזור בו *v* recant
לחזור בתשובה *v* repent
לחזור חלילה *v* recur
לחזור למולדת *v* repatriate
לחזור על *v* go over
לחזור שנית *v* repeat
לחזות מראש *v* foresee
לחזק *v* bolster, strengthen

לחשוש 241

לחמש *v* arm
לחנוט *v* embalm
לחנוך *v* inaugurate
לחנוק *v* choke
לחנות *v* park
לחנך *v* educate
לחסוך *v* economize
לחסום *v* bar, block
לחסל *v* eliminate
לחסן *v* immunize
לחסר *v* subtract
לחפוף *v* overlap
לחפור *v* dig
לחפש *v* search, seek
לחץ *n* pressure
לחצות *v* cross
לחקוק *v* legislate
לחקור *v* investigate
לחקות *v* imitate
לחרוג *v* exceed
לחרוד *v* dread
לחרוט *v* engrave
לחרוך *v* char
לחרוק *v* creak
לחרוש *v* plow
לחש *n* whisper
לחשב *v* calculate
לחשוב *v* think
לחשוד *v* distrust
לחשוף *v* debunk, unveil
לחשוק *v* desire
לחשוש *v* apprehend

לחטא *v* disinfect
לחטוב *v* hack
לחטוף *v* abduct, snatch
לחטט *adj* nitpicking
לחטט *v* ransack
לחי *n* cheek
לחיות *v* live
לחיות אחרי *v* outlive
לחיות יחד *v* coexist
לחיות מ- *v* live off
לחיות מחדש *v* relive
לחייב *v* compel
לחייג *v* dial
לחייך *v* smile
לחיים *n* cheers
לחימה *n* warfare
לחיצת יד *n* handshake
לחכות *v* wait
לחלום *v* dream
לחלוף *v* elapse
לחלוק *v* disagree
לחלחל *v* permeate
לחלט *v* forfeit
לחלל *v* desecrate
לחלץ *v* dislodge
לחלק *v* distribute
לחלקים *adv* asunder
לחם *n* bread
לחמוד *v* covet
לחמוס *v* usurp
לחמם *v* heat
לחמנייה *n* bun

ל

לחשמל *v* electrify
לחתוך *v* cut, slash
לחתום *v* seal, sign
לחתור *v* undermine
לטאה *n* lizard
לטאטא *v* sweep
לטבול *v* immerse
לטבוע *v* drown
לטגן *v* fry
לטהר *v* purge, purify
לטחון *v* grind, mince
לטייל *v* hike
לטיפה *n* caress
לטלא *v* patch
לטלטל *v* convulse
לטלפן *v* phone, ring
לטעון *v* allege, assert
לטעות *v* mistake
לטעות *adj* unmistakable
לטפח *v* foster
לטפטף *v* drizzle
לטפל *v* care
לטפס *v* ascend, climb
לטרוף *v* devour
לטשטש *v* blur
ליבב *v* sob
ליבב *n* sob
ליברה *n* pound
ליגה *n* league
ליד *pre* beside
לידה *n* birth
לידה מחדש *n* rebirth

ליהנות *v* enjoy
ליומם *v* commute
ליזום *v* initiate
ליחה *n* mucus
ליטר *n* liter
לייאש *v* demoralize
לייבא *v* import
לייבש *v* dry
ליידע *v* inform
לייזר *n* laser
לייחס ל- *v* attribute
ליים *n* lime
לייסד *v* establish
לייעד *v* advise
לייפות *v* beautify
לייצא *v* export
לייצג *v* represent
לייצר *v* manufacture
ליירט *v* intercept
ליישב *v* colonize
ליישם *v* apply
ליישר בדחפור *v* bulldoze
לילה *n* night
לילי *adj* nocturnal
לילל *v* weep, whine
לימוד *n* learning
לימון *n* lemon
לימונדה *n* lemonade
לינץ' *v* lynch
לינקס *n* lynx
ליעל *v* rationalize
ליפול *v* drop, fall

לכלול *v* comprise
לכן *adv* therefore
לכנס *v* convene
לכסות *v* cover
לכסות עיניים *v* blindfold
לכסח *v* mow
לכער *v* disfigure
לכפות *v* impose
לכפר *v* atone
לכפר על *v* make up for
לכרוך *v* bind
לכרוע *v* genuflect
לכרות *v* amputate
לכרסם *v* gnaw, munch
לכשף *v* bewitch
לכתוב *v* write
לכתוב במכונה *v* type
לכתוש *v* pulverize
ללא היגיון *adj* senseless
ללא הרף *adv* ceaselessly
ללא כאבים *adj* painless
ללא ספק *adv* surely
ללא עוררין *adj* undisputed
ללא פגע *adj* unharmed
ללא קשר *adv* regardless
ללא רבב *adj* flawless
ללא רוח חיים *adj* lifeless
ללא תחרות *adj* unbeatable
ללא תנועה *adj* motionless
ללבוש *v* wear
ללבלב *v* bloom, flourish
ללגום *v* sip

ליפול מטה *v* plummet
ליפות *v* embellish
ליצור *v* create
ליצור גמות *v* dent
ליצור מהומה *v* riot
ליצור מחדש *v* remake
ליצור קשר *v* contact
ליצן *n* clown
ליצר *v* produce
ליקוי *n* eclipse
ליקר *n* liqueur
לירוק *v* spit
לירות *v* fire, shoot
לישון *v* sleep
לישר *v* level
ליתר דיוק *adv* rather
לכאורה *adv* allegedly
לכבד *v* dignify
לכבול *v* chain
לכבוש *v* conquer, occupy
לכבוש מחדש *v* recapture
לכבות *v* blow out, turn off
לכבשן *v* cremate
לכהן *v* officiate
לכוון *v* aim
לכונן *v* tune
לכופף *v* bend, flex
לכידה *n* capture
לכיוון *pre* along
לכל החיים *adj* lifetime
לכלוא *v* imprison
לכלוך *n* dirt, filth

למטה *adv* below
למיין *v* classify
למכור *v* sell
למכן *v* mechanize
למלא *v* accomplish
למלא בבקבוקים *v* bottle
למלא מחדש *v* refill
למלוך *v* reign, rule
למלמל *v* mumble
לממן *v* finance
לממש *v* exercise
למנוע *v* avert, avoid
למנות *v* appoint
למנף *n* leverage
למסגר *v* frame
למסור *v* convey
למסות *v* levy
למסמר *adj* riveting
למעוד *v* stumble
למעוך *v* crush, mash
למעול *v* embezzle
למעלה *adv* upstairs
למעשה *adv* actually
למצוא *v* find, spot
למצוא לנכון *v* deign
למצוץ *v* sap, suck
למצות *v* deplete
למצמץ *v* blink
למקם מחדש *v* relocate
למקש *v* mine
למרוד *v* rebel, revolt
למרוח *v* smear

ללגלג *v* scoff
ללדת *v* bear
ללוות *v* accompany
ללחוץ *v* press
ללחוש *v* whisper
ללחלח *v* dampen
ללטף *v* caress
ללטש *v* refurbish
ללכוד *v* snare
ללכלך *v* soil
ללכת *v* go, walk
ללכת לישון *v* turn in
ללמד *v* teach
ללמוד *v* learn
ללמוד בעל פה *v* memorize
ללעוג *v* deride, mock
ללעוס *v* chew
ללקק *v* lick
למדוד *v* measure
למדוד קוטר *v* calibrate
למהול *v* adulterate
למהול במים *v* water down
למהר *v* hurry, speed
למול *v* circumcise
למות *v* die
למזג *v* merge
למזוג *v* pour
למחוא כף *v* clap
למחול *v* absolve
למחוץ *v* mangle
למחוק *v* delete
למחות *v* protest

ל

לנשב

לנחור	snore v
לנחות	land v
לנחם	console v
לנחש	guess v
לנטוף	drip v
לנטוש	forsake v
לנטרל	counteract v
לנכות	deduct v
לנכש עשבים	weed v
לנמנם	doze, snooze v
לנמק	reason v
לנסות	attempt v
לנסר	saw v
לנעול	lock v
לנעוץ מבט	stare v
לנער	shake v
לנפח	bloat v
לנפץ	burst, shatter v
לנצח	forever adv
לנצל	utilize v
לנצל את	tap into v
לנצנץ	glitter v
לנקב	clip, pierce v
לנקוב	puncture n
לנקום	avenge v
לנקוע	sprain v
לנקוע עצם	dislocate v
לנקות	clean v
לנקז	drain v
לנקר	peck v
לנרמל	normalize v
לנשב	blow v

למרות	although c
למרכז	center v
למרק	scour v
למשוח בשמן	anoint v
למשוך	jerk, pull v
למשוך בכח	wrench n
למשול	govern v
למשכן	pawn v
למתוח	stretch n
למתוח	stretch v
לנאוף	blaspheme v
לנבא	foretell v
לנבוח	bark v
לנבוט	sprout v
לנבול	wither v
לנבוע	emanate v
לנבוע מ-	originate v
לנגב	wipe v
לנדוד	roam, wander v
לנדור נדר	vow v
לנדנד	nag v
לנהוג	drive v
לנהל	administer v
לנהל מסע	campaign v
לנו	us pro
לנווט	navigate v
לנוון	atrophy v
לנוח	repose, rest v
לנוס	bolt v
לנוע בחופשיות	circulate v
לנוע בכיוון	head for v
לנזוף	chide, scald v

bite, nip *v* לנשוך
breathe *v* לנשום
wheeze *v* לנשום בכבדות
blow *v* לנשוף
disown *v* לנשל
disinherit *v* לנשל מירושה
nibble *v* לנשנש
kiss *v* לנשק
analyze *v* לנתח
evade *v* לנתחמק
detach *v* לנתק
endure *v* לסבול
complicate *v* לסבך
subsidize *v* לסבסד
close, shut off *v* לסגור
retreat *v* לסגת
crack *v* לסדוק
arrange *v* לסדר
rotate, spin *v* לסובב
lubricate *v* לסוך
drag *v* לסחוב
squeeze *v* לסחוט
squeeze up *v* לסחוט את
blackmail *v* לסחוט כספים
deal, trade *v* לסחור
digress, veer *v* לסטות
end, finish *v* לסיים
aid, assist, facilitate *v* לסייע
thwart *v* לסכל
finalize *v* לסכם
endanger *v* לסכן
detest, snub *v* לסלוד

forgive *v* לסלוח
curl *v* לסלסל
take away *v* לסלק
depend *v* לסמוך
rely on *v* לסמוך על
drug, sedate *v* לסמם
denote *v* לסמן
advocate *v* לסנגר
dazzle *v* לסנור
synchronize *v* לסנכרן
sift, strain *v* לסנן
dine *v* לסעוד
absorb *v* לספוג
count *v* לספור
recount *n* לספור
affix *v* לספח
speculate *v* לספסר
provide *v* לספק
narrate, tell *v* לספר
stone *v* לסקול
review *v* לסקור
decline *v* לסרב
knit *v* לסרוג
alternate *adj* לסרוגין
scan *v* לסרוק
comb *v* לסרק
jaw *n* לסת
clog *v* לסתום
shut up *v* לסתום את הפה
contradict *v* לסתור
cultivate *v* לעבד
work *v* לעבוד

247 לערוך בשורה

לעלות על *v* surpass
לעלות על גדותיו *v* overflow
לעמוד *v* stand
לעמוד *n* stand
לעמוד בפני *v* withstand
לעמוד בראש *v* spearhead
לעמוד בתור *v* line up
לעמוד על טיבו *v* sound out
לעמול *v* toil
לעמעם *v* dim
לעמת *v* confront
לענג *v* answer, reply
לענות לציפיות *v* live up
לעסות *v* massage
לעצב *v* mold, shape
לעצב מחדש *v* remodel
לעצבן *v* aggravate
לעצור *v* apprehend
לעצור על *v* stop over
לעקוב *v* follow
לעקוב אחרי *v* stalk
לעקוף *v* bypass
לעקור *v* uproot
לעקל *v* confiscate
לעקם *v* curve, twist
לעקר *v* sterilize
לערב *v* implicate
לערבב *v* blend, mix
לערוב *v* guarantee
לערוב על *v* vouch for
לערוך *v* dispose
לערוך בשורה *v* align

לעבוד על *v* trick
לעבור *v* elapse, pass
לעבור גבול *v* trespass
לעבור מוטציה *v* mutate
לעבור על *v* look over
לעבות *v* thicken
לעבכ *v* defer
לעג *n* mockery
לעגן *v* dock
לעד *adv* forever
לעדכן *v* update
לעודד *v* encourage
לעוור *v* blind
לעוות *v* deform
לעומק *adv* in depth
לעומת *c* as
לעוף *v* fly
לעורר *v* arouse, stir up
לעורר השראה *v* inspire
לעורר התנגדות *v* antagonize
לעורר שערוריה *v* scandalize
לעוות *v* distort
לעזוב *v* depart, leave
לעזור *v* help
לעזות *v* do
לעטוף *v* wrap
לעטר *v* adorn
לעיתים רחוקות *adv* seldom
לעכב *v* block
לעכל *v* digest
לעלות *v* go up, rise
לעלות בביצוע על *v* outshine

ל

לפי *pre* according to
לפי הזמנה *adj* custom-made
לפיד *n* torch
לפייס *v* appease
לפלוט *v* eject, emit
לפלוש *v* invade
לפלס *v* straighten out
לפלרטט *v* flirt
לפנות *v* clear, vacate
לפנות דרך *v* yield
לפנות ל *v* approach
לפני *adv* before
לפנים *pre* ahead
לפנק *v* pamper
לפסול *v* invalidate
לפסוק *v* award
לפסטר *v* pasteurize
לפסל *v* carve
לפעול *v* act
לפעום *v* pulsate, throb
לפענח *v* decipher
לפצוע *v* injure, wound
לפצוע בירייה *v* gun down
לפצות *v* compensate
לפצל *v* splinter, split
לפקד *v* haunt
לפקוד *v* command
לפקוק *v* plug
לפקח *v* supervise
לפקפק *v* distrust, doubt
לפרוח *v* blossom
לפרוס *v* slice

לערוך הסכם *v* contract
לערוך חזרה *v* rehearse
לערוך טיוטה *v* draft
לערוך קניות *v* shop
לערוך רשימה *v* list
לערום *v* pile, stock
לערוף *v* decapitate
לערוף ראש *v* behead
לערוק *v* defect, desert
לערער *v* appeal
לערער על *v* dispute
לעשות *v* make
לעשות הכרות *v* acquaint
לעשות לרשמי *v* formalize
לעשות ספונג'ה *v* mop
לעשות שוב *v* redo
לעשן *v* smoke
לעתים *adv* sometimes
לעתים תכופות *adv* often
לפברק *v* fabricate
לפגום *v* blemish
לפגוש *v* encounter
לפגר *v* fall behind
לפדות *v* redeem
לפהק *v* yawn
לפוג *v* lapse
לפוצץ *v* detonate
לפורר *v* shred
לפזר *v* dispel, scatter
לפחת *v* devalue
לפטפט *v* babble
לפטר *v* dismiss

לקבל

לצוף *v* float
לצותת *v* eavesdrop
לצחוק *v* laugh
לצחצח *v* polish
לצחקק *v* chuckle, giggle
לצטט *v* quote
לצייד *v* equip
לציין *v* indicate
לציית *v* obey
לצין *v* denote
לציץ *v* peep
לצית *v* abide by
לצלוב *v* crucify
לצלול *v* dive, plunge
לצלוע *v* limp
לצלוף *v* lash, whip
לצלות *v* broil, grill
לצלם *v* photograph
לצמצם *v* reduce, shrink
לצמצם חוב *v* amortize
לצעוד *v* march
לצעוק *v* scream, yell
לצפור *v* honk
לצפות *v* observe
לצפות מראש *v* anticipate
לצקת *v* cast
לצרוח *v* screech
לצרף *v* combine
לצרף מחדש *v* rejoin
לקבוע זמן *v* time
לקבור *v* bury
לקבל *v* accept, get

לפרוע *v* liquidate
לפרוץ *v* burglarize
לפרוק *v* unpack
לפרוש *v* adjourn
לפרוש *v* secede
לפרז *v* disarm
לפרט *v* detail, itemize
לפרסם *v* advertise
לפרק *v* dismantle
לפרק מטען *v* discharge
לפרש *v* interpret
לפשוט *v* raid
לפשוט רגל *v* bankrupt
לפשט *v* popularize
לפתוח *v* open, unlock
לפתוח כפתור *v* unbutton
לפתוח סניפים *v* branch out
לפתור *v* resolve
לפתות *v* entice, tempt
לפתח *v* develop
לפתע *adv* abruptly
לצאם *v* go out
לצאת *v* move out
לצאת החוצה *v* come out
לצאת לגמלאות *v* retire
לצאת לדרך *v* embark, set off
לצאת מ- *v* pull out
לצבוע *v* color, dye
לצבור *v* accumulate
לצבות *v* pinch
לצד *pre* alongside
לצוד *v* hunt

ל

לקפות *v* skim
לקפל *v* fold
לקפץ *v* hop
לקצב *v* pace
לקצוב *v* ration
לקצוץ *v* cut back
לקצור *v* harvest, reap
לקצץ *v* curtail, chop
לקצר *v* abbreviate
לקראת *pre* towards
לקרוא *v* exclaim
לקרוא בקול *v* cry out
לקרוע *v* rip
לקרוע לגזרים *v* rip apart
לקרוץ *v* wink
לקרות *v* happen, occur
לקרצף *v* scrub
לקרקר *v* crow
לקרר *v* chill, cool
לקשור *v* bind
לקשור קשר *v* conspire
לקשט *v* decorate
לקשקש *v* wag
לקשר *v* connect
לראות *v* see, look
לרבות *v* reproduce
לרגל *v* spy
לרגע *adv* momentarily
לרגש *v* excite
לרדוף *v* chase, pursue
לרדות *v* boss around
לרדת *v* descend

לקבל בחזרה *v* regain
לקבץ *v* aggregate
לקדוח *v* bore, drill
לקדם *v* promote
לקדש *v* consecrate
לקו *adj* deficient
לקוד *v* bow
לקוות *v* expect
לקוח *n* client
לקוי *adj* defective
לקום *v* arise, get up
לקונן *v* lament
לקזז *v* offset
לקחת *v* take
לקחת בחזרה *v* retract
לקחת דרך הפה *v* ingest
לקחת טרמפ *n* hitchhike
לקטול *v* slay
לקטלג *v* catalog
לקטר *v* grouch
לקלוט *v* absorb
לקלל *v* curse, swear
לקלף *v* peel
לקלף עור *v* skin
לקלקל *v* botch, goof
לקמט *v* crease, wrinkle
לקמט מצח *v* frown
לקנא *v* envy
לקנוס *v* fine
לקנות *v* buy
לקפוא *v* freeze
לקפוץ *v* jump, leap

ל

לרפא *v* cure, heal
לרפד *v* cushion
לרפות ידיים *v* dishearten
לרפרף *v* flutter
לרצוח *v* assassinate
לרצות *v* desire, want
לרקב *v* decay
לרקוד *v* dance
לרקום *v* embroider
לרשום *v* log, register
לרשת *v* inherit
לרתוח *v* boil
לרתך *v* solder, weld
לרתק *v* enthrall
לשאוב *v* pump
לשאוג *v* growl, roar
לשאול *v* ask, inquire
לשאוף *v* aspire, strive
לשאת *v* bear, carry
לשבור *v* break
לשבות *v* captivate
לשבח *v* acclaim, praise
לשבט *v* clone
לשבש *v* disrupt
לשבת *v* sit
לשגות *v* err
לשגר *v* launch
לשגשג *v* prosper, thrive
לשד *n* bone marrow
לשדוד *v* mug, rob
לשדך *v* match
לשדל *v* air, transmit

לרדת גשם *v* rain
לרדת מהאניה *v* disembark
לרדת מסוס *v* dismount
לרדת שלג *v* snow
לרהט *v* furnish
לרוב *adv* mostly
לרוח *v* space out
לרומם *v* exalt
לרופף *v* slacken
לרוץ *v* run
לרוקן *v* empty
לרחוץ *v* bathe
לרחוש אהדה *v* sympathize
לרחף *v* hover
לרחרח *v* sniff
לרטון *v* grumble
לרכב *v* ride
לרכוש *v* acquire
לרכז *v* condense
לרכך *v* mellow, soften
לרכל *v* gossip
לרמוז *v* hint, imply
לרמוז על *v* connote
לרמוס *v* trample
לרמות *v* cheat, dupe
לרסן *v* curb, rein
לרסס *v* spray
לרסק *v* smash
לרעוד *v* quake, tremble, vibrate
לרעום *v* rumble
לרעות *v* browse
לרענן *v* refresh

לשכך *v* mitigate
לשכנע *v* convince
לשכפל *v* duplicate
לשלב *v* incorporate
לשלוח *v* deliver, send
לשלוח בדואר *v* mail
לשלוט *v* control
לשלוט ב- *v* master
לשלוף *v* draw, retrieve
לשלם *v* defray, pay
לשלם שכר *v* remunerate
לשמוח *v* exult, rejoice
לשמוע *v* hear
לשמור *v* keep, retain
לשמור על *v* look after
לשמח *v* cheer up
לשמן *v* grease
לשמר *v* can, conserve
לשנוא *v* hate, loathe
לשנות *v* alter, amend
לשנן *v* reiterate
לשעבר *adj* former
לשעמם *v* bore
לשעשע *v* amuse
לשפוך *v* shed, spill
לשפוע *v* abound
לשפץ *v* overhaul
לשפר *v* improve
לשפשף *v* rub
לשקול *v* consider
לשקול יותר מ- *v* outweigh
לשקול מחדש *v* reconsider

לשווא *adj* futile
לשווא *adv* vainly
לשוחח *v* chat
לשוט *v* sail
לשוטט *v* loiter
לשון *n* tongue
לשון הרע *n* slander
לשון יבשה *n* cape
לשזור *v* intertwine
לשחד *v* bribe
לשחוט *v* slaughter
לשחות *v* swim
לשחזר *v* reconstruct
לשחק *v* play
לשחר לטרף *v* prowl
לשחרר *v* free, liberate
לשטוף *v* rinse, wash
לשטות ב- *v* fool
לשים *v* put
לשים אזיקים *v* handcuff
לשים במצור *v* besiege
לשים בצד *v* put aside
לשים דגש *v* underline
לשים לב *v* heed, notice
לשים מארב *v* ambush
לשים מצור *v* blockade
לשיף *v* file
לשיר *v* sing
לשיר בקצב *n* chant
לשכב *v* lie
לשכוח *v* forget
לשכור *n* charter, rent

ל

לתת מכת חשמל 253

לתלות *v* hang
לתמוך *v* back, bolster
לתסוס *v* ferment
לתסכל *v* frustrate
לתעב *v* despise
לתעוב *v* abhor
לתעות *v* stray
לתעתק *v* transcribe
לתפוס *v* catch, seize
לתפור *v* sew, stitch
לתפס *v* scale
לתפעל *v* manipulate
לתקוע יתד *v* stake
לתקוף *v* assault
לתקן *v* correct, fix
לתקנן *v* standardize
לתקצב *v* earmark
לתקשר *v* communicate
לתרגם *v* translate
לתרום *v* contribute
לתשלום *adj* payable
לתת *v* give
לתת דין וחשבון *v* account for
לתת הנחה *v* discount
לתת מחסה *v* shelter
לתת מכת חשמל *v* zap

לשקם *v* rehabilitate
לשקר *v* lie
לשרוד *v* survive
לשרוט *v* scratch
לשרוף *v* burn, scorch
לשרוק *v* hiss, whistle
לשרטט *v* depict
לשרשר *v* cordon off
לשרת *v* serve
לשתול *v* plant
לשתות *v* drink
לשתף פעולה *v* collaborate
לשתק *v* paralyze
לתאם *v* coordinate
לתאר *v* describe
לתארך *v* date
לתבוע *v* prosecute
לתבוע מחדש *v* reclaim
לתבלט *v* emboss
לתגבר *v* fortify
לתגמל *adj* rewarding
לתדלק *v* fuel
לתדרך *v* brief
לתהות *v* wonder
לתווך *v* arbitrate
לתווך ארוך *adj* long-term
לתחום *v* confine
לתחזק *v* reinforce
לתיק *v* file
לתכנן *v* mastermind
לתכנן מראש *v* premeditate
לתלוש *v* pluck

ל

מ

from, of *pre* מ-

machine gun *n* מ"ג

struggle *n* מאבק

reservoir *n* מאגר

database *n* מאגר מידע

highly, very *adv* מאד

Mars *n* מאדים

century *n* מאה

hundred *adj* מאה

lover *n* מאהב

mistress *n* מאהבת

fossil *n* מאובן

dusty *adj* מאובק

fan *n* מאוורר

late *adv* מאוחר

later *adv* מאוחר יותר

later *adj* מאוחר יותר

tame *v* מאולף

strenuous *adj* מאומץ

subdued *adj* מאופק

burrow *n* מאורה

engaged *adj* מאורס

fiancé *n* מאורס

blissful *adj* מאושר

since *pre* מאז

since then *adv* מאז

behind *pre* מאחורי

May *n* מאי

accelerator *n* מאיץ

disappointing *adj* מאכזב

impromptu *adv* מאלתר

believer *n* מאמין

coach, trainer *n* מאמן

adoptive *adj* מאמץ

effort *n* מאמץ

bakery *n* מאפיה

feature *n* מאפיין

ashtray *n* מאפרה

host *n* מארח

hostess *n* מארחת

entertaining *adj* מבדר

introduction *n* מבוא

adult *n* מבוגר

dead end *n* מבוי סתום

labyrinth *n* מבוך

confusion *n* מבוכה

precocious *adj* מבוכר

deluge, flood, torrent *n* מבול

disorganized *adj* מבולבל

messy *adj* מבולגן

entrenched *adj* מבוסס

petrified *adj* מבועט

blessed *adj* מבורך

without *pre* מבחוץ

sickening *adj* מבחיל

distinct *adj* מבחן

examination *n* מבחן

test *v* מבחן

gaze, view *v* מבט

glare *n* מבט חודר

glimpse *n* מבט חטוף

מגוחך *adj* ludicrous
מגוייס *n* recruit
מגויס *n* conscript
מגונדר *adj* fancy
מגונה *adj* obscene
מגורים *n* dwelling
מגושם *adj* awkward
מגזר *n* sector
מגילה *n* scroll
מגיפה *n* epidemic
מגירה *n* drawer
מגל *n* sickle
מגלה *adj* revealing
מגמה *n* tendency
מגן *n* shield
מגנט *n* magnet
מגנטי *adj* magnetic
מגעיל *adj* disgusting
מגף *n* boot
מגפה *n* plague
מגרעת *n* disadvantage
מגרפה *n* rake
מגרש שדים *n* exorcist
מגש *n* tray
מד-כובד *n* barometer
מד-רוחק *n* odometer
מדאיג *adj* alarming
מדבקה *n* sticker
מדבר *n* desert
מדהים *adj* amazing, stunning
מדויק *adj* exact, precise
מדוכא *adj* despondent

מבט לאחור *n* hindsight
מבטא *n* accent
מבטיח *adj* auspicious, favorable
מביך *adj* confusing
מביע חיבה *adj* affectionate
מביש *adj* disgraceful
מבנה *n* construction
מבעית *adj* gruesome
מבער *adv* alight
מבפנים *pre* within
מבצע *n* campaign
מבצע נועז *n* exploit
מבצר *n* bulwark
מבקר *n* inspector
מברג *n* screwdriver
מבריח *n* smuggler
מבריק *adj* brilliant, shiny
מברק *n* cable
מברשת *n* brush
מבשלת שיכר *n* brewery
מבשר *n* precursor
מבשר רע *adj* ominous
מגבל *adj* cramped
מגבר *n* amplifier
מגבת *n* towel
מגדל *n* tower
מגדל פעמון *n* belfry
מגדלור *n* lighthouse
מגדף *adj* abusive
מגובנן *adj* hunched
מגוון *adj* assorted, varied
מגוון *n* assortment

מהדק *n* stapler
מהודר *adj* posh
מהווה אתגר *adj* challenging
מהולל *adj* glorious
מהומה *n* commotion
מהוקצע *adj* clear-cut
מהותי *adj* essential
מהימן *adj* credible
מהימנות *n* credibility
מהיר *adj* brisk, quick
מהירות *n* speed
מהלומה *n* hit
מהלכים *n* proceedings
מהלל *adj* illustrious
מהנדס *n* engineer
מהנה *adj* delightful
מהסס *adj* hesitant
מהפך *n* overthrow
מהפך קיצוני *n* cataclysm
מוארך *adj* protracted
מובאה *n* excerpt
מובטל *adj* jobless
מוביל *adj* leading
מוביל מים *n* aqueduct
מובלעת *n* enclave
מובן *adj* understandable
מובן מאליו *adj* obvious, self-evident
מוגזם *adj* excessive
מוגלה *n* pus
מודה *n* vogue
מודול *n* module
מודל *n* model

מדון *n* strife
מדוע *adv* why
מדור *n* directory
מדורה *n* bonfire
מדחום *n* thermometer
מדי פעם *adv* occasionally
מדי שעה *adv* hourly
מדידה *n* measurement
מדיום *adj* psychic
מדיוק *adj* accurate
מדיח כלים *n* dishwasher
מדיטציה *n* meditation
מדים *n* uniform
מדינה *n* country, state
מדיניות *n* policy
מדכא *adj* depressing
מדליה *n* medal
מדליון *n* medallion
מדע *n* science
מדעי *adj* scientific
מדעי הרוח *n* humanities
מדען *n* scientist
מדף *n* shelf
מדפים *n* shelves
מדפסת *n* printer
מדקדק *adj* fussy
מדרון *n* slope
מדריך *n* guide
מדרכה *n* pavement
מה *adj* what
מהגר *n* immigrant
מהדורה *n* edition

aware *adj* מודע
awareness *n* מודעות
self-concious *adj* מודעות עצמית
modern *adj* מודרני
death *n* מוות
golden *adj* מוזהב
museum *n* מוזיאון
music *n* מוזיקה
seedy *adj* מוזנח
bizarre *adj* מוזר
cerebral *adj* מוחי
definite *adj* מוחלט
utter *v* מוחלט
crushing *adj* מוחץ
extroverted *adj* מוחצן
tangible *adj* מוחשי
rod *n* מוט
beneficiary *n* מוטב
better *adj* מוטב
questionable *adj* מוטל בספק
misguided *adj* מוטעה
proven *adj* מוכח
ready *adj* מוכן
readiness *n* מוכנות
familiar, well-known *adj* מוכר
seller *n* מוכר
bookseller *n* מוכר ספרים
bound *adj* מוכרח
deductible *adj* מוכרת
capable *adj* מוכשר
tainted *adj* מוכתם
across, facing *pre* מול
innate *adj* מולד
homeland *n* מולדת
conductor *n* מוליך
monarch *n* מולך
deformity *n* מום
mummy *n* מומיה
advisable *adj* מומלץ
convert *n* מומר
counter *n* מונה
gage *v* מונה
monogamy *n* מונוגמיה
monologue *n* מונולוג
monopoly *n* מונופול
term *n* מונח
reputation *n* מוניטין
cab *n* מונית
preventive *adj* מונע
institution *n* מוסד
garage *n* מוסך
mechanic *n* מוסכניק
Muslim *adj* מוסלמי
ethics *n* מוסר
ethical, moral *adj* מוסרי
morality *n* מוסריות
club *n* מועדון
favorite *adj* מועדף
helpful *adj* מועיל
applicant *n* מועמד
candidacy *n* מועמדות
council *n* מועצה
miraculous *adj* מופלא
introvert *adj* מופנם

מושיע *n* savior
מושך *adj* alluring
מושל *n* governor
מושלם *adj* perfect
מושפל *adj* downcast
מושרש *adj* ingrained
מות קדושים *n* martyrdom
מותג *n* brand
מותן *n* loin
מותנה *adj* conditional
מותניים *n* waist
מותק *n* sweetheart
מזבח *n* altar
מזבלה *n* dump
מזג *n* temper
מזג אוויר *n* weather
מזהם *adj* infectious
מזוודות *n* luggage
מזויף *adj* counterfeit
מזומן *n* cash
מזון *n* fare
מזוקן *adj* bearded
מזח *n* dock
מזחלת *n* sleigh
מזין *adj* nutritious
מזיק *adj* damaging
מזכיר *n* secretary
מזכרת *n* memento
מזל *n* luck, fortune
מזלג *n* fork
מזמור *n* hymn
מזנון *n* cafeteria

מופע *n* recital
מופקר *adj* derelict
מופרד *adj* exorbitant
מופתי *adj* exemplary
מופתע *adj* startled
מוצא *n* ancestry
מוציא לאור *n* publisher
מוצלח *adj* successful
מוצלל *adj* shady
מוצפת *adj* swamped
מוצק *adj* firm, solid
מוצקות *n* firmness
מוצר *n* product
מוצרים *n* goods
מוקד *n* focus
מוקדם *adj* premature
מוקפד *adj* scrupulous
מוקש *n* mine
מורד *n* rebel
מורד משופע *n* chute
מורה *n* teacher, tutor
מורכב *adj* complex
מורכבות *n* complexity
מורפיום *n* morphine
מורשה *n* legacy
מורת רוח *n* disapproval
מושב *n* pew
מושבה *n* colony
מושבע *adj* avowed
מושג *n* concept
מושחת *adj* corrupt
מושט *adj* outstretched

מ

מחושפש *adj* rough
מחותחת *adj* bumpy
מחותנים *n* in-laws
מחזה *n* spectacle
מחזור *n* cycle
מחט *n* needle
מחטא *v* disinfectant
מחיאות כפיים *n* applause
מחייב *adj* binding
מחיר *n* expense
מחיר דמים *n* death toll
מחלה *n* ailment, illness
מחלוקת *n* controversy
מחלים *adj* convalescent
מחלף *n* interchange
מחלקה *n* department
מחלקיים *n* skate
מחלת הנפילה *n* epilepsy
מחמאה *n* compliment
מחמיא *adj* complimentary
מחמיר *adj* stringent
מחניק *adj* stifling, stuffy
מחסה *n* shelter
מחסום *n* barrier
מחסום לפה *n* gag
מחסור *n* scarcity
מחסן *n* depot
מחסן נשק *n* arsenal
מחסן סחורה *n* stockroom
מחצבה *n* quarry
מחצלת *n* mat
מחק *n* eraser

מזעזע *adj* outrageous
מזקקה *n* refinery
מזרח *n* east
מזרחה *adv* eastward
מזרחי *adj* eastern, oriental
מזרחי *n* easterner
מזרן *n* mattress
מזרק *n* syringe
מזרקה *n* fountain
מח *n* mind
מחאה *n* protest
מחבב *adj* fond
מחבוא *n* hideaway
מחבט *n* frying pan
מחבל *n* terrorist
מחבר *n* author, writer
מחבר רומנים *n* novelist
מחברת *n* notebook
מחדד *n* sharpener
מחדש *adv* again, anew
מחדש *v* recreate
מחובר *adj* attached
מחודד *adj* pointed
מחווה *n* gesture
מחוז *n* county, district
מחויב *adj* committed
מחויבות *n* commitment
מחומש *n* pentagon
מחונן *adj* gifted
מחוספס *adj* coarse
מחוקק *n* lawmaker
מחורבן *adj* crappy

מ

מחקר *n* research
מחר *adv* tomorrow
מחריד *adj* appalling
מחריש אזניים *adj* deafening
מחשב *n* computer
מחשב *adj* deliberate
מחשב כיס *n* calculator
מחשבה *n* thought
מטאור *n* meteor
מטאטא *n* broom
מטבח *n* kitchen
מטבע *n* currency
מטוגן *adj* fried
מטוטלת *n* pendulum
מטונף *adj* squalid
מטוס *n* aeroplane, plane
מטוס נוסעים *n* airliner
מטופח *v* trim
מטופש *adj* stupid
מטורף *adj* frantic
מטורף *n* madman
מטושטש *adj* blurred
מטיל *n* ingot
מטיל אימה *adj* creepy
מטיף *n* preacher
מטלה *n* chore
מטלי *adj* metallic
מטמתיקה *n* math
מטעה *adj* deceptive
מטען *n* freight, cargo
מטפורה *n* metaphor
מטפלת *n* nanny

מטר *n* meter
מטרד *adj* distraught
מטרה לצחוק *n* laughing stock
מטרופולין *n* metropolis
מטרי *adj* metric
מטריד *adj* annoying
מטריה *n* umbrella
מטרף *adj* deranged
מי קולון *n* cologne
מי ש *pro* who
מיגרנה *n* migraine
מיד *adv* immediately
מידבק *adj* contagious
מידה טובה *n* virtue
מידי *adv* instantly
מידע *n* data
מיואש *adj* dejected
מיובש *adj* dried
מיוחד *adj* special
מיומן *adj* skillful
מיומנות *n* skill
מיועד להגיע ל- *adj* bound for
מיושן *adj* antiquated
מיותר *adj* needless
מיזוג *n* merger
מיחם *n* urn
מיטה *n* bed, berth
מיטת קומותיים *n* bunk bed
מיטת תינוק *n* crib
מייבש כביסה *n* dryer
מייל *n* mile
מייסד *n* founder

מיקרוב *n* microbe
מיקרוגל *n* microwave
מיקרוסקופ *n* microscope
מיקרופון *n* microphone
מירוץ *n* race
מישהו *pro* anyone
מישור *n* plateau
מישמש *n* apricot
מיתוס *n* myth
מיתר *n* cord, ligament
מכ"ם *n* radar
מכבה אש *n* firefighter
מכבש *n* press
מכה *n* punch, blow
מכובד *adj* respectful
מכוון *adj* oriented
מכון *v* institute
מכונה *n* machine
מכונית *n* automobile
מכונת אריגה *n* loom
מכונת צילום *n* copier
מכוער *adj* ugly
מכוערות *n* ugliness
מכור *adj* addicted
מכחול *n* paintbrush
מכיר עולם *adj* worldly
מכירה *n* auction, sale
מכירת חיסול *n* sellout
מכל *n* container
מכלול *n* totality
מכללה *n* college
מכנה *n* denominator

מייסר *adj* agonizing
מיכל *n* canister
מילגה *n* scholarship
מילדת *n* midwife
מילה *n* word
מילולית *adj* literal
מילון *n* dictionary
מיליארד *n* billion
מיליארדר *n* billionaire
מיליגרם *n* milligram
מיליון *n* million
מיליונר *adj* millionaire
מילימטר *n* millimeter
מילניום *n* millennium
מילת יחס *n* preposition
מילת מפתח *n* catchword
מים *n* water
מימי *adj* aquatic
מימן *n* hydrogen
מין *n* breed
מינוח *n* terminology
מינון *n* dosage
מיניאטורה *n* miniature
מיניות *n* sexuality
מינימום *n* minimum
מינרל *n* mineral
מיסטי *adj* mystic
מיסתורי *adj* mysterious
מיעוט *n* minority
מיץ *n* juice
מיקוח *n* location
מיקום מחדש *n* relocation

מ

pants, slacks *n* מכנסיים
shorts *n* מכנסיים קצרים
customs *n* מכס
cap, lid *n* מכסה
acquaintance *n* מכר
bid *n* מכרז
tender *adj* מכרז
crucial *adj* מכריע
rodent *n* מכרסם
handicap *n* מכשול
stationery *n* מכשירי כתיבה
sorcerer *n* מכשף
witch *n* מכשפה
heatstroke *n* מכת חום
epistle, letter *n* מכתב
crater *n* מכתש
complete *adj* מלא
lively *adj* מלא-חיים
scornful *n* מלא בוז
vivacious *adj* מלא חיים
hopeful *adj* מלא תקווה
inventory *n* מלאי
angel *n* מלאך
artificial *adj* מלאכותי
angelic *adj* מלאכי
except *pre* מלבד
bleach *n* מלבין
rectangle *n* מלבן
oblong *adj* מלבני
utmost *adj* מלוא
melodic *adj* מלודי
melody *n* מלודיה

salty *adj* מלוח
filling *n* מלוי
reign *n* מלוכה
filthy, soiled, dirty *adj* מלוכלך
learned *adj* מלומד
melon *n* מלון
sailor *n* מלח
composer *n* מלחין
stressful *adj* מלחיץ
war *n* מלחמה
belligerent *adj* מלחמת
bull fight *n* מלחמת שוורים
cement *n* מלט
lyrics *n* מלים
stuffing *n* מלית
king *n* מלך
queen *n* מלכה
snare, trap *n* מלכודת
monarchy *n* מלכות
majestic *adj* מלכותי
royalty *n* מלכותי
murmur *n* מלמול
melancholy *n* מלנכוליה
cucumber *n* מלפפון
waiter *n* מלצר
waitress *n* מלצרות
pincers *n* מלקחיים
tweezers *n* מלקטת
informant *n* מלשין
malignant *adj* ממאיר
dimension *n* ממד
mammoth *n* ממוט

מסביב

מנוחה *n* repose, rest
מנוי *n* subscription
מנוכר *adj* estranged
מנומס *adj* polite
מנומש *adj* freckled
מנוון *adj* degenerate
מנוסה *adj* expert
מנוסת בהלה *n* stampede
מנוע *n* engine, motor
מנוער *adj* shaken
מנוף *n* stimulus
מנורה *n* lamp
מנזר *n* abbey
מנחה *n* offering
מנטה *n* mint
מנטלי *adj* mental
מנטליות *n* mentality
מניה *n* share
מניות *n* stock
מניח לבנים *n* bricklayer
מניע *n* motive
מניעה *n* prevention
מניפה *n* fan
מנעול *n* lock
מנעולן *n* locksmith
מנצח *adj* triumphant
מנצח *n* victor, winner
מנקה *n* cleaner
מנת יתר *n* overdose
מנתח *n* surgeon
מס *n* tax, tribute
מסביב *adv* about

ממוצע *n* average
ממוקם *adj* situated
ממורמר *adj* disgruntled
ממושך *adj* continuous
ממושמע *adj* amenable
ממזר *n* bastard
ממחטה *n* handkerchief
ממכר *adj* addictive
ממלכה *n* kingdom
ממס *adj* solvent
ממרה *adj* disobedient
ממריץ *adj* exhilarating
ממשי *adj* actual
ממשלה *n* government
ממשמש ובא *adj* impending
ממתק *n* candy
מנגד *adj* contrary
מנגינה *n* tune
מנגנון *n* mechanism
מנדט *n* mandate
מנדנד *adj* nagging
מנדרינה *n* tangerine
מנהג *n* custom
מנהיג *n* leader
מנהיג רוחני *n* pastor
מנהיגות *n* leadership
מנהל *n* director
מנהל חשבונות *n* bookkeeper
מנהל עבודה *n* foreman
מנהרה *n* tunnel
מנוגד *adj* incompatible
מנודה *adj* outcast

מ

מסירות *n* devotion
מסית *n* agitator
מסך *v* screen
מסלול *n* itinerary
מסלול המראה *n* airstrip
מסלול נחיתה *n* runway
מסלול של כוכב *n* orbit
מסמך *n* nail
מסנ *n* filter
מסנוור *adj* dazzling
מסנור *adj* flashy
מסננת *n* strainer
מסע *n* journey
מסע צלב *n* crusade
מסעדה *n* restaurant
מספיק *adv* enough
מספיק *adj* sufficient
מספנה *n* shipyard
מספק *adj* satisfactory
מספר *n* number
מספר *adj* several, telling
מספר המילין *n* mileage
מספריים *n* scissors
מסקנה *n* conclusion
מסקרן *adj* intriguing
מסריח *adj* fetid, smelly
מסרק *n* comb
מסתורי *adj* eerie
מסתכם ב- *v* amount to
מעבדה *n* lab
מעבורת *n* ferry
מעבורת *v* shuttle

מסבך *adj* complex
מסגד *n* mosque
מסגרת *n* framework
מסדרון *n* corridor, hall
מסה *n* mass
מסוגל *adj* able
מסודר *adj* neat, tidy
מסוה *n* guise
מסווה *n* camouflage
מסוחרר *adj* dizzy
מסוכיזם *n* masochism
מסוכן *adj* dangerous
מסוק *n* chopper
מסור *adj* committed
מסור *n* saw
מסור חשמלי *n* chainsaw
מסורבל *adj* cumbersome
מסורית *n* jigsaw
מסורת *n* tradition
מסז' *n* massage
מסז'יסט *n* masseur
מסז'יסטית *n* masseuse
מסחר *n* commerce
מסחרי *adj* commercial
מסטיק *n* gum
מסיבה *n* party
מסיונר *n* missionary
מסייע *adj* conducive
מסיכה *n* mask
מסילה *n* rail
מסילת רכבת *n* railroad
מסיס *adj* soluble

מ

מעביד n boss	מעניין adj appealing
מעבר pre across	מענק n award
מעבר n pass, transit	מעסיק n employer
מעבר חצייה n crosswalk	מעץ adj wooden
מעבר ל- adv beyond	מעצבן adj harrowing
מעבר לספינה adv overboard	מעצור n constraint
מעבר תחתי n underpass	מעצמה n superpower
מעגל n circuit	מעצר n arrest
מעדן adj exquisite	מעקה n handrail
מעודן adj genteel	מעקף n detour
מעוות adj crooked	מערב n west
מעולה adj superior	מערבב n mixer
מעון n dormitory	מערבה adv westbound
מעוניין adj interested	מערבולת n turbulence
מעונן adj cloudy	מערבי adj western
מעופש adj moldy	מערבלת n whirlpool
מעוקב adj cubic	מערה n cave, cavern
מעורב v involved	מעריץ n admirer
מעורפל adj foggy, hazy	מערך n formation
מעורר הלם adj shocking	מערכת n system
מעורר רחמים adj pitiful	מערפת n guillotine
מעושן adj smoked	מעשה n deed
מעט adj few, little	מעשה גבורה n feat
מעטה n cloak	מעשי adj pragmatist
מעיים n bowels	מעשייה n chronicle
מעייף adj burdensome	מעשן n smoker
מעיל n coat, jacket	מעת לעת adj sporadic
מעיל גשם n raincoat	מעתפה n envelope
מעיר adj rousing	מפגן n rally
מעל pre above, over	מפגר adj retarded
מעליב adj offensive	מפגר adv tardy
מעלית n elevator	מפה n map

מצבה	gravestone n
מצבור	backlog n
מצביא	marshal n
מצגת	presentation n
מצוברח	moody adj
מצוד	manhunt n
מצודה	fort n
מצווה	commandment n
מצוין	excellent adj
מצוינות	greatness n
מצוף	buoy n
מצופה כסף	silverplated adj
מצופה עופרת	leaded adj
מצוקה	adversity n
מצור	blockade n
מצורע	leper n
מצח	forehead n
מצחיק	comical, funny adj
מצטער	sorry adj
מציאות	reality n
מציל	lifeguard n
מציק	bothersome adj
מצית	lighter n
מצית בזדון	arsonist n
מצלמה	camera n
מצמר	woolen adj
מצנח	parachute n
מצנן	cooling adj
מצעד	parade n
מצעים	bedding n
מצער	distressing adj
מצפה כוכבים	observatory n
מפואר	luxurious adj
מפוכח	sober adj
מפולת	avalanche n
מפוספס	striped adj
מפוצל	split n
מפוקפק	dubious, doubtful adj
מפורש	explicit adj
מפותל	twisted adj
מפחד	afraid, fearful adj
מפחיד	frightening adj
מפית	napkin n
מפל	waterfall n
מפליא	prodigious adj
מפלצת	monster n
מפלצתי	monstrous adj
מפנה לטובה	upturn n
מפסידן	loser n
מפקד	commander n
מפקדה	headquarters n
מפקר	dissolute adj
מפרך	arduous adj
מפרסם	famous adj
מפרץ	bay, gulf n
מפרש	sail n
מפרשית	sailboat n
מפשעה	groin n
מפתה	enticing adj
מפתח	index, key n
מפתל	convoluted adj
מצב	situation n
מצב קשה	predicament n
מצב רוח	mood n

מצפון *n* conscience
מצפן *n* compass
מצר *n* strait
מצרך *n* staple
מצרכי מזון *n* foodstuff
מצרכים *n* groceries
מצת *n* spark plug
מקביל *n* parallel
מקבל תשלום *n* payee
מקדח *n* drill
מקדים *adj* preceding
מקדם *n* coefficient
מקדמה *n* down payment
מקדש *n* shrine
מקהלה *n* choir
מקווה מים *n* cistern
מקום *n* lieu, place
מקום פנוי *n* vacancy
מקומי *adj* local
מקופח *adj* deprived
מקור *n* source, origin
מקורי *adj* original
מקושט *adj* fancy
מקל *adj* attenuating
מקל *v* stick
מקלדת *n* keyboard
מקלחת *n* shower
מקלט *n* refuge, haven
מקליט *n* recorder
מקנא *adj* envious
מקסים *adj* charming
מקסימום *adj* maximum
מקסיקני *adj* Mexican
מקף *n* hyphen
מקפיא *n* freezer
מקפצה *n* springboard
מקצוע *n* occupation
מקצוען *adj* professional
מקראה נוצרית *n* catechism
מקרב לב *adj* heartfelt
מקרה *n* case
מקרה מוזר *n* oddity
מקרי *adj* accidental
מקרן *n* radiator
מקרר *n* icebox
מקשיב *n* listener
מר *adj* bitter
מראה *n* look, sight
מראית עין *n* semblance
מראש *adv* beforehand
מרגיז *adj* displeasing
מרגינלי *adj* marginal
מרגיע *adj* relaxing
מרגל *n* spy
מרגש *adj* exciting
מרד *n* insurgency
מרדף *n* chase, pursuit
מרה *n* bile
מרהיב *adj* breathtaking
מרובע *adj* square
מרובע *n* square
מרוהטת *adj* unfurnished
מרווח *adj* ample, roomy
מרומז *adj* implicit

מרפק *n* elbow
מרץ *n* drive
מרק *n* soup
מרק בשר *n* broth
מרקם *n* fiber, texture
מרקסיסט *adj* marxist
מרש *adj* evil
מרשים *adj* awesome
מרשם *n* prescription
מרתיע *adj* daunting
מרתף *n* basement
מרתק *adj* enthralling
משא *n* burden
משאב *n* resource
משאבה *n* pump
משאית *n* truck
משאל עם *n* referendum
משאלה *n* wish
משב רוח *n* gust
משביע רצון *adj* gratifying
משבר *n* crisis
משגה *n* lapse
משגיח *n* caretaker
משגע *adj* demented
משגשג *adj* prosperous
משדר חדשות *n* newscast
משהו *pro* anything
משואה *n* beacon
משוב *n* feedback
משובץ *adj* inlaid
משוגע *adj* crazy, insane
משוואה *n* equation

מרומם *adj* elated
מרופט *adj* ragged
מרוצה *adj* content
מרושל *adj* sloppy
מרושע *adj* sinister
מרושש *adj* broke
מרותק *adj* engrossed
מרזב *n* gutter
מרחאות *n* parenthesis
מרחב *n* space
מרחב אווירי *n* airspace
מרחק *n* distance
מריבה *n* brawl
מריחה *n* smear
מריצה *n* wheelbarrow
מרירות *n* bitterness
מרכז *n* center
מרכז הכנסיה *n* nave
מרכז העיר *n* downtown
מרכזי *adj* central
מרכיב *n* component
מרכיבים מכנים *n* hardware
מרכך שיער *n* conditioner
מרמה *n* dishonesty
מרמה *adj* fraudulent
מרמז *adj* suggestive
מרמלדה *n* marmalade
מרעיד *adj* shattering
מרענן *adj* refreshing
מרפא *n* healer
מרפאה *n* clinic
מרפסת *n* balcony, patio

משוחד adj	unbiased
משוט n	oar
משוכה n	hurdle
משולש n	triangle
משולש adj	triple
משומר adj	canned
משונה adj	eccentric
משועמם adj	bored
משופע adj	oblique
משורר n	poet
משותף adj	common
משחה n	ointment
משחית n	vandal
משחק n	game
משחק חוזר n	replay
משחת adj	dissolute
משחת נעליים n	shoepolish
משטח n	surface
משטמה n	rancor
משטר n	regime
משטרה n	police
משי n	silk
משיח n	Messiah
משיכה n	attraction
משיכת כתפיים v	shrug
משימה n	assignment; scam
משיק n	tangent
משך n	span
משך זמן n	duration
משכונאי n	pawnbroker
משכורת n	salary
משכיל adj	literate

משכיר n	lessor
משכך כאבים n	painkiller
משכנע adj	conclusive
משכנתא n	mortgage
משל n	allegory
משלוח n	delivery
משלוח דואר n	postage
משלחת n	expedition
משלים n	complement
משלשל adj	laxative
משמעות n	significance
משמעותי n	meaning
משמעותי adj	meaningful
משמעת n	discipline
משמרת n	shift
משני adj	secondary
משעמם adj	insipid, dull
משען n	bracket
משעשע adj	amusing
משפחה n	family
משפט n	phrase
משפיל adj	degrading
משק בית n	household
משק חלב n	dairy farm
משקה n	beverage
משקה חריף n	liquor
משקיע n	investor
משקל n	balance, scale
משקפי מגן n	goggles
משקפי שמש n	sunglasses
משקפיים n	eyeglasses
משקפת n	binoculars

מתווך *n* intermediary
מתוח *adj* edgy
מתוך טינה *adv* grudgingly
מתולתל *adj* curly
מתון *adj* mild
מתועב *adj* detestable
מתוק *adj* sweet
מתח *n* suspense
מתחיל *n* beginner
מתחלק *adj* divisible
מתחם *n* compound
מתחרה *n* competitor
מתחרט *adj* remorseful
מתחשב *adj* considerate
מתחת *pre* below
מתחת ל- *pre* beneath
מתיחה *n* hoax
מתינות *n* moderation
מתיקות *n* sweetness
מתיש *adj* exhausting
מתכון *n* recipe
מתכנת *n* programmer
מתכת *n* metal
מתמודד *n* contestant
מתמיד *adj* diligent
מתמשך *adj* ongoing
מתנגד *adj* averse
מתנדב *n* volunteer
מתנה *adj* dependent
מתנה *n* gift
מתנזר *adj* austere
מתנחל *n* settler

משרד *n* office
משרד ממשלה *n* ministry
משרת *n* attendant
משתה *n* banquet
משתהה *adj* belated
משתולל *adj* rampant
משתולל מזעם *adv* berserk
משתיק קול *n* muffler
משתמש *n* user
משתנה *adj* variable
משתף פעולה *n* collaborator
משתף פעולה *adj* responsive
משתפך *adj* effusive
משתתף *n* participle
מת *adj* dead
מתאבן *n* appetizer
מתאבק *n* wrestler
מתאגרף *n* boxer
מתאושש מהר *adj* resilient
מתאים *adj* appropriate
מתאם *n* adapter
מתאמן *adj* practising
מתאר *n* contour
מתבגר *n* adolescent
מתבודד *n* loner
מתבודד *adj* secluded
מתבייש *adj* ashamed
מתג *v* switch
מתג *n* switch
מתגנב *adj* stealthy
מתגנדר *adj* cocky
מתגעגע הביתה *adj* homesick

מ

מתנשא *adj* aloof
מתעב *adj* hateful
מתפרץ *adj* gusty
מתפתל *adj* winding
מתקדם *adj* progressive
מתקן *n* appliance
מתקן בטיחות *n* safeguard
מתרגם *n* interpreter
מתרס *n* barricade

נ

נאֱמן *adj* unfailing
נאום *n* speech
נאוף *n* adultery
נאות *adj* proper
נאיבי *adj* naive
נאמן *adj* faithful
נאמנות *n* fidelity
נאשם *n* culprit
נבואה *n* prediction
נבוך *adj* bashful
נבון *adj* intelligent
נבזה *adj* despicable
נבחרת *n* team
נבט *n* bud
נביא *n* prophet
נבל *n* harp
נבעת *adj* aghast
נברותי *adj* neurotic
נברשת *n* chandelier
נגד *pre* versus
נגדי *adj* adverse
נגזר *adj* derivative
נגיסה *n* bite
נגיעה *adj* touching
נגיש *adj* accessible
נגמר *v* run out
נגן *n* musician
נגר *n* carpenter
נגרות *n* carpentry
נדבה *n* handout
נדבות *n* alms
נדודי שנה *n* insomnia
נדוניה *n* dowry
נדחף *adj* pushy
נדיב *adj* benevolent
נדיבות *n* benevolence
נדיבות לב *n* bounty
נדיף *adj* volatile
נדיר *adj* infrequent
נדנדה *n* swing
נהג *n* chauffeur
נהג משאית *n* trucker
נהדר *adj* fabulous
נהוג *adj* customary
נהנה *n* beneficiary
נהר *n* river
נואש *adj* desperate
נובמבר *n* November
נוגה *adj* poignant
נודיזם *n* nudism

נורא *adj* awful, dire
נוראי *adj* ghastly
נורה *n* bulb
נורווגי *adj* Norwegian
נורווגיה *n* Norway
נורמלי *adj* normal
נושא *n* bearer
נושה *n* creditor
נושן *adj* long-standing
נותן חסות *n* sponsor
נזיד *n* stew
נזיפה *n* rebuke
נזיר *n* friar, monk
נזירה *n* nun
נזירי *adj* ascetic
נזק *n* damage, harm
נחוש *adj* adamant
נחות *adj* inferior
נחיל *n* swarm
נחיצות *n* expediency
נחיר *n* nostril
נחירה *n* snore
נחישות *n* determination
נחיתה *n* landing
נחל *n* creek, ravine
נחלת אבות *n* patrimony
נחמד *adj* nice
נחמה *n* consolation
נחש *n* serpent
נחש ארסי *n* viper
נחשול *n* surge
נחשל *adj* backward

נודיסט *n* nudist
נודניק *n* nuisance
נוהל *n* formality
נווד *n* vagrant
נווט *n* orientation
נוזל *n* liquid
נוח *adj* comfortable
נוחות *n* amenities
נוחיותף נחמה *n* comfort
נוטה *adj* prone
נוטריון *n* notary
נוכחות *n* attendance
נוכחי *adj* present
נוכל *n* crook
נוכרי *n* foreigner
נוסחא *n* formula
נוסטלגיה *n* nostalgia
נוסע *n* passenger
נוסע מזרחה *adj* eastbound
נוסף *adj* additional
נוסף על כך *adv* furthermore
נועז *adj* audacious
נוער *n* youth
נוף *n* landscape
נופש *n* recreation
נופש *v* resort
נוצה *n* feather
נוצר *adj* born
נוצרות *n* Christianity
נוצרי *adj* christian
נוקם *adj* vindictive
נוקשה *adj* rigid, stiff

ניסיון-מה *n* foretaste
ניצב החרב *n* hilt
ניצול *n* survivor
ניצול ספינה *n* castaway
ניקוב *n* piercing
ניקוז *n* drainage
ניקוטין *n* nicotine
ניקור *n* peck
נישואים *n* marriage
נישואים כפולים *n* bigamy
נישואין *n* matrimony
ניתו לרחצה *adj* washable
ניתוח *n* analysis
ניתוק *n* severance
ניתור *n* bounce
ניתן להפרדה *adj* detachable
ניתן לניהול *adj* manageable
ניתן לריפוי *adj* curable
נכבד *n* dignitary
נכד *n* grandchild
נכה *adj* disabled
נכון *adj* correct
נכון *adv* right
נכונות *n* willingness
נכות *n* disability
נכחד *adj* extinct
נכנס *adj* incoming
נכנע *adj* compliant
נכס *n* asset
נכסים *n* assets
נכתב *adj* written
נלהב *adj* ardent

נחשת *n* copper
נטול יסוד *adj* groundless
נטול עופרת *adj* unleaded
נטול קפאין *adj* decaff
נטוש *adj* derelict
נטיה *n* inclination
נטייה *adj* predisposed
נטיף *n* drop
נטישה *n* abandonment
ניב *n* dialect, idiom
ניבול פה *n* obscenity
ניגוד *n* contrast
נידון למוות *adj* doomed
ניהול משא ומתן *n* negotiation
ניואנס *n* nuance
ניווט *n* navigation
ניח *adj* immobile
ניחוח *n* fragrance
ניחוש *n* guess
ניטראלי *adj* neutral
נייד *adj* mobile
נייר *n* paper
נייר זכוכית *n* sandpaper
ניירת *n* paperwork
ניכוי *n* deduction
ניכר *adj* considerable
נימוס *n* decorum
נימוסים *n* manners
נינוח *adj* restful
ניסוח *n* wording
ניסוי *n* experiment
ניסיון *n* experience

נ

נעים *adj* agreeable
נעל *n* shoe
נעל בית *n* slipper
נעלה *adj* classy
נעץ *n* thumbtack
נערה *n* maid
נערץ *adj* admirable
נפגע *n* casualty
נפוח *adj* swollen
נפוץ *adj* prevalent
נפח *n* blacksmith
נפט *n* petroleum
נפיחות *n* swelling
נפילה *n* downfall
נפילה *v* tumble
נפלא *adj* fabulous
נפץ *n* detonator
נפשית *adv* mentally
נצח *n* eternity
נצחון *n* triumph
נצחי *adj* immutable
נציגות *n* delegation
נצנוץ *n* glimmer
נקב *n* pore
נקבה *n* female
נקבובי *adj* porous
נקודה *n* dot, point
נקודה טכנית *n* technicality
נקודותיים *n* colon
נקודת הפרדה *n* watershed
נקודת מבט *n* standpoint
נקודת ציון *n* marker

נמאס *adj* fed up
נמוך *adj* low
נמוך יותר *adj* lower
נמל *n* harbo, port
נמל תעופה *n* airport
נמלה *n* ant
נמנום *n* nap
נמנע *adj* avoidable
נמען *n* addressce
נמצא ב *adj* located
נמק *n* gangrene
נמר *n* leopard
נמרץ *adj* dashing
נמש *n* freckle
ננסיגה *n* withdrawal
נס *n* miracle
נסבל *adj* bearable
נסוג *adj* withdrawn
נסחף *adv* adrift
נסיבה *n* circumstance
נסיבתי *adj* circumstancial
נסיגה *n* retreat
נסיוב *n* serum
נסיון *n* attempt
נסיך *n* prince
נסיכה *n* princess
נסיעה *n* drive
נסיעה *v* travel
נספח *n* annex
נסתר *adj* hidden
נע *adj* raw
נעדר *adj* absent

נקודת שיא *n* highlight
נקי *adj* clean
נקיון *n* cleanliness
נקיפות מצפון *n* qualm
נקישה *n* clash
נקמה *n* revenge
נקניק *n* sausage
נקניק חזיר *n* ham
נר *n* candle
נרגן *adj* grouchy
נרחב *adj* widespread
נרכיה *n* anarchy
נרפה *adj* sluggish
נשאר *adj* lingering
נשגב *adj* sublime
נשוי *adj* married
נשוף *n* puff
נשוף *adj* puffed
נשורת *n* fallout
נשי *adj* feminine
נשיא *n* president
נשיאות *n* presidency
נשיכה *n* nip
נשים *n* women
נשימה *n* breath
נשיקה *n* kiss
נשמה *n* soul
נשען *adj* lean
נשען *n* leaning
נשק *n* firearm
נשר *n* eagle
נתון לויכוח *adj* debatable
נתיך *n* fuse
נתעב *adj* deplorable

ס

סבא *n* granddad
סבב *n* rotation
סביב *pro* around
סביבה *n* environment
סבים *n* grandparents
סביר *adj* acceptable
סביר *adv* likely
סבירות *n* likelihood
סבך *n* tangle
סבל *n* suffering
סבלנות *n* patience
סבלני *adj* patient
סבסוד *n* subsidy
סבתא *n* grandmother
סגול *adj* purple
סגור *adj* closed
סגור *v* shut
סגל *n* staff
סגן *n* lieutenant
סגנון *n* style
סגסגת *n* alloy
סד *n* splint
סדינים *n* sheets
סדיסט *n* sadist
סדן *n* anvil

crack *n* סדק
magnitude *n* סדר גודל
agenda *n* סדר יום
liturgy *n* סדר תפילה
series *n* סדרה
usher *n* סדרן
suffer from *v* סובלים
tolerance *n* סובלנות
make, type *n* סוג
secret *n* סוד
soda *n* סודה
confidential *adj* סודי
secrecy *n* סודיות
jailer *n* סוהר
sweater *n* סוודר
dealer *n* סוחר
perverse *adj* סוטה
pervert *v* סוטה
awning *n* סוכך
agent *n* סוכן
agency *n* סוכנות
sugar *n* סוכר
diabetes *n* סוכרת
snub *n* סולד
solidarity *n* סולידריות
battery *n* סוללה
ladder *n* סולם
stepladder *n* סולם מדרגות
blush *n* סומק
horse *n* סוס
walrus *n* סוס ים
mare *n* סוסה

diner *n* סועד
stormy, windy *adj* סוער
end, ending *n* סוף
absorbent *adj* סופג
final *adj* סופי
supermarket *n* סופרמרקט
weekend *n* סופשבוע
thunderstorm *n* סופת רעמים
blizzard *n* סופת שלג
socialism *n* סוציאליזם
socialist *adj* סוציאליסטי
conflicting *adj* סותר
blackmail *n* סחיטה
dealings *n* סחר
dizziness *n* סחרחורת
stoic *adj* סטואי
student *n* סטודנט
intern *v* סטז'ר
statistic *n* סטטיסטיקה
aberration *n* סטיה
steak *n* סטייק
slap, smack *n* סטירה
satanic *adj* סטני
sterile *adj* סטרילי
floss *n* סיב
cause, reason *n* סיבה
curve *n* סיבוב
complication *n* סיבוך
violet *n* סיגלית
cigar *n* סיגר
cigarette *n* סיגריה
arrangement *n* סידור

סך הכל *adv* overall
סך הכל *adj* total
סכו"ם *n* cutlery
סכום *n* sum
סכום כולל *n* lump sum
סכין *n* knife
סכין גילוח *n* razor
סכנה *n* danger, peril
סכר *n* dam
סל *n* basket
סלבריטאי *n* celebrity
סלון *n* living room
סלט *n* salad
סלידה *n* antipathy
סליח *adj* forgivable
סליחה *n* forgiveness
סליל *n* spool
סלמון *n* salmon
סלע *n* boulder
סלעי *adj* rocky
סלק *n* beet
סלרי *n* celery
סם *n* dope, drug
סם נרקוטי *n* narcotic
סם שכנגד *n* antidote
סמוי *adj* covert
סמוך *adj* adjacent
סמטה *n* lane
סמיכה *n* ordination
סמינר *n* seminary
סמכותי *adj* authoritarian
סמכותי *n* authority

סיוט *n* nightmare
סיום *n* completion
סיוע *n* aid
סיור *v* sightseeing
סיידר *n* cider
סייח *n* colt
סיכה *n* lubrication
סיכוי *n* chance
סיכויים *n* odds
סיכון *n* risk
סימולטני *adj* simultaneous
סימטה *n* alley
סימטריה *n* symmetry
סימן *n* omen
סימן לבאות *n* portent
סימן מסחרי *n* trademark
סימפוניה *n* symphony
סימפטום *n* symptom
סינר *n* apron
סינתזה *n* synthesis
סיסמה *n* slogan
סיף *n* fencing
סיפון *n* deck
סיפוק *n* satisfaction
סיפור *n* story, tale
סיפור אהבה *n* romance
סיפור חיים *n* memoirs
סיר *n* saucepan
סירה *n* boat
סירה מהירה *n* cutter
סירוב *n* refusal
סירופ *n* syrup

ס

ספיר *n* saphire
ספירה לאחור *n* countdown
ספסל *n* bench
ספציפי *adj* specific
ספק *n* doubt
ספקן *adj* skeptic
ספר *n* barber
ספר חשבונאות *n* ledger
ספרד *n* Spain
ספרדי *adj* Hispanic
ספרדית *adj* Spanish
ספרה *n* digit, figure
ספרון *n* booklet
ספרות *n* literature
ספריה *n* library
ספרן *n* librarian
סצנה *n* scene
סקי *v* ski
סקיצה *v* sketch
סקיצה *n* sketch
סקירה *n* review
סקירה כללית *n* overview
סקנאי *n* pelican
סקס *n* sex
סקפטי *adj* sceptic
סקר *n* census, poll
סקרן *adj* curious
סקרנות *n* curiosity
סרגל *n* ruler
סרדין *n* sardine
סרחון *v* stink
סרחון *n* stink

סמל *n* emblem
סמלי *adj* symbolic
סמסטר *n* semester
סמרטוט *n* rag
סנאט *n* senate
סנאטור *n* senator
סנאי *n* squirrel
סנדל *n* sandal
סנט *n* cent, penny
סנטימטר *n* centimeter
סנטימנטלי *adj* sentimental
סנטר *n* chin
סנילי *adj* senile
סניף *n* branch
סנפיר *n* fin
סנקציה *n* sanction
ססגוני *adj* colorful
סעיף *n* section
סערה *n* gale, storm
סף *n* doorstep
ספא *n* spa
ספה *n* couch, sofa
ספוג *adj* soggy
ספוג *n* sponge
ספוח *n* annexation
ספונטני *adj* spontaneous
ספונטניות *n* spontaneity
ספורט *n* sport
ספורטאי *n* athlete
ספורטיבי *adj* athletic
ספטמבר *n* September
ספינה *n* ship

film, movie *n* סרט
cartoon *n* סרט מצויר
documentary *n* סרט תיעודי
cancer *n* סרטן
cancerous *adj* סרטני
axle *n* סרן
serenade *n* סרנדה
sarcastic *adj* סרקסטי
sarcasm *n* סרקסטיות
adaptable *adj* סתגלני
autumn, fall *n* סתו
paradox *n* סתימה

ע

factual *adj* עבדתי
thick *adj* עבה
adaptation *n* עבוד
job, labor *n* עבודה
artwork *n* עבודת אומנות
idolatry *n* עבודת אלילים
housework *n* עבודת בית
for *pre* עבור
misdemeanor *n* עבירה
delinquent *adj* עבריין
delinquency *n* עבריינות
mouldy *adj* עבש
tomato *n* עגבניה
syphilis *n* עגבת
round *adj* עגול
bleak *adj* עגום
crane *n* עגורן
earring *n* עגיל
calf, veal *n* עגל
cart, wagon *n* עגלה
chagrin *n* עגמה
gloomy *adj* עגמומי
gloom *n* עגמומיות
till *adv* עד
until *pre* עד
witness *n* עד
hitherto *adv* עד כה
eyewitness *n* עד ראיה
evidence *n* עדות
perjury *n* עדות שקר
delicate, fragile *adj* עדין
squeamish *adj* עדין נפש
delicacy *n* עדינות
priority *n* עדיפות
up-to-date *adj* עדכני
flock *n* עדר
lense, lentil *n* עדשה
employee *n* עובד
heathen *n* עובד אלילים
fact *n* עובדה
thickness *n* עובי
embryo, fetus *n* עובר
bystander *n* עובר אורח
mildew *n* עובש
cake *n* עוגה
cookie *n* עוגיה
anchor *n* עוגן

עז *n* goat
עז *adj* intense
עזאזל *n* hell
עזובה *n* disrepair
עזרה *n* help
עט *n* pen
עטוף גלימה *adj* shrouded
עטיפה *n* wrapping
עטלף *n* bat
עיבוד *n* cultivation
עיבוי *n* condensation
עיגול *n* circle
עידן *n* era
עיוור *adj* blind
עיוורון *n* blindness
עיוות *n* distortion
עיי חרבות *n* debris
עייף *adj* tired, weary
עייפות *n* fatigue
עיכול *n* digestion
עילוי *n* genius
עילם *adj* mute
עימות *n* clash
עין *n* eye
עינב *n* grape
עיסה *n* pulp
עיסוק *n* preoccupation
עיצוב פנים *n* décor
עיצור *n* consonant
עיקול *n* confiscation
עיקרי *adj* main
עיר *n* city, town

עוד *adv* still
עודף *n* excess, surplus
עודף *adj* spare
עוז-רוח *n* fortitude
עוזר *n* helper, aide
עוין *adj* hostile
עוינות *n* hostility
עוית *n* convulsion
עול *n* yoke
עולם *n* world
עולם הטיהור *n* purgatory
עומד *n* standing
עומס *n* load
עומק *n* depth
עונה *n* season
עוני *n* poverty
עונש *n* penalty
עונתי *adj* seasonal
עוף *n* poultry
עופרת *n* lead
עוצם *n* immensity
עוצר *n* curfew
עוקב *adj* consecutive
עוקץ *v* sting
עוקץ *n* sting
עור *n* leather, skin
עורב *n* crow, raven
עורך דין *n* attorney
עורק *n* artery
עושק *n* vulture
עושר *n* wealth
עותק *n* copy

עליונות *n* ascendancy
עליז *adj* cheerful
עלית גג *n* attic
עלמה *n* maiden
עלפון *n* faint
עם *pre* with
עמדה *n* attitude
עמוד *n* column, pillar
עמוד שדרה *n* backbone
עמום *adj* dim, faint
עמוס *adj* laden
עמוק *adj* deep
עמות מכריע *n* showdown
עמיד בחלודה *adj* rust-proof
עמילן *n* starch
עמילני *adj* starchy
עמית *n* colleague
עמלה *n* commission
עממי *adj* folksy
עמק *n* valley
ענג *n* delight
ענו *adj* meek, humble
ענווה *n* humility
עני *adj* destitute
עני *n* poor
עניבה *n* necktie
עניבה *v* tie
עניין *n* case, issue
ענין *n* affair
ענן *n* cloud
ענף *n* bough, branch
ענק *n* giant

עיר הולדת *n* hometown
עירום *adj* nude
עירום *n* nudity
עירוני *adj* urban
עירייה *n* city hall
עירני *adj* aware
עיתון *n* newspaper
עיתונאי *n* journalist
עכבה *n* hangup
עכביש *n* spider
עכבר *n* mouse
עכברוש *n* rat
עכברים *n* mice
עכוב *n* delay
עכשווי *adj* current
על *pre* on, upon
על גבי כל *adv* aboard
על יד *adj* nearby
על פי השמועה *adv* reputedly
עלבון *n* affront, insult
עלה *n* leaf
עלה כותרת *n* petal
עלוב *adj* miserable
עלול להתפוצץ *adj* explosive
עלון *n* bulletin, flier
עלון חדשות *n* newsletter
עלוקה *n* leech
עלות *n* charge
עלטה גמורה *adj* pitch-black
עליבות *n* misery
עליה לרגל *n* pilgrimage
עליון *adj* supreme

ע

עקב מדם *adj* gory
עקבי *adj* coherent
עקביות *n* consistency
עקום *adj* crooked
עקומה *n* curve
עקיף *adj* circular
עקר *adj* barren
עקרב *n* scorpion
עקרבות *n* tarantula
עקרון *adj* grassroots
עקרון *n* principle
עקרת בית *n* housewife
עקשן *adj* stubborn
עקשנות *n* tenacity
ער *adj* awake
ערב *n* eve
ערבה *n* prairie
ערבות *n* bail
ערבי *adj* Arabic
ערובה *n* guarantee
ערוי *n* transfusion
ערום *adj* naked
ערוץ *n* canyon, gorge
ערות *n* vigil
ערימה *n* heap, pile
ערימת שחת *n* haystack
עריסה *n* cradle
עריצות *n* tyranny
עריק *n* deserter
עריקה *n* defection
ערך *n* value
ערמה *v* stack

ענקי *adj* gigantic
עסוק *adj* busy
עסיסי *adj* juicy
עסקה *n* bargain, deal
עסקים *n* business
עפיפון *n* kite
עפעף *n* eyelid
עפר *n* dirt
עפרה *n* ore
עפרון *n* pencil
עץ *n* lumber, wood
עץ ערבה *n* willow
עץ קשה *n* hardwood
עצב *n* sadness
עצבים *n* aggravation
עצבני *adj* edgy
עצה *n* advice
עצוב *adj* sad
עצום *adj* boundless
עצומה *n* petition
עצות לחיים *n* cheekbone
עצי הסקה *n* firewood
עצירות *n* constipation
עצלן *adj* lazy
עצלנות *n* laziness
עצם *n* bone
עצם הבריח *n* collarbone
עצמאות *n* independence
עצמאי *adj* independent
עצמה *n* intensity
עצמו *pre* oneself
עצמם *pro* themselves

ע

ערמה *n* stack
ערמומי *adj* cunning, sly
ערמון *n* chestnut
ערמונית *n* prostate
ערסל *n* hammock
ערפד *n* vampire
ערפילי *adj* misty
ערפל *n* fog, haze
ערש דוי *n* deathbed
עש *n* moth
עשב *n* grass
עשב בר *n* weed
עשוי ביד *adj* handmade
עשור *n* decade
עשיר *adj* rich
עשירית *n* tenth
עשר *adj* ten
עשרוני *adj* decimal
עשרים *adj* twenty
עת *n* shovel
עתיד *n* future
עתיק *adj* ancient

פ

פאות לחיים *n* sideburns
פאי *n* pie
פאניקה *n* panic
פאסיבי *adj* passive
פאר *n* luxury
פברואר *n* February
פגאני *adj* pagan
פגום *adj* faulty
פגוש *n* bumper
פגיון *n* dagger
פגיע *adj* defenseless
פגישה *n* date
פגם *n* fault, flaw
פדגוגיה *n* pedagogy
פדיון *n* redemption
פדנטי *adj* pedantic
פדרלי *adj* federal
פה *n* mouth
פוביה *n* phobia
פוגען *adj* abusive
פודינג *n* pudding
פוך *n* quilt
פוליגמיה *n* polygamy
פוליטיקאי *n* politician
פוליטיקה *n* politics
פולין *n* Poland
פולמוסי *adj* contentious
פולני *adj* Polish
פולש *n* invader
פונדק *n* inn
פועל *n* laborer
פופולרי *adj* popular
פופקורן *n* popcorn
פורה *adj* fertile, fruitful
פורטוגזי *adj* Portuguese
פורטוגל *n* Portugal
פוריות *n* fertility

פטנט *adj* patent
פטפטן *adj* garrulous
פטפטני *adj* talkative
פטרוזיליה *n* parsley
פטרון *n* patron
פטרונות *n* patronage
פטריארך *n* patriarch
פטריה *n* fungus
פטריוט *n* patriot
פי *n* times
פי טבעת *n* rectum
פי תהום *n* precipice
פיאה נוכרית *n* hairpiece
פיאה נכרית *n* wig
פיג'מה *n* pajamas
פיגום *n* scaffolding
פיה *n* fairy
פיהוק *n* yawn
פיוס *n* appeasement
פיורד *n* fjord
פיזור *n* dispersal
פיזיקה *n* physics
פיזית *adj* physically
פיחות *n* devaluation
פיטורין *n* dismissal
פיינט *n* pint
פייסני *adj* conciliatory
פיל *n* elephant
פילוסוף *n* philosopher
פילוסופיה *n* philosophy
פינגווין *n* penguin
פינה *n* corner

פורל *n* trout
פורמלי *adj* formal
פורענות *n* tribulation
פורץ *n* burglar
פורצלין *n* porcelain
פורקן *n* relief
פורש *adj* dissident
פושט *n* raider
פושט רגל *adj* bankrupt
פושע *n* felon, outlaw
פושר *adj* lukewarm
פותה *adj* gullible
פותחן *n* can opener
פזור *n* dissolution
פזיז *adj* impetuous
פזרנות *n* extravagance
פח *n* tin
פח אשפה *n* trash can
פח זבל *n* waste basket
פחד *n* fear, scare
פחדן *n* coward
פחדנות *n* cowardice
פחדני *adv* cowardly
פחות *adj* fewer, less
פחית *n* can
פחם *n* coal
פטור *adj* exempt
פטור *n* exemption
פטירה *n* impunity
פטיש *n* hammer
פטל *n* raspberry
פטנט *n* patent

clearance *n* פינוי
Finnish *adj* פיני
Finland *n* פינלנד
clause *n* פיסקה
compensation *n* פיצויים
detonation *n* פיצוץ
deposit *n* פיקדון
astute, clever *adj* פיקח
fictitious *adj* פיקטיבי
kneecap *n* פיקת הברך
puree *n* פירה
crumb *n* פירור
annotation *n* פירוש
seafood *n* פירות ים
pyramid *n* פירמידה
enticement *n* פיתוי
python *n* פיתון
bait *n* פיתיון
marvel, wonder *n* פלא
steel *n* פלדה
plutonium *n* פלוטונים
platinum *n* פלטינום
refugee *n* פליט
emission *n* פליטה
criminal *adj* פלילי
invasion *n* פלישה
plastic *n* פלסטיק
bell pepper *n* פלפל
candlestick *n* פמוט
leisure *n* פנאי
unattached *adj* פנוי
panorama *n* פנורמה

fanatic *adj* פנטי
fantastic *adj* פנטסטי
terrain *n* פני השטח
appeal *n* פניה
application *n* פנייה
face *n* פנים
newcomer *n* פנים חדשות
inward *adj* פנימה
indoor *adv* פנימי
inner, interior *adj* פנימי
pearl *n* פנינה
penicillin *n* פניצילין
flashlight *n* פנס
pension *n* פנסיה
checkbook *n* פנקס צ׳קים
panther *n* פנתר
band, stripe *n* פס
apex, peak *n* פסגה
verse *n* פסוק
Easter *n* פסחא
pastoral *adj* פסטורלי
pheasant *n* פסיון
psychology *n* פסיכולוגיה
psychopath *n* פסיכופט
psychiatrist *n* פסיכיאטר
psychiatry *n* פסיכיאטריה
pessimistic *adj* פסימי
pessimism *n* פסימיות
stride *v* פסיעה
mosaic *n* פסיפס
comma *n* פסיק
sculptor *n* פסָל

פ

פרד *n* mule
פרדס *n* orchard
פרה *n* cow
פרה-היסטורי *adj* prehistoric
פרודה *n* molecule
פרווה *n* fur
פרוות *adj* furry
פרוזה *n* prose
פרוטוקול *n* protocol
פרוייקט *n* project
פרוסה *n* slice
פרופורציה *n* proportion
פרופיל *n* profile
פרופסור *n* professor
פרוק נשק *n* disarmament
פרזיט *n* parasite
פרזנטציה *n* display
פרח *n* flower
פרחח *adj* brat
פרחח *n* hoodlum
פרט *n* detail
פרט ל- *pre* barring
פרטי *adj* private
פרטיות *n* privacy
פרטיזן *n* partisan
פרי *n* fruit
פריגטה *n* frigate
פרידה *n* farewell
פריזמה *n* prism
פריחה *n* rash
פריט *n* article, item
פריך *adj* brittle, crisp

פסל חזה *n* bust
פסנתרן *n* pianist
פספוס *n* miss
פסקה *n* paragraph
פעוט *adj* paltry
פעוט *n* toddler
פעולה *n* action
פעיל *adj* active
פעילות *n* activity
פעם *adv* once
פעם *c* once
פעם *adj* used to
פעמון *n* bell
פעמים *adv* twice
פער *n* gap
פצוי *n* indemnity
פציעה *n* injury
פצירה *n* file
פצצה *n* bomb
פקודה *n* order
פקטור *n* factor
פקיד *n* clerk
פקיד קבלה *n* receptionist
פקיעה *n* expiration
פקק *n* cork, plug
פקקת *n* thrombosis
פרא אדם *adj* savage
פראות *n* ferocity
פראי *adj* brute
פרבר *n* suburb
פרברים *n* outskirts
פרג *n* poppy

פ

פתח *n* doorway
פתטי *adj* pathetic
פתי *adj* sucker
פתיחות *n* openness
פתיל *n* thread
פתית שלג *n* snowflake
פתמה *n* nipple
פתק *n* note
פתרון *n* solution

צ

צ'יפס *n* fries
צ'רטר *v* charter
צאן *n* sheep
צאצא *n* descendant
צאר *n* czar
צב *n* tortoise, turtle
צבא *n* army
צבוע *adj* hypocrite
צבט *n* pliers
צבי *n* deer
צביעות *n* hypocrisy
צביטה *n* pinch
צבע *n* color, paint
צבעון *n* crayon
צבעוני *n* tulip
צבעי *n* painter
צבת *n* tongs
צד *n* side

פרימיטיבי *adj* primitive
פריסה *n* deployment
פריצה *n* burglary
פריצת דרך *n* breakthrough
פרלמנט *n* parliament
פרנויד *adj* paranoid
פרנסה *n* livelihood
פרס *n* award, trophy
פרס מצטבר *n* jackpot
פרסה *n* farce
פרסום *n* advertising
פרספקטיבה *n* perspective
פרעוש *n* flea
פרפר *n* butterfly
פרצה *n* breach
פרצוף *n* face
פרק *n* chapter
פרק כף היד *n* wrist
פרקטי *adj* down-to-earth
פשוט *adj* plain, simple
פשוט *adv* simply
פשטות *n* simplicity
פשיטה *n* raid
פשיטת רגל *n* bankruptcy
פשע *n* crime, felony
פשפש *n* bug
פשרה *n* compromise
פשתן *n* linen
פתאום *adj* sudden
פתאום *adv* suddenly
פתגם *n* maxim
פתוח *adj* ajar, open

collateral *adj* צדד
lateral *adj* צדדי
oyster *n* צדף
clam *n* צדפה
justice *n* צדק
charity *n* צדקה
yellow *adj* צהוב
afternoon *n* צהריים
warrant *n* צו חיפוש
jubilant *adj* צוהל
skylight *n* צוהר
neck *n* צוואר
bottleneck *n* צוואר הבקבוק
collar *n* צווארון
crew *n* צוות
diver *n* צוללן
lame *adj* צולע
crossroads *n* צומת
gypsy *n* צועני
sap *n* צוף
onlooker *n* צופה
code, password *n* צופן
cliff *n* צוק
figure, form *n* צורה
necessity *n* צורך
discordant *adj* צורם
silversmith *n* צורף
laugh *n* צחוק
arid *adj* צחיח
stench *n* צחנה
polish *n* צחצוח
fleet *n* צי
cyanide *n* ציאניד
clientele *n* ציבור לקוחות
public *adj* ציבורי
hunter *n* ציד
equipment *n* ציוד
score, mark *n* ציון
drawing *n* ציור
portrait *n* ציור עצמי
picturesque, scenic *adj* ציורי
obedience *n* ציות
quotation *n* ציטוט
obedient *adj* צייתן
docility *n* צייתנות
photo *n* צילום
cylinder *n* צילינדר
raisin *n* צימוק
decrease *n* צימצום
chill *n* צינה
dungeon *n* צינוק
hose, pipe *n* צינור
cynic *adj* ציני
cynicism *n* ציניות
bird *n* ציפור
fingernail *n* ציפורן
expectation *n* ציפייה
pillowcase *n* ציפית
cyclone *n* ציקלון
axis, hinge *n* ציר
conjunction *n* צירוף
coincidence *n* צירוף מקרים
docile *adj* ציתן
shade *n* צל

צנחן *n* paratrooper
צניחה *v* nosedive
צניעות *n* chastity
צנית *n* gout
צנע *n* austerity
צנצנת *n* jar
צנרת *n* plumbing
צעד *n* footstep
צעד אחר צעד *adv* step-by-step
צעדה *n* march
צעיף *n* scarf
צעיר *adj* young
צעיר *n* youngster
צעצוע *n* toy
צעקה *n* scream, shout
צעקות *n* shouting
צער *n* sorrow
צף *adv* afloat
צפוי *adj* unforeseen
צפויים *adj* upcoming
צפון *n* north
צפון מזרח *n* northeast
צפוני *adj* northern
צפוף *adj* congested
צפחה *n* slate
צפייה מראש *n* anticipation
צפיפות *n* congestion
צפרדע *n* frog
צר *adj* narrow
צרבת *n* heartburn
צרה *n* trouble
צרוד *adj* hoarse, husky

צלב *n* crucifix
צלבן *n* crusader
צלוחית *n* saucer
צלול דעת *adj* lucid
צלחת *n* dish, plate
צלי *n* roast
צליבה *n* crucifixion
צליין *n* pilgrim
צליל חיוג *n* dial tone
צלילה *n* diving, plunge
צליעה *n* limp
צללית *n* shadow, silhouette
צלם *n* photographer
צלע *n* facet
צלע גבעה *n* hillside
צלף *n* marksman
צלצל *n* harpoon
צלצלני *adj* resounding
צלקת *n* scar
צמא *adj* parched, thirsty
צמא *v* thirst
צמא דם *adj* bloodthirsty
צמה *n* braid
צמח *n* plant
צמחוני *n* vegetation
צמחי מרפא *n* herb
צמחייה *v* vegetarian
צמיד *n* bracelet
צמר *n* fleece, wool
צנונית *n* radish
צנוע *adj* unassuming
צנזורה *n* censorship

woes *n* צרות
shriek *n* צרחה
balm *n* צרי
turret *n* צריח
ought to *v* צריך
consumption *n* צריכה
cabin, hut *n* צריף
consumer *n* צרכן
wasp *n* צרעה
leprosy *n* צרעת
France *n* צרפת
French *adj* צרפתי
cricket *n* צרצר

ק

cowboy *n* קאובו
crutch *n* קב
constant *adj* קבוע
cluster *n* קבוצה
clutch *n* קבוצת אפרוחים
burial *n* קבורה
admissible *adj* קביל
cabinet *n* קבינט
acceptance *n* קבלה
conformity *n* קבלת מוסכמות
welcome *n* קבלת פנים
beggar *n* קבצן
grave, tomb *n* קבר
gastric *adj* קבתי

holy, sacred *adj* קדוש
martyr, saint *n* קדוש
holiness *n* קדושה
malaria *n* קדחת
hectic *adj* קדחתני
ahead *pre* קדימה
onwards *adv* קדימה
prefabricate *v* קדם יצור
foreground *n* קדמה
blunt *adj* קהה
opaque *adj* קהוי
community *n* קהילה
audience *n* קהל
longitude *n* קו אורך
coastline *n* קו החוף
equator *n* קו המשווה
pipeline *n* קו צינור
latitude *n* קו רחב
cooperative *adj* קואופרטיב
coalition *n* קואליציה
dice *n* קוביות
cube *n* קובייה
ice cube *n* קוביית קרח
zip code *n* קוד דואר
feverish *adj* קודח
former *adj* קודם
predecessor *n* קודם
previously *adv* קודם
somber, grim *adj* קודר
pole *n* קוטב
pesticide *n* קוטל חרקים
diameter *n* קוטר

קטן

קופאי *n* cashier, teller
קופה *n* box office
קופה קטנה *n* piggy bank
קופון *n* coupon
קופסה *n* box
קופצני *adj* jumpy
קוץ *n* thorn
קוצי *adj* thorny
קוצר *n* brevity
קוקאין *n* cocaine
קוקוס *n* coconut
קוקטייל *n* cocktail
קור *n* coldness
קורא *n* reader
קורבן *n* sacrifice
קורה *n* beam
קורטור *n* curator
קורי עכביש *n* cobweb
קורנית *n* cornet
קוש *n* hardness
קושי *n* difficulty
קושר *n* conspirator
קזינו *n* casino
קטגוריה *n* category
קטורת *n* incense
קטין *n* juvenile
קטיעה *n* chop
קטיפה *n* velvet
קטל *n* carnage
קטלוג *n* catalog
קטלני *adj* deadly, fatal, lethal
קטן *adj* small

קוי מנחה *n* guidelines
קול *n* sound, voice
קולב *n* hanger
קולוניאלי *adj* colonial
קולוניה *n* colony
קולנוע *n* cinema
קולני *adj* boisterous
קולסטרול *n* cholesterol
קומדיה *n* comedy
קומוניזם *n* communism
קומוניסט *adj* communist
קומיקאי *n* comedian
קומפוסט *n* compost
קומפקט *adj* compact
קומקום *n* kettle, teapot
קונבנציונלי *adj* conventional
קונגרס *n* congress
קונדומיניום *n* condo
קונה *n* buyer
קונוס *n* cone
קונטיננטליף *adj* continental
קונסול *n* consul
קונסוליה *n* consulate
קונסטלציה *n* constellation
קונצנטרי *adj* concentric
קונצרט *n* concert
קונקרטי *adj* concrete
קוסם *n* magician
קוסמונאוט *n* cosmonaut
קוסמטי *n* cosmetic
קוסמי *adj* cosmic
קוף *n* ape, monkey

ק

קיץ *n* summer
קיצוני *adj* extreme
קיצוניות *n* extremities
קיצוץ *n* chop
קיצור *n* abbreviation
קיצור דרך *n* shortcut
קיר *n* wall
קירוב *n* proximity
קישוט *n* garnish
קישוטי *adj* decorative
קישוטים *n* trimmings
קל *adj* easy
קל משקל *n* lightweight
קלאסי *adj* classic
קלון *n* dishonor
קלוריה *n* calorie
קלוש *adj* tenuous
קלוש ומטונף *adj* sleazy
קלט *n* input
קליפה *n* peel
קליפת עץ *n* bark
קללה *n* damnation
קלמארי *n* squid
קלע *n* projectile
קלף *n* card
קלקול קיבה *n* indigestion
קלרינט *n* clarinet
קלריקלי *adj* clerical
קלשון *n* pitchfork
קמח *n* flour
קמט *n* crease, wrinkle
קמצן *n* miser

קטנה *adj* petite
קטנוני *adj* trivial
קטנוני *adj* petty
קטנוניות *n* pettiness
קטנוע *n* scooter
קטנית *n* bean
קטע *n* segment
קטקומבה *n* catacomb
קטרקט *n* cataract
קיא *n* vomit
קידה *n* bow
קידום *n* promotion
קידומת *n* prefix
קידוש *n* consecration
קיום *n* existence
קיוסק *n* kiosk
קיוסק עיתונים *n* newsstand
קיטור *n* steam
קיטנה *n* camp
קילה *n* hernia
קילוגרם *n* kilogram
קילוואט *n* kilowatt
קילומטר *n* kilometer
קימור *n* arch
קינה *n* lament
קינוח *n* dessert
קינמון *n* cinnamon
קיסם *n* splinter
קיסר *n* emperor
קיסרות *n* empire
קיסרית *n* empress
קיפוד *n* porcupine

קפיטליזם *n* capitalism
קפיטריה *n* cafeteria
קפיצה *n* jump, leap
קפלה *n* chapel
קפלים *adj* pleated
קץ *n* demise
קצב *n* beat, rhythm
קצבה *n* allowance
קצה *n* brim, brink
קצה האצבע *n* fingertip
קצובה *n* ration
קצות הבהונות *n* tiptoe
קצין *n* officer
קציר *n* harvest
קצף *n* foam, lather
קצר *adj* brief, short
קצר-רואי *adj* shortsighted
קצר ראיה *adj* myopic
קצרנות *n* shorthand
קצת *n* little bit
קצת *adv* piecemeal
קקאו *n* cocoa
קר *adj* cold, frigid, frosty
קר כקרח *adj* ice-cold
קרב *n* battle, combat
קרבורטור *n* carburetor
קרבת דם *n* kinship
קרדיאולוגיה *n* cardiology
קרוב *adj* approximate
קרוב *pre* near
קרוב ל- *pre* by, close to
קרוב משפחה *n* relative

קמצן *adj* stingy
קן *n* nest
קנאה *n* envy
קנאות *n* bigotry
קנאי *adj* fanatic, bigot
קנבס *n* canvas
קנגרו *n* kangaroo
קנה *n* cane
קנה-נשימה *n* windpipe
קנה סוף *n* reed
קנוניה *n* intrigue
קנטר *n* crowbar
קנטרני *adj* spiteful
קניבל *n* cannibal
קניה *n* purchase
קניו *n* acquisition
קניון *n* mall
קניות *n* shopping
קנס *n* fine
קנצלר *n* chancellor
קסדה *n* helmet
קסום *adj* magical
קסם *n* magic, spell, charm
קסם אישי *n* magnetism
קערה *n* bowl
קפאון *adj* deadlock
קפאון *n* stagnation
קפאין *n* caffeine
קפדן *adj* meticulous
קפה *n* coffee
קפוא *adj* freezing
קפוח *n* deprivation

membrane *n* קרומית
caravan *n* קרון
bald; icy *adj* קרח
ice *n* קרח
glacier *n* קרחון
carat *n* קרט
karate *n* קרטה
cardboard *n* קרטון
legible *adj* קריא
reading *n* קריאה
acute *adj* קריטי
criterion *n* קריטריון
announcer *n* קריין
career *n* קריירה
radiation *n* קרינה
wink *n* קריצה
caricature *n* קריקטורה
chilly, cool *adj* קריר
coolness *n* קרירות
clot *n* קריש-דם
coagulation *n* קרישה
creamy *adj* קרמי
ceramic *n* קרמיקה
ray; horn *n* קרן
beam *n* קרן אור
rhinoceros *n* קרנף
ankle, heel *n* קרסול
rift, schism *n* קרע
toad *n* קרפדה
circus *n* קרקס
ground *n* קרקע
scalp *n* קרקפת

parochial *adj* קרתני
hay, straw *n* קש
hard, tough *adj* קשה
obstinate *adj* קשה עורף
attentive *adj* קשוב
callous *adj* קשוח
akin, related *adj* קשור
badly *adv* קשות
obstinacy *n* קשות עורף
rigor *n* קשיות
harshness *n* קשיחות
scribble *v* קשקוש
dandruff *n* קשקש
connection *n* קשר
arc, bow *n* קשת
rainbow *n* קשת בענן
cathedral *n* קתדרלה
catholic *adj* קתולי
Catholicism *n* קתוליות

ר

extravagant *adj* ראוותני
desirable *adj* ראוי
deserving *adj* ראוי ל-
habitable *adj* ראוי למגורים
arable *adj* ראוי לעיבוד
notable *adj* ראוי לציון
praiseworthy *adj* ראוי לשבח
drinkable *adj* ראוי לשתיה

preliminary *adj* ראושני
flamboyant *adj* ראותני
visibility *n* ראיה
interview *n* ראיון
foresight *n* ראיית הנולד
head, top *n* ראש
hilltop *n* ראש הר
abbot *n* ראש מנזר
mayor *n* ראש עיר
first *adj* ראשון
initial, prime *adj* ראשוני
premier *adj* ראשי
rabbi *n* רב
corporal *n* רב-טוראי
plenty *n* רב
influential *adj* רב השפעה
major *n* רב סרן
invaluable *adj* רב ערך
perennial *adj* רב שנתי
plural *n* רבים
fourth *adj* רביעי
quarter *n* רבע
quarterly *adj* רבעוני
calm, serene *adj* רגוע
habitual *adj* רגיל
sensitive *adj* רגיש
ticklish *adj* רגיש לדגדוג
leg, paw *n* רגל
instant *n* רגע
emotion *n* רגש
feelings *n* רגשות
emotional *adj* רגשי

shallow *adj* רדוד
drowsy, numb *adj* רדום
radio *n* רדיו
radius *n* רדיוס
nightfall *n* רדת החשיכה
eloquence *n* רהיטות
furniture *n* רהיטים
accountant *n* רואה חשבון
most *adj* רוב
rifle *n* רובה
shotgun *n* רובה ציד
borough *n* רובע
grumpy *adj* רוגז
serenity *n* רוגע
despot, tyrant *n* רודן
bully *adj* רודן
dictatorship *n* רודנות
despotic *adj* רודני
avaricious *adj* רודף בצע
gain, profit *n* רווח
welfare *n* רווחה
lucrative *adj* רווחי
bachelor *n* רווק
celibacy *n* רווקות
count *n* רוזן
countess *n* רוזנת
spirit *n* רוח
ghost *n* רוח רפאים
breadth, width *n* רוחב
spiritual *adj* רוחני
gravy, sauce *n* רוטב
tenderness *n* רוך

רוכב אופניים *n* cyclist
רום *n* rum
רומח *v* foil
רומן *n* novel
רוסי *adj* Russian
רוסיה *n* Russia
רוע *n* meanness
רועד *adj* shaky
רועה צאן *n* shepherd
רועש *adj* noisy
רופא *n* doctor
רופא שיניים *n* dentist
רוצח *n* assassin
רוקה *n* spinster
רוקח *n* pharmacist
רושם *n* impact
רזה *adj* skinny, thin
רחב *adj* broad, wide
רחב-אופקים *adj* broadminded
רחוב *n* street
רחום *adj* lenient
רחוק *adj* distant, far
רחם *n* uterus, womb
רחמים *n* compassion
רחמן *adj* merciful
רטוב *adj* wet
רטט *n* thrill
ריאה *n* lung
ריאליזם *n* realism
ריב *n* altercation
ריבה *n* jam
ריבונות *n* autonomy

ריבוני *adj* autonomous
ריגול *n* espionage
ריהוט *n* furnishings
ריח *n* odor
ריחני *adj* fragrant
ריכוז *n* concentration
רימון *n* grenade
ריס *n* eyelash
ריפוד *n* padding
ריפוי *n* cure
ריפוי *v* remedy
ריצ'רץ' *n* zipper
ריק *adj* blank, empty
ריקוד *n* dancing
ריקמה *n* embroidery
ריקנות *n* emptiness
ריר *n* saliva
רישיון *n* licence
ריתוק *n* confinement
רך *adj* mellow, soft
רך נולד *n* newborn
רכב *n* vehicle
רכב קבורה *n* hearse
רכבת *n* train
רכוש *n* possession
רכות *n* softness
רכיב *n* ingredient
רכילות *n* gossip
רכישה *n* acquisition
רכס *n* ridge
רלוונטי *adj* pertinent
רמאות *n* deceit

ר

רץ *n* runner
רצוי *adj* expedient
רצון *adj* reluctant
רצון *n* will
רצון טוב *n* goodwill
רצועה *n* leash, strap
רצוף *adj* unbroken
רצח *n* assassination, killing
רצח עם *n* genocide
רצינות *n* seriousness
רציני *adj* grave, serious
רציף *n* sequence
רצפה *n* floor
רק *adv* merely, only
רקבון *n* decay
רקוב *adj* putrid, rotten
רקוע *adj* beaten
רקמה *n* tissue
רקע *n* background
רשומה *n* record
רשות *n* permission
רשימה *n* list
רשימת שכר *n* payroll
רשלנות *n* carelessness
רשלני *adj* careless
רשמי *adj* official
רשמיות *n* formality
רשמית *adv* formally
רשמקול *n* tape recorder
רשע *n* villain
רשע *adj* wicked
רשת *n* net, web

רמאי *n* cheater
רמה *n* level
רמז *n* clue
רמיזה *n* innuendo
רמפה *n* ramp
רמקול *n* loudspeaker
רנטגן *n* X-ray
רסיסים *n* shrapnel
רסן *n* bridle, reinrein
רע *adj* bad
רע *n* evil
רעב *n* famine, starvation
רעב *adj* hungry
רעד *n* shudder
רעה *n* friend
רעוע *adj* decrepit
רעידה *n* shiver
רעידת אדמה *n* earthquake
רעיה *n* graze
רעיון *n* idea, notion
רעיל *adj* noxious, toxic
רעל *n* poison, venom
רעלה *n* veil
רעלן *n* toxin
רעם *n* thunder
רעננות *n* freshness
רעש *n* noise
רפדות *n* upholstery
רפובליקה *n* republic
רפוי *adj* lax, slack
רפסודה *n* raft
רפרפת ביצים *n* custard

ר

שביתה *adj* standstill
שביתה *n* strike
שביתה *v* strike
שביתת נשק *n* armistice
שבע *adj* seven
שבע עשרה *adj* seventeen
שבעים *adj* seventy
שבץ *n* stroke
שבר *n* break
שבר פשוט *n* fraction
שבת *n* Saturday
שגוי *adj* erroneous
שגור *n* launch
שגעון *n* craziness
שגרה *n* routine
שגרון *n* rheumatism
שגריר *n* ambassador
שגרירות *n* embassy
שגרתיות *n* banality
שגשוג *n* prosperity
שגשוג מהיר *n* boom
שד *n* breast
שדה *n* field
שדה מוקשים *n* minefield
שדה תעופה *n* airfield
שדירה *n* avenue
שדרוג *v* upgrade
שדרן *n* broadcaster
שואה *n* holocaust
שוב *adv* afresh
שובב *adj* naughty
שובבות *n* mischief

רתיחה *v* simmer
רתיעה *n* backlash
רתך *n* welder

ש

שאט נפש *n* disgust
שאין לספקו *adj* insatiable
שאינו טועה *adj* infallible
שאיפה *n* ambition
שאלה *n* question
שאלון *n* questionnaire
שאניו הולם *adj* improper
שאנן *adj* carefree
שאפתני *adj* ambitious
שאריות *n* remains
שארית *n* remainder
שבדי *adj* Sweedish
שבדיה *n* Sweden
שבוע *n* week
שבועה *n* pledge
שבועי *adv* weekly
שבור *adj* broken
שבח *n* praise
שבט *n* clan, tribe
שבי *n* captivity
שביב *n* chip
שביל *n* path
שביעי *adj* seventh
שביר *adj* breakable

ר

שובבי *adj* mischievous
שובל *v* trail
שובל *n* trail
שובר *n* voucher
שוד *n* heist, holdup
שודד *n* bandit, robber
שודד ים *n* piracy, pirate
שווא עד *adj* trumped-up
שווה *adj* equal
שווה ערך *adj* equivalent
שוויון *n* equality
שוויץ *n* Switzerland
שוויצרי *adj* Swiss
שוורים *n* oxen
שוחד *n* bribe, kickback
שוחה *n* ditch
שוט *n* lash, whip
שוטה *adj* fool
שוטר *n* cop
שוכר *n* lessee
שולח *n* sender
שולחן *n* table
שולחן כתיבה *n* bureau
שוליים *n* margin, fringe
שום *n* garlic
שום מקום *adv* nowhere
שומם *adj* desolate
שומן *n* fat
שומן חזיר *n* lard
שומני *adj* fatty
שומפנזה *n* chimpanzee
שומר *n* guard
שומר חוק *adj* law-abiding
שונה *adj* different
שוני *n* disparity
שונים *adj* various
שונית *n* reef
שועל *n* fox
שועלי *adj* foxy
שוער *n* goalkeeper
שופט *n* judge
שופט-שלום *n* magistrate
שופע *adj* abundant
שוק *n* bazaar, market
שוקולד *n* chocolate
שוקל דעת *n* reasoning
שור *n* bull, ox
שורה *n* row
שורץ *adj* infested
שורש *n* root
שושבין *n* best man
שושבינה *n* bridesmaid
שושלת *n* dynasty
שותף *n* accomplice
שותפות *n* partnership
שותפות לפשע *n* complicity
שותת דם *adj* bloody
שזיף *n* plum, prune
שחור *adj* black
שחזור *n* restoration
שחיה *n* swimming
שחיטה *n* slaughter
שחין *n* swimmer
שחיקה *n* wear

שחיתות *n* corruption
שחלה *n* ovary
שחמט *n* chess
שחף *n* gull
שחפת *n* tuberculosis
שחקן *n* acto, playerr
שחקנית *n* actress
שחר *n* dawn
שחרור *n* discharge
שחרחורת *adj* brunette
שטוח *adj* flat
שטויות *n* nonsense
שטות *n* folly
שטח *n* territory
שטחי *adj* sketchy
שטיח *n* carpet, rug
שטלתן *adj* bossy
שטלתני *adj* overbearing
שטן *n* devil
שטני *adj* diabolical
שטר *n* bill
שטר מכר *n* deed
שיא *n* apex, climax
שיבוט *n* cloning
שיבולת שועל *n* oatmeal
שיבוש *n* disruption
שידה *n* cabinet
שידור *n* broadcast
שיהוק *n* hiccup
שיווי משקל *n* equilibrium
שיזרת תירס *n* cob
שיח *n* bush, shrub
שיחה *n* conversation
שיחת טלפון *n* call
שיט *v* cruise
שיטה *n* method
שיטתי *adj* systematic
שיירה *n* convoy
שיכבה *n* layer
שיכור *adj* drunk
שילוב *n* combination
שימור *n* conservation
שימוש *n* use
שימוש לא נכון *n* misuse
שינה *n* sleep
שינוי *n* alteration
שיניים *n* teeth
שיניים תותבות *n* dentures
שיעול *n* cough
שיעור *n* lesson
שיעורי בית *n* homework
שיער *n* hair
שיפוט *n* judgment
שיפון *n* rye
שיפוץ *n* renovation
שיפור *n* improvement
שיקול דעת *n* discretion
שיר *n* poem, song
שיר הלל *n* carol
שירה *n* poetry
שירותים *n* lavatory
שיש *n* marble
שיש לו עצירות *adj* constipated
שיש לפורעו *adj* due

שלו *pro* his, hers
שלו *adj* composed
שלו *n* quail
שלוה *n* composure
שלווה *n* ease
שלום *e* hello
שלום *n* peace
שלוש *adj* three
שלוש עשרה *adj* thirteen
שלושים *adj* thirty
שלט *n* sign
שלי *pro* mine
שלי *adj* my, own
שליח *n* messenger
שליחות *n* vocation
שליט *adj* sovereign
שליטה *n* control
שלילי *adj* negative
שליפה *n* retrieval
שליש *n* trimester
שלישי *adj* third
שלך *adj* your
שלך *pro* yours
שלל *n* loot, spoils
שלם *adj* entire, intact
שלמות *n* perfection
שלנו *adj* our
שלנו *pro* ours
שלשול *n* diarrhea
שם *n* name
שם *adv* there
שם בדוי *n* pseudonym

שישי *adj* sixth
שישים *adj* sixty
שיתוף *n* participation
שיתוף פעולה *n* collaboration
שיתוק *n* paralysis
שכול *adj* bereaved
שכול *n* bereavement
שכונה *n* neighborhood
שכונת עוני *n* slum
שכחון *n* amnesia
שכחן *adj* oblivious
שכיח *adj* frequent
שכיח *n* brain
שכמייה *n* cape
שכן *n* neighbor
שכנוע *n* persuasion
שכפול *n* duplication
שכר *n* earnings, wage
שכרות *n* drunkenness
של אחווה *adj* fraternal
של אחים *adj* brotherly
של בחירה *adj* optional
של הלב *adj* cardiac
של הקוטב *adj* polar
של ימי הביניים *adj* medieval
של כלולות *adj* bridal
של נישואים *adj* conjugal
שלא לציטוט *adj* off-the-record
שלב *n* phase, stage
שלג *n* snow
שלגון *n* snowfall
שלד *n* skeleton

ש

שמש *n* sun
שמשי *adj* sunny
שמשיה *n* windshield
שן *n* tooth
שן טוחנת *n* molar
שנאה *n* hatred
שנה *n* year
שנה מעוברת *n* leap year
שנהב *n* ivory
שנון *adj* witty
שני *n* second
שני *adj* two
שניהם *adj* both
שנים עשר *adj* twelfth
שנינות *n* wit
שנשאר *adj* remaining
שנתי *adj* annual
שנתי *adv* yearly
שסע *n* cleft, gash
שסתום *n* valve
שעבוד *n* bondage
שעה *n* hour
שעווה *n* wax
שעוות האוזן *n* earwax
שעון *n* clock, watch
שעון מעורר *n* alarm clock
שעועית *n* green bean
שעורה *n* barley
שעיר *adj* hairy
שעמום *n* boredom
שען *n* watchmaker
שער *n* gate, goal

שם הפעל *n* gerund
שם חיבה *n* nickname
שם משפחה *n* last name
שם נרדף *n* synonym
שם עצם *n* noun
שם תאר *n* adjective
שמול *n* recompense
שמונה *adj* eight
שמונה עשר *adj* eighteen
שמונים *adj* eighty
שמועה *n* hearsay
שמוקף אדמה *adj* landlocked
שמח *adj* glad, happy
שמחה *n* happiness, joy
שמיים *n* sky
שמיימי *adj* celestial
שמיכה *n* blanket
שמימי *adj* heavenly
שמיני *adj* eighth
שמיע *adj* audible
שמיעה *n* hearing
שמלה *n* dress
שממה *n* wilderness
שמן *adj* fat, obese
שמן *n* grease, oil
שמנוני *adj* greasy
שמנמן *adj* chubby, plump
שמנת *n* cream
שמץ *n* vestige
שמרטף *n* babysitter
שמרים *n* yeast
שמרני *adj* conservative

ש

שרטוט *n* blueprint
שרטט *n* draftsman
שרי *n* sherry
שריד *n* relic
שריון *n* armor
שריטה *n* scratch
שריפס *n* shrimp
שריקה *n* whistle
שריר *n* muscle
שרפרף *n* stool
שרשרת *n* chain
שרת *n* janitor
שש *adj* six
שש עשרה *adj* sixteen
שתוק *adj* twelve
שתין *n* drinker
שתיקה *n* silence
שתל *v* implant
שתלטנ *adj* domineering
שתן *n* urine

ת

תא *n* compartment
תא הטייס *n* cockpit
תא המטען *n* trunk
תא וידויים *n* confessional
תאגיד *n* corporation
תאו *n* buffalo
תאוות בצע *n* avarice

שערוריה *n* outrage
שעתוק *n* reproduction
שף *n* chef
שפה *n* brim, rim
שפוי *adj* sane
שפחה *n* slave
שפיות *n* sanity
שפיר *adj* benign
שפך *n* estuary
שפל *n* recession
שפלה *n* plain
שפם *n* mustache
שפע *n* abundance
שפעת *n* flu
שק *n* sack
שקד *n* almond
שקול *adj* reasonable
שקול כנגד *adj* equivalent
שקוע *adj* sunken
שקוף *adj* see-through
שקט *n* hush
שקט *adj* quiet, silent
שקמית *n* canteen
שקע *n* outlet
שקרן *adj* liar
שקרן *n* lie
שרביט *n* baton
שרברב *n* plumber
שרוול *n* sleeve
שרוולית *n* cuff
שרוך *n* shoelace
שרות *n* service

prurient *adj* תאוותן
theologian *n* תאולוג
theology *n* תאולוגיה
twin *n* תאום
accident *n* תאונה
lighting *n* תאורה
theory *n* תאוריה
greed *n* תאות בצע
theater *n* תאטרון
compatibility *n* תאימות
fig *n* תאנה
adverb *n* תאר הפעל
date *n* תאריך
deadline *n* תאריך יעד
ark *n* תבה
defeat *n* תבוסה
claim, lawsuit *n* תביעה
effigy *n* תבליט
condiment *n* תבלין
format *n* תבנית
casserole *n* תבשיל
label, tag *n* תג
reinforcements *n* תגבור
reflexive *adj* תגובתי
clipping *n* תגזיר
reprisal *n* תגמול
amazement *n* תדהמה
frequency *n* תדירות
buildup *n* תדמית
briefing *n* תדריך
tea *n* תה
havoc *n* תהו ובהו

abyss, chasm *n* תהום
abysmal *adj* תהומי
fame, glory *n* תהילה
procession *n* תהלוכה
procedure *n* תהליך
compatible *adj* תואם
conformist *adj* תואמן
reaction *n* תובה
plaintiff *n* תובע
claim *n* תובענה
demanding *adj* תובעני
thanks *n* תודה
chaos *n* תוהו ובוהו
expectancy *n* תוחלת
inland *adj* תוך-ארצי
intravenous *adj* תוך-ורידי
parakeet *n* תוכון
reproach *n* תוכחה
parrot *n* תוכי
plan *n* תוכנית
worm *n* תולעת
supporter *n* תומך
addition *n* תוספת
appendix *n* תוספתן
stray *adj* תועה
benefit *n* תועלת
expedient *adj* תועלתי
eardrum *n* תוף האזן
phenomenon *n* תופעה
seamstress *n* תופרת
consequence *n* תוצאה
by-product *n* תוצר לוואי

ת

תחמושת *n* ammunition
תחנה *n* station
תחפושת *n* costume
תחפשת *n* disguise
תחרה *n* lace
תחרות *n* competition
תחרותי *adj* competitive
תחת *n* butt
תחת *pre* under
תחתונים *n* briefs
תחתית *n* bottom
תיאבון *n* appetite
תיאום *n* coordination
תיאור *n* description
תיאורי *adj* descriptive
תיבה *n* bin
תיבול *n* seasoning
תיבת דואר *n* mailbox
תייר *n* tourist
תיכף *adv* shortly
תיל *n* wire
תינוק *n* baby
תיק *n* file, folder
תיק מסמכים *n* briefcase
תיקו *n* stalemate
תיקון *n* amendment
תירס *n* corn
תכולה *n* contents
תכונה *n* trait
תכלית *n* purpose
תכנון מראש *n* premeditation
תכנית *n* design

תוצרת *n* produce
תוצרת-בית *adj* homemade
תוקף *n* assailant
תוקפן *n* aggressor
תוקפנות *n* aggression
תוקפני *adj* aggressive
תור *n* queue
תורם *n* contributor
תורן *n* mast
תורן הדגל *n* flagpole
תורשתי *adj* hereditary
תושב *n* inhabitant
תות שדה *n* strawberry
תותח *n* cannon
תזה *n* thesis
תזונה *n* nourishment
תזכיר *n* memo
תזמורת *n* orchestra
תחבושת *n* bandage
תחביב *n* hobby
תחוש *n* premonition
תחושה *n* sensation
תחושת בטן *n* hunch
תחזוקה *n* maintenance
תחזית *v* forecast
תחזית *n* prospect
תחייה *n* resurrection
תחילה *n* onset
תחינה *n* litany
תחליב *n* lotion
תחליף *n* alternative
תחליף *v* substitute

browser *n* תכנת גלישה
ploy, ruse *n* תכסיס
shroud *n* תכריך
jewel *n* תכשיטן
detergent *n* תכשיר ניקוי
dependent *adj* תלוי
baggy *adj* תלוי ברפיון
pending *adj* תלוי ועומד
steep *adj* תלול
complaint *n* תלונה
paycheck *n* תלוש משכורת
dependence *n* תלות
pendant *n* תליון
furrow *n* תלם
pupil *n* תלמיד
curl *n* תלתל
painting *n* תמונה
picture *v* תמונה
always *adv* תמיד
incessant *adj* תמידי
backing *n* תמיכה
support *v* תמיכה
innocence *n* תמימות
unanimity *n* תמימות דעים
unsuspecting *adj* תמימים
octopus *n* תמנון
essence *n* תמצית
concise *adj* תמציתי
incentive *n* תמריץ
hyena *n* תן
bible *n* תנ"ך
biblical *adj* תנ"כי

condition *n* תנאי
prerequisite *n* תנאי מוקדם
poise *n* תנוחה
doze *n* תנומה
movement *n* תנועה
oven, stove *n* תנור
condolences *n* תנחומים
alligator *n* תנין
frustration *n* תסכול
haircut *n* תספורת
hairdo *n* תסרוקת
script *n* תסריט
documentation *n* תעוד
certificate *n* תעודה
aviation *n* תעופה
canal, duct *n* תעלה
mastery *n* תעלומה
quandery *n* ?תעלומה
pleasure *n* תענוג
employment *n* תעסוקה
blend *n* תערובת
rate, tariff *n* תעריף
drum *n* תף
majesty *n* תפארת
orange *n* תפוז
apple *n* תפוח
potato *n* תפוח אדמה
distribution *n* תפוצה
output *n* תפוקה
prayer *n* תפילה
conception *n* תפיסה
sewing *n* תפירה

תפל *adj* bland
תפקיד *n* function
תפר *n* seam, stitch
תפריט *n* menu
תצוגה *n* array
תצוגה מקדימה *n* preview
תצלום *n* snapshot
תצרף *n* puzzle
תקדים *n* precedent
תקווה *n* expectation
תקופה *n* era, epoch
תקיף *adj* resolute
תקיפה *n* assault
תקיפות *n* validity
תקלה *n* malfunction
תקן *n* norm
תקנה *n* reform
תקציב *n* budget
תקציר *n* compendium
תקר *n* blowout
תקרה *n* ceiling
תקשורת *n* communication
תרבות *n* civilization
תרבותי *v* civilize
תרבותי *adj* cultural
תרבותי *n* culture
תרגיל *n* exercise
תרדמת *n* coma
תרומה *n* contribution
תרופה *n* medication

תרופתי *adj* medicinal
תרוץ *n* excuse
תרחיש *n* scenario
תריס *n* thyroid
תרישר *n* dozen
תרכובת *n* compound
תרמוסטט *n* thermostat
תרמיל *n* backpack
תרנגול *n* cock
תרנגולת *n* chicken
תרעומת *n* resentment
תרפיה *n* therapy
תרשים *n* chart
תשבץ *n* crossword
תשואות *n* uproar
תשובה *n* answer, response
תשומת-לב *n* attention
תשוקה *n* craving, lust
תשוקתי *adj* lustful
תשישות *n* exhaustion
תשרומים *n* dues
תשלום *n* payment
תשמיש *n* utensil
תשע *adj* nine
תשע עשרה *adj* nineteen
תשעי *adj* ninth
תשעים *adj* ninety
תשר *n* gratuity
תת-תזונה *n* malnutrition
תת קרקעי *adj* underground

Order & Contact Information

Word to Word® Dictionaries

Item	Language	ISBN13
Word to Word®		
500X	Albanian	9780933146495
820X	Amharic	9780933146594
650X	Arabic	9780933146419
700X	Bengali	9780933146303
705X	Burmese	9780933146501
710X	Cambodian	9780933146402
715X	Chinese	9780933146228
520X	Czech	9780933146624
857X	Dari	9781946986603
660X	Farsi	9780933146334
530X	French	9780933146365
535X	German	9780933146938
664X	Georgian	9781946986627
540X	Greek	9780933146600
720X	Gujarati	9780933146983
545X	Haitian Creole	9780933146235
665X	Hebrew	9780933146587
725X	Hindi	9780933146310
728X	Hmong	9780933146532
551X	Hungarian	9780933146679
555X	Italian	9780933146518

Item	Language	ISBN13
730X	Japanese	9780933146426
735X	Korean	9780933146976
740X	Laotian	9780933146549
753X	Malayalam	9781946986610
755X	Nepali	9780933146617
760X	Pashto	9780933146341
575X	Polish	9780933146648
580X	Portuguese	9780933146945
765X	Punjabi	9780933146327
585X	Romanian	9780933146914
590X	Russian	9780933146921
830X	Somali	9780933146525
600X	Spanish	9780933146990
835X	Swahili	9780933146556
770X	Tagalog	9780933146372
780X	Thai	9780933146358
615X	Turkish	9780933146952
620X	Ukrainian	9780933146259
790X	Urdu	9780933146396
848X	Uzbek	9781946986696
795X	Vietnamese	9780933146969
5-895X	Word to Word® Class Set	

WORD to WORD
State Approved • Testing Dictionaries

All editions are two-way: English>Language / Language>English.
More languages in planning and production.

Word to Word® Dictionaries

Item	Language	ISBN13
Word to Word® with Subject Vocab		
653X	Arabic	9780933146563
703X	Bengali	9781946986061
718X	Chinese	9780933146570
533X	French	9780933146693
548X	Haitian Creole	9780933146709
583X	Portuguese	9781946986092
593X	Russian	9781946986078
603X	Spanish	9780933146723
793X	Urdu	9781946986085
798X	Vietnamese	9780933146686
5-105X	Word to Word® Subject Class Set	

Subject Vocabulary dictionaries include additional math, science and social studies vocabulary. Approximately 2400 math terms, 4400 science terms, and 1700 social studies terms.

Subject vocabulary terms are translated one-way, English>Language.

WordtoWord.com - Discounts + eBooks

Special Online Pricing: Special tiered discount pricing based on quantity for online orders. Simple and fast.

eBooks: eBook versions of the Word to Word® series are available via web app or mobile app on Android and IOS. eBooks can be downloaded for offline use within the App.

Bulk eBook orders for school districts are available. Simple, private student access to eBooks, no student information necessary. Email us to learn more and request sample ebook.

support@wordtoword.com

wordtoword.com

(951) 296-2445

*For **eBook** versions add "e" to Item number:*
*(Print Spanish) 600X → **600Xe** (eBook Spanish)*

Order & Contact Us

Bilingual Dictionaries, Inc. is committed to providing quality bilingual materials and great service. Contact us by phone or email for a quote today:

Phone: 951-296-2445

Fax: 951-296-9911

Mail: PO Box 1154, Murrieta, CA 92562

Email: support@bilingualdictionaries.com

Visit our website to download our current catalog-order form, view our products and shop online.

BilingualDictionaries.com

WordtoWord.com

Amazon.com/WordtoWord

Special Dedication & Thanks

Bilingual Dictionaries, Inc. would like to thank all the teachers from various districts across the country for their useful input and great suggestions in creating a Word to Word® standard. We encourage all students and teachers using our bilingual learning materials to give us feedback. Please send your questions or comments via email.
support@bilingualdictionaries.com